Veröffentlichung der
Konrad-Adenauer-Stiftung
Archiv für
Christlich-Demokratische Politik

J. B. Gradl

Anfang unter dem Sowjetstern

Die CDU 1945-1948 in der sowjetischen Besatzungszone Deutschlands

Verlag Wissenschaft und Politik

Umschlaggestaltung Rolf Bünermann
Herstellung Mohndruck
Graphische Betriebe GmbH, Gütersloh
Printed in Germany. ISBN 3-8046-8584-6

Inhalt

Vorbemerkung

In den internationalen Beziehungen, Organisationen und Nachrichtenkanälen tritt Deutschland heute der Welt zweifach vor Augen – so auch die Christlich-Demokratische Union. Sie zeigt sich sogar namensgleich, obwohl die CDU in der Bundesrepublik Deutschland und die der DDR grundverschieden sind. Die Jahre, in denen sich diese Spaltung der CDU ergeben hat, liegen ebenso wie die Spaltung Deutschlands weit zurück – ein Menschenalter, so hätte man früher gesagt. Also ist es verständlich, daß heute Ausländer, aber auch junge Deutsche immer wieder fragen, warum das so gekommen ist mit der Christlich-Demokratischen Union.

Nun gibt es über die damaligen Vorgänge zwei gründliche wissenschaftliche Untersuchungen im Zusammenhang einer politischen Biographie über Jakob Kaiser – von Werner Conze: »Jakob Kaiser, Politiker zwischen Ost und West, 1945–1949« und von Erich Kosthorst: »Jakob Kaiser, Bundesminister für gesamtdeutsche Fragen, 1949–1957« (beide Bände erschienen 1969 bzw. 1972 im Verlag W. Kohlhammer, Stuttgart). Dennoch wurde mir jetzt die Frage gestellt, ob ich nicht als einer, der an jenem Geschehen in der sowjetischen Besatzungszone Deutschlands und Berlin von Anfang an aktiv beteiligt war, die Abläufe aus dem unmittelbaren Erlebnis und in einer allgemein zugänglichen Weise darstellen wolle. Angesichts ihrer Bedeutung sollten, so meinte man, die seinerzeitigen Vorgänge auch einmal so beschrieben werden, daß über Historiker und Politiker, über die Leute vom Fach hinaus breitere Kreise das Nachkriegsgeschehen in der Mitte Deutschlands ins Bewußtsein zu nehmen bereit sind.

So habe ich in den folgenden Kapiteln versucht, Lesern von heute im Spiegel des CDU-Schicksals jene tragische Phase erster deutscher Nachkriegsgeschichte nahezubringen – »tragisch«, denn sie hat ja nicht nur den Bruch der neugeschaffenen CDU, sondern die Spaltung Deutschlands und schwerste menschliche Belastung für das deutsche Volk gebracht. Die Darstellung ist der Lesbarkeit halber gestrafft und ohne wissenschaftlich-technischen Ballast, dennoch, so hoffe ich, deutlich und jedenfalls wahrhaftig. Die Beschreibung ist konzentriert auf wesentliche Stationen und Entwicklungslinien. Sie soll auch einsichtig machen, was die christli-

chen Demokraten jener ersten Jahre im sowjetischen Besatzungsbereich bewegt und was sie beengt hat.
Daß unsere sowjetischen und deutschen Gegenspieler von einst alles ganz anders bewerten, was sie getan und angerichtet haben, versteht sich von selbst. Aber die Fakten sprechen ihre eigene Sprache, so auch die Fakten des CDU-Beginns unter dem Sowjetstern. Meine alten Gefährten jener Jahre machten sich keine Illusionen. Sie meinten nur, daß nichts unversucht bleiben durfte, jenen Teil unseres Volkes und Landes für Einheit in demokratischer Freiheit zu bewahren.

Johann Baptist Gradl

Ende und Anfang

Die vier Parteien, die, so oder so, seither für die deutsche Politik bestimmend sind, begannen ihren Weg nach dem nationalsozialistischen Zusammenbruch 1945 in Berlin. Von hier ergingen ihre Gründungsaufrufe in der zeitlichen Reihenfolge: Kommunistische Partei Deutschlands (11. Juni 1945), Sozialdemokratische Partei Deutschlands (15. Juni 1945), Christlich-Demokratische Union Deutschlands (26. Juni 1945), Liberal-Demokratische Partei Deutschlands (5. Juli 1945). Für jede war es selbstverständlich, daß ihr Appell an alle Deutschen in ganz Deutschland ging. Die Gründer fühlten sich – jede Gruppe auf ihre Weise – im Auftrag des deutschen Volkes, das gelähmt war.

Das Reich war zwar gestürzt, aber Deutschland war damit nicht untergegangen, und Berlin war auch nach dem Zusammenbruch von den Siegermächten als deutsche Hauptstadt angenommen. Seinen besonderen Status hatte es als Hauptstadt erhalten. Es wurde ganz selbstverständlich Sitz des Alliierten Kontrollrates, der nach der Kapitulation der deutschen Wehrmacht die oberste Gewalt in Deutschland übernommen hatte.

Der tiefe Einschnitt, den der Zusammenbruch Ende April/Anfang Mai 1945 für Berlin brachte, war – in einem noch weit stärkeren Maße, als man damals ohnehin ahnen konnte – schicksalhaft. Er wurde es auch für die vier Parteien, die von Berlin aus zum Neubeginn aufriefen.

Der Wehrmachtsbericht vom 15. April 1945 meldete, daß die Amerikaner südöstlich Magdeburgs über die Elbe und auf Leipzig und Chemnitz vorgedrungen seien. »Über die Elbe«, an diesen Vorstoß knüpften viele Menschen in Berlin die Erwartung, daß die westlichen Truppen zumindest gleichzeitig mit den sowjetischen Truppen in Berlin einmarschieren würden. Etwa in derselben Entfernung wie Magdeburg standen die sowjetischen Truppen im Osten seit Ende Januar 1945 an der Oder.

Heute, so viele Jahre später, ist vielfältig und zuverlässig bekannt, daß es im Führungsstab Eisenhowers und zwischen ihm, Roosevelt und Churchill intensive Auseinandersetzungen darüber gegeben hat, ob man nach Berlin vordringen solle. Eisenhower setzte sich zunächst dafür ein, sah sich aber gehemmt durch Roosevelt und durch das Ergebnis von Jalta. Trotzdem stellte sich im Haupt-

quartier mit dem schnellen Vordringen der amerikanisch-englischen Truppen und unter dem Drängen Churchills – der aber durch die Zustimmung in Jalta seine eigene Argumentation geschwächt hatte – die Frage Berlins immer wieder. Noch am 11. April 45 – so berichtet John Toland in seinem Buch »Die letzten hundert Tage« – bedrängte General Patton Eisenhower, schnell nach Berlin und an die Oder vorzurücken, das sei in 48 Stunden möglich. Auf Eisenhowers Frage schließlich, warum man dies denn tun solle, antwortete ihm Patton: »Ich bin sicher, die Geschichte wird Ihnen die Antwort geben.«
Das Zögern und Verneinen wird inzwischen oft und tief bereut worden sein. Dieses Geschehen ist hier etwas verdeutlicht in Erinnerung gerufen, denn für uns in Berlin damals und für die Deutschen insgesamt wurde das alliierte Stehenbleiben zu neuem bitteren Schicksal.
Die westlichen Truppen blieben an der Elbe. Am 16. April meldete der Wehrmachtsbericht, daß die Sowjets ihren Großangriff begonnen hätten und »erbitterte Kämpfe an der ganzen Front« östlich Berlins entbrannt seien. Jeder in Berlin wußte und konnte an dem unaufhörlichen, dumpfen Grollen des Artilleriefeuers auch hören, daß die letzten Stunden eingeläutet waren. Die Hauptstadt Berlin war am 2. Mai 1945 insgesamt in sowjetischer Hand. Erst Anfang Juli 1945 besetzten die Westmächte ihre Sektoren. Die sowjetische Besatzungsmacht hatte bis dahin Zeit und nutzte sie intensiv, vollendete Tatsachen im Sinne sowjetischer Zukunftsvorstellungen zu schaffen. Sie nahm sofort die deutsche Hauptstadt als Hauptstadt ihres Besatzungsbereiches in Anspruch. Das mündete schließlich in Berlin, »Hauptstadt der DDR«.
Hinterher ist jedermann klüger. Und es steht einem Deutschen auch nicht an, Vorwürfe, gar moralische, zu machen. Es war deutscher Wahnsinn, der nicht nur grenzenloses Unglück über viele Völker gebracht, sondern auch Deutschland den fremden Mächten ausgeliefert hatte. Aber doch darf gesagt werden, daß das Beharren auf totaler deutscher Kapitulation, die Ablehnung und Beseitigung auch des letzten Restes deutscher Regierungseinheit und das Stehenbleiben vor Berlin in der Summe mit zu den Spaltungen und Spannungen geführt haben, die seither Europa bedrücken und gefährden. Für uns im sowjetischen Besatzungsbereich wurde jedenfalls sehr schnell deutlich: Die Sowjets wußten, was nach ihrem Willen aus uns Deutschen künftig werden sollte; der Westen – vergangenheitsbestimmt – bedachte, was wir Deutschen niemals wieder werden durften. Die einen konzentrierten sich auf Entnazifizierung, die anderen auf Sowjetisierung.
Zunächst mußte wie überall, so auch im sowjetisch besetzten Deutschland jedermann sehen, wie er mit seiner Situation fertig wurde. Die Menschen hatten voll damit zu tun, die ärgste Not zu bewältigen, ein Dach über den Kopf zu bekommen, Lebensmittel-

zuteilungen zu erwischen, Verwandte und Freunde zu suchen, Brennmaterial zu beschaffen – eben zu überleben. Wer Luftbilder jener Zeit von Berlin und anderen deutschen Städten betrachtet, weiß, was damals Überleben und Leben hieß. Wer aber auf die Frage stieß, in sich oder bei anderen, wie das alles denn weiter werden sollte angesichts der Greuel der Verwüstung und des totalen Ausgeliefertseins, der mußte seine Anstrengungen auch darauf konzentrieren, sich und andere vor Verzweiflung zu bewahren. Viele gingen alsbald aus Berlin weg, obwohl die Flucht über die sowjetische Besatzungsgrenze nach Westen auch damals schwierig war.

Gefühle und Gedanken waren zwiespältig. Einerseits war man froh: Der Krieg, auch der Bombenkrieg, war zu Ende, das NS-System mit seinem Druck und Zwang war nicht mehr; insofern fühlte man sich freier und sicherer. Aber angesichts der unermeßlichen Zerstörungen, der im Sowjetbereich sofort und massiv betriebenen Demontagen, der Herrschaft einer in besonderer Weise fremden Macht, der persönlichen und allgemeinen Nöte fehlte jegliche Gewißheit über eine Zukunft zum Besseren. Es gab nichts, was man zuverlässig abschätzen konnte. Entsprechend waren auch die Empfindungen und Überlegungen derer, die über die schlimme Gegenwart hinausdenken und trotz allem für das deutsche Volk wieder eine Zukunft finden wollten.

In den Tagebuchblättern von Andreas Hermes, des späteren Gründungsvorsitzenden der CDU, im Gefängnis Lehrter Straße in Berlin-Moabit – wohin ihn ein Todesurteil Freislers wegen Beteiligung an der Verschwörung des 20. Juli gebracht hatte –, ist zu lesen:

»Nachdem wir aus eigener Kraft uns aus der teuflischen Verstrikkung nicht haben befreien können, müssen wir die Befreiung aus der Hand unserer Kriegsgegner entgegennehmen. Aber wir tun es mit großer Bitterkeit und zwiespältigen Gefühlen in der Seele, da diese Befreiung nur um den Preis einer beispiellosen Niederlage unseres Landes erkauft werden kann und zudem nicht einmal wahre Befreiung ist.

Gewiß werden wir frei von der brutalen, niederträchtigen Knechtschaft durch satanische Verbrecher aus dem eigenen Volk, aber wir tauschen doch dafür ein bitteres Joch der Abhängigkeit und Unterordnung unter fremde Völker ein ...«

Diese Sätze, geschrieben am Tage des schwersten aller Luftangriffe auf Berlin, am 3. Februar 1945, an dem auch Hitlers Blutrichter Roland Freisler im Volksgerichtshof auf der Flucht in den Bunker umkam, geben wieder, wie vielen zumute war. Dennoch suchte man sich im Streben nach einem Neuanfang deutschen politischen Willens. In neu- oder wiedererstandener Gemeinschaft entfaltete sich jenes Maß an politischer Kraft und Zuversicht, das gerade in der Frühzeit nach dem Zusammenbruch und dem sowjetischen Einmarsch so notwendig war.

Nur war das Zusammenfinden gar nicht so leicht. Normalen Verkehr gab es in Berlin in den ersten Monaten überhaupt nicht. Es gab auch keinen Post- und Telefonverkehr. Die Rundfunkapparate mußten an Sammelstellen der Besatzungsmacht abgegeben werden. Wer seinen Apparat versteckt hatte, fand dennoch in der Steckdose keinen Strom. Fast alle Bahn- und Straßenbrücken waren gesprengt. Das einzige, was zur Kontaktsuche blieb, war der Weg zu Fuß und – soweit nicht zerstört oder gestohlen – das Fahrrad. Angesichts der erbärmlichen Nahrungsmittelversorgung war jeder längere Weg eine schwere körperliche Belastung.

Trotzdem waren nach ganz kurzer Zeit alte Freundeskreise wieder zusammen. Nicht wenige waren auch aus der alten Zentrumspartei nach der Auflösung 1933 in Verbindung geblieben. Man hatte sich getroffen, beim sonntäglichen Kirchgang, bei unregelmäßigen Verabredungen in unauffälligen Restaurants oder Veranstaltungen, aber auch über berufliche Möglichkeiten und in häuslichen Begegnungen. Die alten Bande hielten besonders fest, denn es gab nichts Wertvolleres in der NS-Zeit als zuverlässige Freunde und Gesprächspartner . . .

So erklärt es sich, daß trotz der schlechten Verbindungen und der Gefahren – es gab viele Verschleppungen von der Straße weg – sehr schnell politische Aktivität bis hin zu den Parteigründungen möglich war. Während des Endkampfes um Berlin beispielsweise übernachtete ich abwechselnd bei Freunden und wurde in Berlin-Zehlendorf am 25. April überrollt. Zwei Tage später wurde ein erster, sehr ausführlicher sowjetischer Befehl an die Bevölkerung bekanntgegeben. Neben vielem Unerfreulichen hieß es in dem Befehl, daß die Kirchen am Sonntag geöffnet sein könnten. So ging ich am 29. April früh zur katholischen Kirche in Zehlendorf-Mitte. Tatsächlich traf ich dort einige Freunde, Geheimrat Dr. Katzenberger, den früheren politischen Direktor der Zentrumszeitung »Germania«, meinen ehemaligen Redaktionskollegen Dr. Domschke aus der »Germania«, Professor Emil Dovifat und andere.

Man verabredete sich. So wie hier kamen schnell Aktionsgruppen oder -grüppchen Gleichgesinnter zusammen, erste Bereitschaft für den politischen Neubeginn.

Was bewegte politischen Aufbruch in jenen Tagen? Die konkreten Erwartungen und Vorstellungen waren natürlich verschieden je nach politischer Grundhaltung, die Kommunisten zumal waren ganz anders eingestellt als die Nichtkommunisten. Für die ursprünglichen Trägerkreise der CDU wird man sagen können:

1. Dieser schreckliche Zusammenbruch durfte nicht das deutsche Ende sein.
2. Krieg, Gewalt, Streben nach Vorherrschaft, innere Diktatur – dies alles durfte niemals mehr deutsche Politik sein.
3. Als künftige politische Struktur Deutschlands durfte nur eine freie Demokratie in Frage kommen.

4. Aus Deutschland durfte kein Sowjetstaat werden.
5. Alle Deutschen sollten zu einer großen gemeinsamen Anstrengung für den Wiederaufbau gebracht werden.
6. Die vom Nationalsozialismus zerstörerisch mißbrauchten moralischen Werte mußten geheilt und wieder verbindlich werden.

Vielleicht kennzeichnet dieses persönliche Erlebnis die Stimmung: Bei einem der vielen Märsche durch die Stadt komme ich am Nachmittag des 14. Mai 1945 durch die Laubacher Straße in Berlin-Friedenau. Große Überraschung. Ein Kino ist offen, einige Russen am Eingang laden freundlich ein. Ein russischer Film: ›Lenin im Oktober 1918‹ läuft. Da ist sie wieder, die große Beweihräucherung eines der Größten aller Zeiten. Nach zehn Minuten kann ich es nicht mehr ertragen: Nie wieder, nie, nie! So steht es in meinem Tagebuch.

Auch heute, nach dreieinhalb Jahrzehnten, erscheint es wie ein Wunder, wie rasch sich in der Trümmerwüste Berlin eine so vielfältige und dennoch handlungsfähige Gruppe zusammenfand in dem Entschluß, eine das Parteienschema von Weimar sprengende neue politische Kraft zu schaffen. Tatsächlich hatte man sich in der NS-Zeit, zumal in den letzten Kriegsjahren, innerlich dem Denken an das Danach gar nicht entziehen können. Ebensowenig war der bedrängenden Frage zu entgehen, was nach den Fehlern von Weimar in Zukunft besser gemacht werden müßte. Solche Überlegungen beherrschten nicht nur die aktiven Widerstandskreise. Auch die vielen im Lande, die als einzelne in kleinen vertrauten Zirkeln eine breite Schicht stiller, dennoch eindeutiger Gegnerschaft darstellten, hatten über das Nachher gegrübelt.

Die Kraft raschen Entschlusses und klarer Perspektive hatte eine weitere Wurzel in dem Kreis jener Männer und Frauen, die vom Nationalsozialismus unmittelbar verfolgt worden waren, den Gefängnissen, Lagern und Hinrichtungsstätten aber am Ende hatten entgehen können. In Berlin war es insbesondere das Gefängnis in der Lehrter Straße (Berlin-Moabit), in dem in den letzten NS-Monaten herausragende Persönlichkeiten des Widerstandes konzentriert waren. Die einen waren sich schon in der Weimarer Zeit nahegekommen, die anderen sich im Widerstand vertraut geworden. Als unter dem Druck des russischen Vormarsches am Nachmittag des 23. April 1945 die letzten NS-Gefangenen freigelassen wurden, verließ mit ihnen auch der frühere Reichsminister, Zentrumspolitiker und internationale Agrarfachmann Dr. Andreas Hermes das Gefängnis in der Lehrter Straße. Noch in der Nacht zuvor waren mehrere ermordet worden, darunter Bonhoeffer, Haushofer, Staehle und Geheimrat Kuenzer; Kuenzer war in den zwanziger Jahren politischer Chefkommentator der »Germania«. Hermes war am 11. Januar 1945 von Freisler zum Tode verurteilt worden wegen Zugehörigkeit zum Widerstandskreis des 20. Juli; daß seine Hinrichtung immer wieder hinausgeschoben wurde, war nicht zuletzt dem unermüdlichen Mühen seiner Frau zu verdanken.

Für das Werden der Christlich-Demokratischen Union wurde Andreas Hermes zur Schlüsselgestalt. Er brachte dafür vieles mit, die Erfahrungen und Verbindungen seiner politischen und beruflichen Vergangenheit sowie seine Zugehörigkeit zum aktiven Widerstand. Er war eine eindrucksvolle Persönlichkeit, klar und bestimmt in seinen Vorstellungen und Aussagen, klug und selbstsicher. Wer ihm begegnete, begegnete einem Herrn. Er brachte Autorität mit für das, was auf ihn zukam. Nach alledem erscheint es fast natürlich, daß sich ihm überraschend schnell eine außerordentliche Gelegenheit politischen Wirkens bot. Am 7. Mai 1945 wurde er von dem sowjetischen Stadtkommandanten in Berlin, Generaloberst Bersarin, mit der Leitung des Ernährungsamtes und damit der Versorgung Berlins beauftragt, eine Aufgabe von unvorstellbarer Schwierigkeit, für die der ehemalige Reichslandwirtschaftsminister die besten fachlichen Voraussetzungen mitbrachte. Aufschlußreich ist, daß das vorbereitende Gespräch am Vortage von Walter Ulbricht im Namen von Marschall Shukow, dem ersten sowjetischen Oberbefehlshaber, mit Hermes geführt wurde. Beide kannten sich aus dem alten Reichstag; der eine kam nun aus der sowjetischen Emigration, der andere aus der Zelle der zum Tode Verurteilten in der Lehrter Straße. Ulbricht war zu diesem Vorgespräch im Hause Platanenallee in Berlin-Charlottenburg erschienen, wo Hermes und seine Frau in den letzten Kampftagen Zuflucht gefunden hatten. Das Haus wurde nunmehr auch zur Begegnungsstätte für den rasch wachsenden politischen Gesprächskreis.

Wie Hermes selber seine Aufgabe verstand, zeigt eine Gesprächsnotiz seiner Frau: »Ich ziehe mein Ernährungsamt so auf, daß es den Grundstock für ein Reichsernährungsministerium bilden könnte, was hier in Berlin ja selbstverständlich ist. Wieweit ich mit den Russen zusammenarbeiten kann, muß sich erst zeigen. Es wird alles darauf ankommen, wie sich die Westalliierten verhalten.« Erwartung und Skepsis also in einem. Tatsächlich hatte Hermes für seinen Apparat anfänglich Vollmacht zu freier Bewegung zwischen Elbe und Oder bekommen.

Zunächst brachte die Betrauung mit dem Ernährungsamt eine aus den damaligen desolaten Verhältnissen als außerordentlich zu begreifende Erleichterung mit sich: ein Büro in der Stadt, einen nach eigenem Willen zusammengestellten Mitarbeiterstab und Fahrzeuge. Dies alles war begrenzt, nicht im entferntesten vergleichbar mit der technischen sowjetischen Unterstützung für die Kommunisten, aber es reichte aus zum ersten politischen Anlauf. Man traf sich an verschiedenen Orten, wie gerade die mühsamen Wege zu Fuß und mit dem Rad führten. Jeder war froh, wenn er unterwegs auf dem Weg in die Stadt irgendwo einen sicheren Raum fand, in dem er eine Weile in Ruhe sitzen konnte. Auch mein Büro in einem der ganz wenigen intakten Häuser in der Innenstadt, in der Jägerstraße 59 nahe dem Gendarmenmarkt, war ein solcher Platz trotz aller zeitbedingten Armseligkeit. Hermes bei der Fahrt zum Stadthaus – er war auch stellvertretender Oberbürgermeister geworden –, Walther Schreiber, Heinrich Krone, Heinrich Vockel, Jakob Kaiser, Theodor Steltzer, Friedrich Ernst und andere klopften an die massive Haustür der Deutschen Landesbankenzentrale. Nur andeutungsweise läßt sich eine Vorstellung der körperlichen Überanstrengung vermitteln, der jeder damals unterworfen war.

Die ersten Besprechungen über die politische Gruppierung hatten schon im Ernährungsamt am Fehrbelliner Platz stattgefunden. Dort waren sich auch Jakob Kaiser und Andreas Hermes zum ersten Mal wiederbegegnet. Kaiser, in der Weimarer Zeit einer der Leiter der christlichen Gewerkschaften, hatte zum Führungskreis des 20. Juli gehört. Er war nach dem Attentat gesucht und verfolgt worden, hatte sich aber schließlich im Hause von Freunden in Babelsberg bei Berlin verstecken können. Fast neun Monate hatte er im Keller dieses Hauses zugebracht, bis zum Einmarsch der Russen. Schnell verlagerten sich die politischen Gespräche in das Haus in der Platanenallee, obwohl es weit im Westen der Stadt lag. Dort wurde in wechselnden Begegnungen und in zuweilen sehr temperamentvollen Aussprachen die politische Konzeption entwickelt, die schließlich im Gründungsaufruf der Christlich-Demokratischen Union mündete. Der Teilnehmerkreis wechselte. Das hing mit den Schwierigkeiten der Verbindungen und Anmarschwege zusammen. Nicht alle, die in Frage kamen, konnten erreicht werden. Trotzdem war es möglich, sowohl für die Verbreitung wie für die erste Verpflichtung auf das Gründungsprogramm einen Kreis zu sammeln, der für die breite Anlage der Gründungsidee repräsentativ war.

Natürlich waren politische Persönlichkeiten der Weimarer Parteienlandschaft von Mitte-Rechts bis Mitte-Links, von den Volkskonservativen und dem Christlich-sozialen Volksdienst über die Zentrumspartei bis zu den liberalen Demokraten (Staatspartei) beteiligt. Aber hinzu kam eine erhebliche Zahl von Repräsentanten nichtsozialistischer Gewerkschaften, Vertreter der Wirtschaft, Angehörige der freien Berufe und Persönlichkeiten des geistigen und kulturellen Lebens – insgesamt eine eindrucksvolle Darstellung der politischen Mitte im weitesten Sinne. Von großer Bedeutung war, daß von Anfang an die Repräsentanten der vorwiegend katholischen, mit Tradition beladenen Zentrumspartei entschieden für eine große, die konfessionelle Begrenzung sprengende Partei eintraten. Der Rheinländer Andreas Hermes, der Franke Jakob Kaiser, der Niedersachse Heinrich Krone, der Westfale Heinrich Vockel, der Schwabe Josef Ersing, der Schlesier Hans Lukaschek und ihre Freunde aus der Zentrumspartei waren da ganz eindeutig. Neben sie traten von der ehemaligen Demokratischen Partei Ferdinand Friedensburg, Ernst Lemmer und Walther Schreiber. Theodor Steltzer, wie Hermes bis zur letzten Stunde in der Lehrter Straße inhaftiert, kam hinzu, der Philosoph Eduard Spranger, der Chirurg Professor Sauerbruch, Otto-Heinrich von der Gablentz, Friedrich Spennrath – nicht alle können hier genannt werden.

Die Entscheidung zum großen politischen Zusammenschluß war schon gefallen, ehe der Kapitulationsmonat zu Ende ging. Noch aber war offen, welchen Weg die Sowjetische Militäradministration freigeben würde.

Reichstagsgebäude in Berlin 1945 (Abb. 1)

Deutsches Volk!

In der schwersten Katastrophe, die je über ein Land gekommen ist, ruft die Partei

Christlich-Demokratische Union Deutschlands

aus heißer Liebe zum deutschen Volk die **christlichen, demokratischen und sozialen Kräfte zur Sammlung,** zur Mitarbeit und zum Aufbau einer neuen Heimat. Aus dem Chaos von Schuld und Schande, in das uns die Vergottung eines verbrecherischen Abenteurers gestürzt hat, kann eine Ordnung in demokratischer Freiheit nur erstehen, wenn wir uns auf die kulturgestaltenden sittlichen und geistigen Kräfte des Christentums besinnen und diese Kraftquelle unserem Volke immer mehr erschließen.

Unsagbar schwer ist unsere Aufgabe. Nach 1918 rettete die politische Führung Organe des staatlichen, kulturellen und wirtschaftlichen Lebens aus dem militärischen Zusammenbruch. Unzerstörte Städte und Dörfer, Fabriken, Werkstätten, Felder und Wälder blieben als Grundlage für einen allmählichen Aufstieg des Volkes erhalten.

Heute aber stehen wir vor einer furchtbaren Erbschaft, vor einem

Trümmerhaufen sittlicher und materieller Werte.

Dieses Mal trieb ein gewissenloser Diktator mit seinem Anhang einen frivol entfesselten Krieg bis zu letztem Ausbluten unseres Volkes. Hitler ließ das Land in Schutt und Verödung zurück. Mit verlogenen nationalen Phrasen und hohlen Friedensbeteuerungen hat er das eigene Volk und andere Völker getäuscht und den Idealismus unserer Jugend schändlich mißbraucht. So mußte diese Jugend, die im guten Glauben für ihr Vaterland kämpfte, das Opfer einer wahnwitzigen Führung werden. Groß ist die Schuld weiter Kreise unseres Volkes, die sich nur allzu bereitwillig zu Handlangern und Steigbügelhaltern für Hitler erniedrigten. Jede Schuld verlangt Sühne. Mit den Schuldbeladenen leidet auch die große Zahl der Deutschen, die ihren Schild reinhielten. Sie vermochten sich gegen Gewalt und Terror nicht durchzusetzen. **Kämpfer echter demokratischer Gesinnung,** evangelische und katholische Christen, zahllose jüdische Mitbürger, Männer und Frauen aus allen Schichten des Volkes litten und starben unter diesem Terror. Im Geiste ihres Vermächtnisses, geeint durch die gleiche Liebe zu unserem Volke erkennen wir unsere Pflicht, mit diesem Volke den Weg der Sühne

den Weg der Wiedergeburt

zu gehen.

Das furchtbare Ausmaß von Unrecht, das die Hitlerzeit gebracht hat, verpflichtet, die Schuldigen und ihre Helfershelfer unnachsichtig, in strenger Gerechtigkeit, jedoch ohne Rachsucht, zur Rechenschaft zu ziehen. An die Stelle des Zerrbildes einer staatlichen Gemeinschaft in der Hitlerzeit soll jetzt **der wahrhaft demokratische Staat** treten, der auf der Pflicht des Volkes zu Treue, Opfer und Dienst am Gemeinwohl ebenso ruht wie auf der Achtung vor dem Recht der Persönlichkeit, ihrer Ehre, Freiheit und Menschenwürde.

Das Recht muß wieder die Grundlage des ganzen öffentlichen Lebens werden. An Stelle der Lüge: „Recht ist, was dem Volke nutzt", muß die ewige Wahrheit treten: **„Dem Volke nutzt nur, was Recht ist".** Die Unabhängigkeit und der geordnete Gang der Rechtspflege sind wieder herzustellen. Der Ruf nach gerechten Richtern geht wie ein einziger Schrei durch das ganze deutsche Volk. Jede Willkür ist auszuschließen. Eine Gestapo mit ihrem Terror darf es nicht wieder geben. Das öffentliche Leben muß in strenger Sparsamkeit weitgehend auf Selbstverwaltung, freiwilliger und ehrenamtlicher Mitarbeit aufgebaut werden. Die Volksvertretung soll die **brüderliche und vertrauensvolle Zusammenarbeit aller die Demokratie bejahenden Parteien** und aller aufbauwilligen Kräfte verwirklichen.

Wir fordern ein öffentliches Leben, das sich **frei hält von Lüge,** Massenwahn und Massenverhetzung und eine verantwortungsbewußte Presse mit dem Willen zur Wahrheit als oberstes Gesetz. Wir verlangen **geistige und religiöse Gewissensfreiheit,** Unabhängigkeit aller kirchlichen Gemeinschaften und eine klare Scheidung der kirchlichen und staatlichen Aufgaben.

Das Recht der Eltern auf die Erziehung der Kinder muß gewahrt werden, die Jugend in Ehrfurcht vor Gott, vor Alter und Erfahrung erzogen werden. Der von der Kirche geleitete Religionsunterricht ist Bestandteil der Erziehung. Durch die verderblichen Lehren des Rassenhasses und der Völkerverhetzung hat Hitler weite Teile der Jugend vergiftet. Sie muß wieder zur Erkenntnis wahrer sittlicher Werte geführt werden. Wissenschaft und Kunst sollen sich frei entfalten und die **Lehren echter Humanität,** deren deutsche Künder der ganzen Menschheit gehören, sollen den sittlichen Wiederaufbau unseres Volkes tragen helfen.

Das unermeßliche Elend in unserem Volke zwingt uns, den Aufbau unseres Wirtschaftslebens die Sicherung von Arbeit und Nahrung, Kleidung und Wohnung ohne jede Rücksicht auf persönliche Interessen und wirtschaftliche Theorien in straffer Planung durchzuführen. Das

Berliner Gründungsaufruf der Christlich-Demokratischen Union Deutschlands (Abb. 2)

Notprogramm für Brot, Obdach und Arbeit

geht allem voran. Dabei ist es unerläßlich, schon um für alle Zeiten die Staatsgewalt vor illegitimen Einflüssen wirtschaftlicher Machtzusammenballungen zu sichern, daß die **Bodenschätze in Staatsbesitz** übergehen. Der Bergbau und andere monopolartige Schlüsselunternehmungen unseres Wirtschaftslebens müssen klar der Staatsgewalt unterworfen werden.

Wir bejahen das **Privateigentum**, das die Entfaltung der Persönlichkeit sichert, aber an die Verantwortung für die Allgemeinheit gebunden bleibt.

Industrie, Handel und Gewerbe sind zu entscheidender Mitarbeit am Wiederaufbau berufen und deshalb planmäßig zu fördern. Wir fordern vollen Schutz und Ausbaumöglichkeit für das **selbständige Handwerk**, das nach Zerstörung vieler industrieller Unternehmungen vor einer neuen, großen Aufgabe steht.

Eine umfassende **ländliche und gärtnerische Siedlung** muß unter weitgehender Heranziehung des Großgrundbesitzes einer möglichst großen Zahl von Deutschen den Zugang zu eigener Scholle und zu selbständiger Arbeit eröffnen. Die wirtschaftliche Sicherung eines freischaffenden Bauerntums und die Ansiedlung der Landarbeiter sind ein unerläßlicher Bestandteil jeder dauerhaften Aufbaupolitik und verlangen den stärksten Ausbau des ländlichen Genossenschaftswesens.

Den christlichen und demokratischen Lebensgesetzen in Staat und Gesellschaft entspricht der freie Zusammenschluß aller Schaffenden. **Wir begrüßen daher die einheitliche Gewerkschaftsbewegung der Arbeiter und Angestellten** zur Wahrung ihrer wirtschaftlichen und sozialen Rechte. Wir erkennen die Kraft an, die von der Arbeiterschaft in das Volksganze einströmt.

Wir sind uns der Verantwortung für die Notleidenden und Schwachen, für die Kriegsopfer, die Opfer des Hitlerterrors und für die Versorgungsberechtigten bewußt.

Eine charitative Arbeit muß sich ungehindert entfalten können. Wir sagen den **Müttern und berufstätigen Frauen**, daß alles geschehen wird, um das stille Heldentum ihres immer schwerer gewordenen Alltags schnell zu erleichtern. Für

die Beziehungen zu anderen Völkern

wünschen wir die Geltung der gleichen Grundsätze der **Freiheit und Gerechtigkeit** wie für unser persönliches und innerstaatliches Leben. Loyale Erfüllung unserer Verpflichtungen aus dem verlorenen Krieg und die äußerste Anspannung innerer Wiedergesundung sollen die Grundlagen für die Anbahnung einer vertrauensvollen Zusammenarbeit mit den anderen Völkern geben. Wir hoffen dabei auf das Verständnis der Besatzungsmächte für die grenzenlose Notlage des deutschen Volkes und auf ihre sachliche Hilfe, die deutsche Wirtschaft wieder in Gang zu bringen.

Erschüttert stehen wir an den frischen Gräbern unserer Toten. Wir vergessen **unsere Kriegsgefangenen** nicht. Auf den Trümmern unserer Häuser, unserer Dörfer und Städte gedenken wir in menschlicher und christlicher Verbundenheit der gleichen Opfer der Völker um uns. Und wir geloben, alles bis zum letzten auszutilgen, was dieses ungeheure Blutopfer und dieses namenlose Elend verschuldet hat, und nichts zu unterlassen, was die Menschheit künftig vor einer solchen Katastrophe bewahrt.

Deutsche Männer und Frauen!

Wir rufen euch auf, alles Trennende zurücktreten zu lassen. Folgt unserem

Ruf zu einer großen Partei

die mit den anderen Parteien der neuen Demokratie gemeinsam am Aufbau Deutschlands arbeiten will.

Wir rufen die Jugend, die durch den Krieg und Zusammenbruch schwer getroffen, vor allem zur Gestaltung der Zukunft mitverpflichtet ist.

Wir rufen die Frauen und Mütter, deren leidgeprüfte Kraft für die Rettung unseres Volkes nicht entbehrt werden kann.

Wir rufen alle, die sich zu uns und unserem Aufbauwillen bekennen. Voll Gottvertrauen wollen wir unseren Kindern und Enkeln eine glückliche Zukunft erschließen.

Berlin, den 26. Juni 1945.

Andreas Hermes

Heinrich F. Albert
Hans von Arnim
Eduard Bernoth
Theodor Bohner
Emil Dovifat
Margarete Ehlert
Josef Ersing
Johann Eudenbach
Ferdinand Friedensburg
Willy Fuchs
Otto-Heinrich von der Gablentz
Wilhelm Happ
Peter Hensen
Artur Herzog
Ernst Hülse
Paulus van Husen
Jakob Kaiser
Heinrich Krone
Ernst Lemmer
Otto Lenz
Hans Lukaschek
Reinhard Moeller
Katharina Müller
Elfriede Nebgen
Otto Nuschke
Rudolf Pechel
Eberhard Plewe
Ferdinand Sauerbruch
Walter Schreiber
Martin Schwab
Hildegard Staehle
Theodor Steltzer
Heinrich Vockel
Graf York von Wartenburg

Sitz der Reichsgeschäftsstelle der „Christlich-Demokratischen Union Deutschlands“: Berlin W 8, Jägerstr. 59-60.

Nächste Geschäfts- und Meldestelle:

Druck: Berliner Verlagsanstalt, GmbH. Schützenstraße

Rückzug der amerikanischen Truppen aus Mitteldeutschland (Abb. 3)

Die Gründung 1945

Am 10. Juni 1945 gab die Sowjetische Militäradministration den Weg zur Bildung von Parteien und Gewerkschaften frei. In diesem Befehl von Marschall Shukow besagt Ziffer 1: »Ich befehle: Auf dem Territorium der sowjetischen Besatzungszone in Deutschland ist die Bildung und Tätigkeit aller antifaschistischen Parteien zu erlauben ...«

Daß diese Erlaubnis ihre Probleme hatte, war aus den folgenden Ziffern des Befehls unschwer zu ersehen: Alle Vorschriften und Programme der Tätigkeit mußten bei den Militärkommandanten registriert, auch mußte jeweils die Liste der Mitglieder der führenden Organe beigefügt werden (Ziffer 3). Die Tätigkeit unterlag der Kontrolle der Sowjetischen Militärverwaltung und hatte entsprechend den von ihr gegebenen Instruktionen vor sich zu gehen (Ziffer 4). Aber es gab nicht viel zu überlegen. Schon am nächsten Tag, am 11. Juni, veröffentlichte die Kommunistische Partei Deutschlands ihr Gründungsprogramm als Aufruf an »das schaffende Volk in Stadt und Land«, und am 15. Juni folgte der Gründungsaufruf des Zentralausschusses der Sozialdemokratischen Partei Deutschlands. Wieder nur wenige Tage später, am 19. Juni, folgte in einer »ersten gemeinsamen Sitzung« eine Vereinbarung über Zusammenarbeit beider Parteien und Bildung gemeinsamer Arbeitsausschüsse auf allen Ebenen.

So begann am 16. Juni 1945 bei Hermes in der Platanenallee eine Kette von Begegnungen, um den programmatischen Gründungsaufruf zu formulieren. Neben Hermes engagierten sich in den Aussprachen insbesondere Jakob Kaiser, Emil Dovifat, Otto-Heinrich von der Gablentz, Ernst Lemmer, Heinrich Krone, Ferdinand Friedensburg und Elfriede Nebgen. Am 22. Juni war man über die endgültige Fassung einig, jedoch noch nicht über den Namen. Es gab mannigfache Vorschläge, z. B. Deutsche Aufbaupartei, Christliche Volkspartei, Soziale Volkspartei, Deutsche Erneuerung, Neues Deutschland – von Hermes: Demokratische Union. Daß die neue Partei sich an den christlichen Grundsätzen orientieren sollte, darüber war man sich einig, nicht jedoch über die Aufnahme der christlichen Grundhaltung in den Parteinamen. Man fragte sich auch, ob nicht insbesondere betont liberale Kreise sich abwenden und der eingeleiteten Wiederbelebung der

alten Demokratischen Partei – am Schluß der Weimarer Zeit nannte sie sich Staatspartei – zuwenden könnten. Tatsächlich erging am 5. Juli in Berlin ein Aufruf zur Gründung einer »Liberal-Demokratischen Partei Deutschlands«, obwohl führende Mitglieder der alten Demokratischen Partei sich bereits der neuen »Union« angeschlossen hatten, so Walther Schreiber, Ernst Lemmer und Ferdinand Friedensburg.
Diese liberale Gründung war übrigens der Sowjetischen Militäradministration recht genehm, weil die Entstehung der Union nicht den ursprünglichen Vorstellungen der SMA entsprach. Danach hätten vom Weimarer Parteienspektrum nur die Parteien der Mitte und links wiedererstehen sollen, also Zentrum, Demokratische Partei, SPD und KPD; für eine von Grund auf neue Partei war da kein Raum. Tatsächlich ist im Gründungsaufruf der KPD ausdrücklich die Zentrumspartei als erwarteter künftiger Partner im neuen Parteiengefüge genannt. Das Organ der KPD berichtete auf der ersten Seite seiner Ausgabe vom 14. Juni 1945 in großer Aufmachung über eine erste zentrale Begegnung »der antifaschistischen demokratischen Kräfte« in Berlin unter der Überschrift: »Kommunisten, Sozialdemokraten, Demokraten und Zentrum in einheitlicher Front«.
Durch diese Vorstellungen machte die Gründung der »Christlich-Demokratischen Union Deutschlands« – auf diesen Namen hatten die Gründer sich schließlich geeinigt – einen Strich. Nach Genehmigung durch die Sowjetische Militäradministration konnte der Gründungsaufruf am 26. Juni 1945 herausgegeben werden. Aber erst am 29. Juni brachte das KPD-Organ eine knappe Mitteilung, immerhin auf der ersten Seite: »Gründung der Christlich-Demokratischen Union Deutschlands«. In der Verzögerung und lakonischen Kürze war Unbehagen unverkennbar. Für die konfessionell eingeengte Zentrumspartei hatte man keine große Chance ausgerechnet. Man war klug genug, der neuen, im Namen und im Programm umfassenden Partei mehr Anziehungskraft zuzutrauen. Andreas Hermes selbst war der erste, der sowjetisches Unbehagen zu spüren bekam. Marschall Shukow beschränkte die Tätigkeit des Ernährungsausschusses auf die Stadt Berlin und befahl den Abbau einer großen Zahl von Mitarbeitern. Fünf Wochen später war die Atmosphäre im Rathaus so gespannt geworden, daß Hermes seine Ämter als stellvertretender Oberbürgermeister und Leiter des Ernährungsamtes niederlegte.
Dazu hatte naturgemäß auch das starke Echo des Gründungsaufrufes sehr beigetragen. Die Stärke war insofern erstaunlich, als die Möglichkeiten seiner Verbreitung gering waren. Es gab zwar schon Zeitungen, aber von ihnen war keine werbende Unterstützung zu erwarten. Als erste Zeitung überhaupt erschien am 15. Mai die »Tägliche Rundschau«, Zeitung der SMA und der Roten Armee. Ihr folgte am 21. Mai die angeblich parteiunabhängige »Berliner Zeitung«, am 13. Juni die »Deutsche Volkszeitung« als

Zentralorgan der KPD und am 7. Juli die Zeitung der SPD »Das Volk«. Die Lizenz der SMA für eine CDU-Zeitung ließ noch einen weiteren halben Monat auf sich warten, ebenso die Erlaubnis für die erste öffentliche Gründungsveranstaltung
Die CDU war hauptsächlich auf die Werbung von Bürger zu Bürger angewiesen, zunächst aus dem ersten Gründer- und Freundeskreis, dann aus dem Kreis der ersten Sympathisanten. Die mannigfachen alten Verbindungen kamen sehr zu Hilfe, aber auch wachsende Unbefangenheit als Folge des Einmarsches der westlichen Truppen Anfang Juli in ihre Berliner Sektoren. Zwei Dinge erwiesen sich als besonders hilfreich:
1. Das breite Spektrum des Gründerkreises enthielt Namen, die mannigfachen Schichten eine Qualitätsaussage waren, den früheren demokratischen Parteien, den Kirchen, den Gewerkschaften, aber auch den Kreisen der Intelligenz, der hochqualifizierten Berufe und des kulturellen Lebens. Ein Mann zum Beispiel wie Geheimrat Ferdinand Sauerbruch, ein damals weltberühmter Chirurg, nunmehr auch mit der Verantwortung für das Gesundheitswesen der Stadt betraut, hatte den Gründungsaufruf mit unterschrieben und damit dem neuen Vorhaben ein weithin erkennbares Gütezeichen mitgegeben.
2. Die Grundsätze des Gründungsaufrufes fanden eine eindrucksvolle Konzentration im Namen der Partei:
- Union, also nicht eine sich eng abzirkelnde Partei, sondern eine umfassende und einende politische Kraft, die der Herausforderung eines Wiederaufbaus gewachsen sein könnte –
- Demokratisch, also eine nichtkommunistische, eine antitotalitäre Partei, von der eine Freiheit gewährleistende Ordnung erwartet werden durfte –
- Christlich, also nicht konfessionell eingeengt, sondern eine politische Gemeinschaft, die eine feste Orientierung im Sinne der christlichen Grundwerte, der für jede humanitäre Gesinnung annehmbaren zehn Gebote geben würde –
- Deutschland, also auf das jetzt in Zonen zerrissene Land als Ganzes gerichtet.

Dies alles brachte der Aufruf mit viel sachlichem Gehalt in einer nichts beschönigenden, dennoch selbstbewußten und auch packenden Sprache zum Ausdruck; die Abgrenzung zur kommunistischen Vorstellungswelt war unverkennbar. Der Kernsatz des an anderer Stelle abgebildeten Aufrufes lautet:
»An die Stelle des Zerrbildes einer staatlichen Gemeinschaft in der Hitlerzeit soll jetzt der wahrhaft demokratische Staat treten, der auf der Pflicht des Volkes zu Treue, Opfer und Dienst am Gemeinwohl ebenso ruht wie auf der Achtung vor dem Recht der Persönlichkeit, ihrer Ehre, Freiheit und Menschenwürde.«
Der Gründungsaufruf versteht sich selbst in seinen praktischen Aussagen über die künftigen Aufgaben als »Notprogramm für Brot, Obdach und Arbeit«. Dies alles fehlte damals vielen Millio-

nen Deutschen. Entsprechend kategorisch sind die konkreten Ankündigungen. Wer sie nicht mißverstehen will, muß sich die deutsche Wirklichkeit von damals zu vergegenwärtigen suchen, so schwer das dem Wohlstandsdeutschen von 1980 fallen mag. Damals jedenfalls wurde der Aufruf richtig verstanden, von den Menschen im ganzen sowjetischen Besatzungsbereich und darüber hinaus. Die westdeutschen Mitglieder und Freunde des Gründerkreises gingen auf mühsame Weise und auf gefährlichen Wegen in die heimatlichen westlichen Zonen und warben auch dort.

Welche Entwicklung die neue Partei, die »Union« nehmen würde, war nicht vorauszusagen. Daß sie im sowjetischen Besatzungsbereich auf ernste Schwierigkeiten stoßen würde, wurde allerdings schnell erkennbar. Aber man baute auf die Beteiligung der westlichen Mächte an der Verantwortung für Deutschland. Jedenfalls war man im und um den Gründerkreis froh über die getroffene Entscheidung und zuversichtlich.

Tatsächlich hatte der Gedanke der großen Zusammenfassung des nichtmarxistischen, des »bürgerlichen« Lagers sozusagen in der Luft gelegen. Die Erfahrung mit dem Parteienwirrwarr, der wesentlich zum Scheitern der demokratischen Weimarer Regierungen beigetragen hatte, war ja noch lebendig: Nicht jede Splitterpartei hatte in jedem Wahlkreis kandidiert; aber tatsächlich zählte zum Beispiel im Wahlkreis Potsdam II, einem der Wahlkreise Berlins, der 40 Zentimeter lange Wahlzettel zur Reichstagswahl Juli 1932 nicht weniger als 38 Parteien.

Lange vor dem Zusammenbruch des NS-Systems waren sich kritische Zirkel im klaren gewesen, daß – wenn noch einmal ein demokratischer Anfang gewährt sein sollte – die hemmungslose Parteienzersplitterung ausgeschlossen sein müßte. Und ebenso war man in Kreisen der christlichen Gewerkschaften und des Zentrums weithin der Überzeugung, daß die konfessionelle Spaltung in der Politik überwunden werden müßte. So empfand man vielerorts im Reich, nicht nur in Berlin. Tatsächlich zeigte sich das sehr schnell auch in den Besatzungszonen der Westmächte, als neue Aktivität den ersten Schock ablöste. Dabei war es aufschlußreich und hilfreich zugleich, daß in Westdeutschland schon in ersten lokalen Zusammenschlüssen teils der Sache, teils sogar dem Wort nach eine christlich-demokratische Kombination an die Stelle alter Parteigruppen, insbesondere auch des Zentrums, trat.

Zur selben Zeit, als in Berlin die Gründung der Christlich-Demokratischen Union Deutschlands proklamiert wurde, wurde in Köln, einer Hochburg des politischen Katholizismus, die Wiederherstellung der Zentrumspartei verworfen. Statt dessen wurde eine umfassende christlich-demokratische Gründung beschlossen.

In den nächsten Monaten gab es viele solche Gründungen, gerade in der britischen Besatzungszone. Insbesondere von Berlin aus betrieben, wurde für den 14./16. Dezember 1945 nach Bad Godesberg zu einer ersten allgemeinen Konferenz der christlich-demokratischen Gruppen eingeladen. Die Sowjetische Militäradministration verweigerte Hermes und dem dafür ausgewählten Freundeskreis die Reise. So konnte die großangelegte Rede, die Hermes vorbereitet und auf »illegale« Weise nach Godesberg hatte bringen lassen, nur verlesen werden. Entscheidend wurde, daß die einzelnen regionalen und lokalen Neugründungen die umfassende Bezeichnung »Christlich-Demokratische Union« zum gemeinsamen Namen machten. Der denkwürdige Beschluß lautete:

> »Um die Einheit herauszustellen, ist ein einheitlicher Name für alle Landesteile spontan gefordert worden. Um insbesondere die politische Verbundenheit mit unseren politischen Freunden im Osten zu bekunden, wird beschlossen, den gemeinsamen Namen anzunehmen: Christlich-Demokratische Union Deutschlands. Die Entscheidung wird einstimmig angenommen. Dieser Name gilt nun für das ganze Deutsche Reich.«

Man muß bedenken, daß damals ein politischer Druck auf Deutschland als Ganzes noch Schwierigkeiten machte, nicht nur bei der französischen Besatzungsmacht. Hier ist gewiß auch der eigentliche Grund zu suchen, weshalb damals in der anschließenden Presseverlautbarung der Zusatz Deutschland im Parteinamen weggelassen wurde. Die Annahme des in Berlin geprägten einheitlichen Namens, die Ausrichtung auf ganz Deutschland, die Bejahung einer umfassenden »Union«, die Bildung einer Arbeitsgemeinschaft zwecks überzonaler und überregionaler Zusammenarbeit – dies war insgesamt unter den Verhältnissen Ende 1945 das äußerst Mögliche. Die Tagung in Godesberg war, aufbauend auf der Berliner Gründung des Juni/Juli 1945, der Gründungsparteitag der Christlich-Demokratischen Union Deutschlands.

Die parteirechtliche und organisatorische Fundierung der Gesamt-Union im nichtsowjetisch besetzten Deutschland konnte erst nach der Errichtung der Bundesrepublik und ihrer Ausstattung mit innenpolitischer Souveränität unbehindert durchgeführt werden. Dies geschah dann auf dem Parteitag in Goslar im Herbst 1950.

Über Deutschland kam zwar – tiefer und schneller, als man 1945 sich vorzustellen vermochte – das Unheil der Spaltung. Aber der in Berlin erstmalig programmatisch formulierte und organisatorisch eingeleitete, auf ganz Deutschland bezogene Gründungswille hatte bleibende Wirkung.

Anlauf unter Schwierigkeiten

Wie schon erwähnt, hatte sich die Absicht, eine umfassende, christlich orientierte demokratische Partei zu gründen, in Berlin früh herumgesprochen. In den einzelnen Stadtteilen taten sich Gleichgesinnte zusammen. Ungewollt wirkte auch die KPD anregend; sie war sofort voll aktiv. Im Stadtteil Mariendorf z. B. war die erste KP-Versammlung schon am 15. Juni; die Schulaula war überfüllt, zumeist Neugierige. Der Redner war, verglichen mit KP-Versammlungen der Weimarer Zeit, verblüffend maßvoll.

Für die Sympathisanten der CD-Partei – zunächst war der Name offen – ergaben sich als erste Anlaufstellen die evangelischen und katholischen Pfarreien. Die einstige Zentrumspartei hatte sich in Berlin ohnehin in der Regel nach Kirchenbezirken gegliedert. Jedes orientierende Material fehlte; es gab weder ein Parteibüro noch eine Parteizeitung. Nachdem der Parteiaufruf wenigstens auszugsweise und durch Mundpropaganda bekanntgeworden war, wurde eine Parteizentrale vordringliche Notwendigkeit. In dem Bürogebäude einer ehemaligen landwirtschaftlichen Bank, Schlüterstraße 39 in Berlin-Charlottenburg (später britischer Sektor) konnte die erste Etage als Parteibüro eingerichtet werden. Das war um so notwendiger, als seit Anfang Juli die Dienststelle Hermes nicht mehr zur Verfügung stand. Hermes hatte es abgelehnt, vor dem westalliierten Einzug mit seinem Apparat in den Sowjetsektor, in die Wallstraße am Spittelmarkt zu ziehen.

Die Sowjets hatten den westlichen Einmarsch durch hinhaltende Verhandlungen und Vorbereitungen verzögert. Sie wollten ihre Demontagen in der Westberliner Industrie zu Ende führen, was ihnen auch unter Zwangseinsatz der männlichen Bevölkerung weitgehend gelang. Im Tagebuch von Gradl ist z. B. für die Pfingstfeiertage zu lesen: Demontage von Setz- und Druckmaschinen des Ullstein-Hauses in Berlin-Tempelhof. Auch wollten die Sowjets sicherstellen, daß die Parteizentralen, die Zeitungsredaktionen und die Wohnsitze der leitenden Persönlichkeiten in den sowjetischen Sektor, also in den unmittelbaren sowjetischen Einflußbereich, gelegt wurden. Bei den Wohnsitzen ließ sich das meist vermeiden durch Verzögerungstaktik bis nach dem westlichen Einzug, bei den Parteizentralen und Zeitungen konnten sich die Sowjets als Lizenzgeber durchsetzen.

Für die CDU-Zentrale fand sich eine erste Lösung mit dem Bankgebäude in der Innenstadt, in dem sich das Behelfsbüro von Gradl aus der ehemaligen Banken-Organisation befand. Das Ganze ging jetzt schnell. Heinrich Vockel, der nicht gern, aber aus Pflichtgefühl vorläufig die Funktion eines Generalsekretärs neben seiner beruflichen Arbeit ausübte, kannte wie andere das Haus von früher. Am 10. Juli nachmittags hatten Heinrich Krone und Gradl ein Gespräch in der Jägerstraße. Während der Unterhaltung kam Heinrich Vockel mit der Nachricht, daß heute die CDU auch formell von den Russen genehmigt worden sei, ebenso ihre Zeitung. Offenbar habe die Sowjetische Militäradministration abwarten wollen, ob neben der Union eine liberal-demokratische Partei zustande kam; tatsächlich hatte dann die LDP am 5. Juli ihren Gründungsaufruf fertig. Vockel fügte hinzu, die Russen legten nahe, Parteizentrale und Zeitung in den russischen Sektor zu verlagern – ein Wunsch, dem man sich nicht entziehen könne, da die Partei doch in der ganzen sowjetischen Besatzungszone arbeiten wolle.

Am folgenden Tag wurde nach einer nunmehr gründlichen Besichtigung entschieden, das Haus sei geeignet. Am 14. Juli wurde das Haus für die CDU behördlich gesichert. Vockel und Steltzer kamen gleich am Vormittag. Zunächst sollte Gradl als »Verbindungsbüro« tätig sein, damit auch das am Portal anzubringende Schild seine Berechtigung hatte. Die Stadtverwaltung beanspruchte die untere Etage sehr hartnäckig für ein zentrales Polizeirevier; dies konnte schließlich abgewehrt werden. Solche Schwierigkeiten hatte die KPD nicht. Die endgültige Entscheidung für die Zentrale der CDU in der Stadtmitte war damit gefallen. Das Büro Schlüterstraße wurde jedoch beibehalten, wenn auch verkleinert. Man wollte nicht jeden Schritt der sowjetischen Aufmerksamkeit freigeben. Das Festhalten an dem Büro erwies sich später als eine glückliche, instinktiv weitschauende Entscheidung. Die Jägerstraße aber wurde nunmehr zum Ort zahlreicher Auseinandersetzungen mit der Besatzungsmacht, bis hin zum Bruch an der Jahreswende 1947/48. Die Parteizentrale erhielt die Bezeichnung Reichsgeschäftsstelle. Das erregte später in einigen Kreisen der westdeutschen CDU Unruhe und Widerspruch, nicht zuletzt bei Konrad Adenauer. Alte Voreingenommenheiten gegen Berlin spielten eine Rolle – noch aus der königlich-preußischen Zeit herrührend –, ferner der Verdacht, die Berliner machten generellen Führungsanspruch geltend. Daneben gab es persönliche Rivalitäten. Aber auch die unter Berlin firmierenden kommunistischen Verwandlungen der sowjetischen Besatzungszone wirkten abschreckend. Tatsächlich jedoch war die »Reichsgeschäftsstelle« in Berlin so benannt worden, weil alles, was seitens der neugegründeten CDU dort getan wurde, in der damals sicheren Erwartung geschah, daß die Einheit Deutschlands – des »Deutschen Reiches«, wie es früher hieß – gewahrt werden und infolgedessen

nach Wegfall der Zonenschranken die CDU ihren Sitz als einheitliche deutsche Partei natürlich in der Hauptstadt Berlin haben würde.
Da der Weg zum ersten öffentlichen Auftritt frei und auch der Start einer eigenen Tageszeitung möglich geworden war, wurde die organisatorische Parteiarbeit um so notwendiger. Zuvor aber mußte noch ein Verlangen befriedigt werden, welches die sowjetische Militäradministration mit der Lizenzierung der Parteien verbunden hatte: eine Verpflichtung der Parteien zur Zusammenarbeit. Am 14. Juli 1945 schlossen die Vertreter der mittlerweile zugelassenen vier Parteien eine »Einheitsfront der Antifaschistisch-Demokratischen Parteien«, den »Antifaschistischen Block«, in der politischen Umgangssprache alsbald »Block« genannt. In diesem »Block« waren je fünf Spitzenvertreter der Parteien. Die Zahl wurde später auf je sechs erhöht, nach der Zwangsvereinigung von SPD und KPD hatte die Sozialistische Einheitspartei Deutschlands (SED) zwölf Vertreter, denen die je sechs Vertreter von CDU und LDP gegenübersaßen. Für die CDU unterschrieben Andreas Hermes, Walther Schreiber, Jakob Kaiser, Theodor Steltzer und Ernst Lemmer.
»Unter gegenseitiger Anerkennung ihrer Selbständigkeit« sollten nunmehr die Parteien »mit vereinter Kraft die großen Aufgaben lösen«. Zu diesem Zweck waren lokal, regional und zentral gemeinsame Ausschüsse zu bilden. Die größte Bedeutung kam naturgemäß dem zentralen Ausschuß zu, für den feste Sitzungstermine vorgesehen waren (»mindestens zweimal monatlich«).
In der CDU-Führung bestand Unbehagen gegenüber der Institution des Blocks, denn die auferlegte Zusammenarbeit bedeutete Festlegung auf Einstimmigkeit. So konnte also kein Beschluß gegen die KPD zustande kommen. Da der Zentrale Block die höchste deutsche politische Instanz im Sowjetbereich sein sollte, würden die Kommunisten eine Sperrposition haben, die um so gewichtiger war, als sie sich im intimen Einvernehmen mit der Besatzungsmacht befanden.
Das Unbehagen auf CDU-Seite wurde auch durch die Wörter »antifaschistisch« und »Block« genährt. Block erinnerte fatal an NS-Sprache, nicht an Demokratie. »Antifaschistisch« war in der Weimarer Zeit ein kommunistischer Kampfbegriff, hervorgerufen zunächst durch den Faschismus Mussolinis, dann ausgedehnt auf Nationalsozialismus und andere Bewegungen solcher Art – immer aber auf »rechts« bezogen. Der linke Totalitarismus war ausgespart. Die CDU jedoch wollte sich gegen jeglichen totalitären Anspruch wenden, auch gegen den kommunistischen.
An dieser »Block«-Auflage war zunächst nichts zu ändern. Man mußte ohnehin darauf warten, daß Deutschland in absehbarer Zeit zentrale Verwaltungen und schließlich eine deutsche Regierung bekommen würde. Tatsächlich bestätigte das Abkommen der Potsdamer Konferenz, die vom 17. Juli bis 2. August 1945

tagte, solche Erwartungen. Infolgedessen war die Hoffnung nicht ganz unbegründet, daß später kommunistische Einseitigkeiten und Vorgriffe korrigiert werden könnten.
Verschwiegen werden soll nicht, daß es zunächst auch sachliche Überlegungen für das Prinzip entschiedener Zusammenarbeit gab. Einmal war es die demokratische Sprache der KPD. In ihrem Gründungsaufruf vom 11. Juni 1945, also in besonders verpflichtender Form, hieß es:

> »Wir sind der Auffassung, daß der Weg, Deutschland das Sowjetsystem aufzuzwingen, falsch wäre, denn dieser Weg entspricht nicht den gegenwärtigen Entwicklungsbedingungen in Deutschland. Wir sind vielmehr der Auffassung, daß die entscheidenden Interessen des deutschen Volkes in der gegenwärtigen Lage für Deutschland einen anderen Weg vorschreiben, und zwar den Weg der Aufrichtung eines antifaschistischen, demokratischen Regimes, einer parlamentarisch-demokratischen Republik mit allen demokratischen Rechten und Freiheiten für das Volk.«

Und als ob jedem Zweifel vorgebeugt werden sollte, wird wenig später in dem Aufruf beschworen: »Völlig ungehinderte Entfaltung des freien Handels und der privaten Unternehmerinitiative auf der Grundlage des Privateigentums«.
Teile des Aufrufes gaben zwar Anlaß zu Mißtrauen. Außerdem war die Personalpolitik, die die KPD im Schutz der Besatzungsmacht bei der Neubesetzung behördlicher Führungsstellen energisch betrieb, aggressiv einseitig. Innenverwaltung und Polizei wurden vorweg mit Kommunisten durchsetzt. Wiederum konnte man angesichts der programmatischen Aussagen nicht einfach ausschließen, daß auch die deutschen Kommunisten aus der Vergangenheit gelernt haben könnten. Vor allem aber war das deutsche Elend, war die Katastrophe so groß, daß eigentlich alles nach entschlossener redlicher Zusammenarbeit schrie. Dieses Gebot der Not war es, das auch die CDU in ihrem Gründungsaufruf für »brüderliche und vertrauensvolle Zusammenarbeit aller die Demokratie bejahenden Parteien und aller aufbauwilligen Kräfte« hatte eintreten und deshalb die Einheitsfront, den »Block«, akzeptieren lassen. Später belehrte der Gang der Dinge, daß die mit der Einstimmigkeit des Blocks gegebene Möglichkeit zum Veto auch einer opponierenden CDU Dienste leisten konnte.
Dieser Juli 1945 hatte noch eine andere Aufgabe bereit: die Gründung einer Zeitung, die die Auffassungen der CDU verbreiten konnte. Die Zeitung benötigte eine Lizenz, brauchte außerdem die Zuweisung einer Druckerei und des notwendigen Zeitungspapiers. All dies konnte nur von der Sowjetischen Militäradministration kommen. Die SMA aber verzögerte; auch darin zeigte sich Unbehagen darüber, daß statt des Zentrums die Union gegründet worden war. Das Zentralorgan der KPD – nicht wie früher »Rote Fahne«, sondern »Deutsche Volkszeitung« betitelt – bestand

schon seit dem 13. Juni 1945. Gespräche hatte es im Führungskreis der Union bereits seit Mitte Juni gegeben, über den Namen der Zeitung, über die Redaktion, über die Finanzierung – seit dem sowjetischen Einmarsch waren und blieben sämtliche Bank- und Sparkassenguthaben beschlagnahmt – und über die Technik. Federführend für das Zeitungsprojekt war Geheimrat Katzenberger. Mit der Gründung und Lizenzierung der CDU Ende Juni waren insofern die Voraussetzungen für eine Zeitung gegeben, als die Sowjets Zeitungslizenzen nur an Parteien und an vergleichbare Institutionen wie die Gewerkschaften gaben. Schließlich war es soweit. Am 22. Juli 1945, einem Sonntag, konnte die Zeitung der CDU erstmalig erscheinen. Nach einigem Hin und Her hatte man sich auf den Titel »NEUE ZEIT« geeinigt, Untertitel: »Tageszeitung der Christlich-Demokratischen Union Deutschlands«. Als Träger war eine parteieigene »Union Verlag GmbH« gebildet worden. Die Frage der Finanzierung war dadurch erleichtert, daß der damals vorherrschende Straßenverkauf schnell Geld einbrachte und die Kosten wegen der festgehaltenen Löhne und Preise und wegen der vom Papiermangel erzwungenen Beschränkung auf vier Seiten relativ gering waren. Als Auflage waren zunächst 200 000 Stück freigegeben, aber es dauerte nicht lange, bis als politische Strafe Kürzungen auf 100 000 und darunter auferlegt wurden.
Es wird sich sicher einmal Gelegenheit ergeben, die hervorragende, politisch ungemein hilfreiche Arbeit der Redaktion der »Neuen Zeit« ausführlicher darzustellen, einer nichtmarxistischen Zeitung also unter sowjetischer Zensur. Zu ihrer Redaktion gehörte eine große Zahl prominenter Journalisten, u. a. Emil Dovifat als erster Chefredakeur, sein Stellvertreter Wilhelm Gries, neben ihnen u. a. Karl Brammer, Alfred Gerigk und der Wirtschaftspolitiker Hans Sonnenschein.
Die Arbeit unter sowjetischer Vorzensur war ungemein schwierig. Oft wurden Informationen und Kommentare gestrichen oder verstümmelt. Das letztere war das schlimmere, weil die Leser verunsichert und verärgert wurden. Es gab auch Grotesken des Zensors. In der Ausgabe vom 5. August 1945 mußte die »Neue Zeit« das Potsdamer Abkommen noch einmal im vollen Wortlaut abdrukken, obwohl sie es schon am Vortage gebracht hatte. Sie hatte den viele Spalten langen Text deutschem Zeitungsstil entsprechend durch eigene Zwischenüberschriften aufgelockert. Dadurch und weil sie den Deutschland betreffenden Teil an die Spitze gestellt hatte, hatte sie nach Meinung des Zensors das »Dokument« verletzt. Ein andermal beanstandete er die Überschrift »Revolution der Damenmode«. Der Zensor, so berichtete Wilhelm Gries, erklärte ihm: »Lesen Sie Karl Marx, dann wissen Sie, was Revolution ist.«
Jedenfalls, die »Neue Zeit« gewann schnell breite Sympathie, nicht nur wegen ihrer Tendenz, sondern auch wegen ihrer journa-

listischen Qualität. Diese war denn auch der Grund, weshalb nach einem knappen Vierteljahr auf sowjetisches Verlangen Emil Dovifat als Chefredakteur zurücktreten mußte. Sein Stellvertreter Wilhelm Gries übernahm, nachdem auch Rudolf Pechel sowjetischem Widerspruch bald weichen mußte, die Chefredaktion. Auch auf andere Weise drückte die Sowjetische Militäradministration ihr Unbehagen über den publizistischen Erfolg der »Neuen Zeit« aus. Das dem Blatt ursprünglich gewährte ansehnliche größere Format wurde ihm nach zwei Wochen genommen.

Der erste Tag der »Neuen Zeit«, der 22. Juli 1945, war auch der Tag, an dem die Christlich-Demokratische Union ihre Gründungskundgebung abhalten konnte. Sie fand an jenem Sonntagvormittag im Theater am Schiffbauerdamm in Berlin-Mitte statt. Obwohl Werbung kaum möglich war, hatte die Veranstaltung sich doch herumgesprochen. Entgegen aller Befürchtung – nicht nur die Informations-, sondern auch die Verkehrsmöglichkeiten waren noch immer unvorstellbar dürftig – war der Raum voll besetzt.

Nach einem die Kundgebung eröffnenden Gedenkwort von Walther Schreiber für die Gefallenen, die Kriegsgefangenen, die Opfer des Nationalsozialismus und die Flüchtlinge aus Ostdeutschland hielt Hermes einleitend die programmatische Rede. Er kennzeichnete die Situation und verschwieg nichts, weder aus der Vergangenheit noch aus der Gegenwart. Seine Worte über die erzwungene Abwanderung aus dem Osten und über die Hoffnung auf eine zentrale deutsche Regierung fanden besondere Zustimmung. Die Stärke des Beifalls auf seinen Appell für die Christlich-Demokratische Union Deutschlands war eine erste Bestätigung des Neubeginns.

Nach Hermes sollten Repräsentanten der an der Gründung vornehmlich beteiligten Gruppen sprechen. Noch zehn Sprecher waren vorgesehen. Das war ein Experiment, aber es gelang; jeder sprach nur wenige Minuten. Zu Wort kamen nach Hermes Jakob Kaiser als Repräsentant der Gewerkschaften und Martin Schwab für die gewerbliche Wirtschaft sowie Hildegard Staehle als Sprecherin der Frauen – ihr Mann Wilhelm Staehle war nach dem 20. Juli hingerichtet worden. Es folgten der frühere Oberpräsident von Schlesien, Dr. Hans Lukaschek, Prälat Carl Ulitzka aus Oberschlesien, Ernst Lemmer, Eberhard Plewe, Emil Dovifat und Ferdinand Friedensburg. Das Schlußwort sprach Theodor Steltzer.

Eine bewegende Szene gab es, als Lukaschek an das Rednerpult gerufen wurde. Ein Aufschrei, und nach vorn stürmte Prälat Ulitzka. Beide waren alte Freunde, beide kamen aus dem Gefängnis oder KZ, und keiner wußte bis zu diesem Augenblick, daß der andere die Not überstanden hatte. Sie fielen sich in die Arme . . .

In ihrem straffen und gehaltvollen Ablauf – das Ganze hatte knapp zwei Stunden gedauert – war die Kundgebung ein voller Erfolg. Dank galt nicht zuletzt Heinrich Vockel, der eine Fülle von Schwierigkeiten bei der Vorbereitung zu überwinden hatte und bis zum Beginn mit schwerem Zweifel am Gelingen erfüllt war. In Gradls Tagebuchnotizen steht unter dem folgenden Tag (Montag, 23. Juli 1945): »Büro (Jägerstraße) viele Besucher wegen Partei«. Der Funke hatte gezündet. Das erste Rundschreiben überhaupt an die örtlichen Neubildungen, der »Informationsbrief Nr. 1«, trägt das Datum des 25. Juli 1945 und kam noch aus der Schlüterstraße in Charlottenburg (siehe Abbildung).

In Berlin waren Aufbau und Entwicklung der Partei zu überschauen. Die Kontakte zwischen den Sektoren und Stadtteilen der nunmehrigen Viermächtestadt waren praktisch unbehindert. Der Zusammenschluß vollzog sich in Ortsgruppen und Kreisverbänden ziemlich rasch. Die »Neue Zeit« half als tägliches Kommunikationsorgan. Die Träger setzten sich mehr oder minder aus Angehörigen derselben Gruppen zusammen, die sich in der Gründung der Union engagiert hatten. Der Landesverband Berlin erhielt zunächst ein Büro in der Parteizentrale Jägerstraße; erster Geschäftsführer war Max Hampel (früher Demokratische Partei).

Das Fragezeichen war das Verhalten der Menschen in der sowjetischen Besatzungszone (SBZ), wo nicht die Präsenz der westlichen Besatzungsmächte einen zumindest psychologischen Rückhalt gab. Dort also, wo man mit den Sowjetischen Kommandanturen, den politischen Offizieren der regionalen Sowjetischen Militäradministrationen, mit den Institutionen der sowjetischen Geheimpolizei und den Stellen der deutschen Kommunisten allein war. Wer sich dort in einer nichtmarxistischen Partei engagierte, setzte sich einer sowjetisch-kommunistischen Aufmerksamkeit aus, die aufdringlich, sogar gefährlich sein konnte und allzuoft auch war.

Um so erstaunlicher war das starke Echo der Union und übrigens auch der Liberal-Demokratischen Partei. In Berlin war häufig eine Abneigung, sich an eine Partei zu binden, auch bei solchen zu finden, die nicht der NSDAP angehört hatten; man war verschreckt und abgestoßen durch den wirklichkeitsfremden Schematismus und die Willkür, die mit der Entnazifizierung zumal in der ersten Phase verbunden war. In der SBZ gab es solche Empfindungen und Hemmungen natürlich auch. Aber dort, im sowjetisch-kommunistischen Machtbereich, überwog bei vielen der Wunsch, durch die Zugehörigkeit zu einer immerhin anerkannten nichtmarxistischen Partei Geborgenheit in einem Kreis gleicher Gesinnung zu finden und aufdringliche kommunistische »Werbung« eher abwehren zu können.

Die Westmächte hatten Ende Juni 1945 entsprechend den Vereinbarungen mit den Sowjets vom 12. September 1944 die im Kampf eroberten Teile Deutschlands geräumt, die als sowjetisches Besatzungsgebiet bestimmt waren. Das waren das ganze Land Thüringen, fast die ganze Provinz Sachsen-Anhalt, der größte Teil Sachsens sowie kleinere Teile von Brandenburg und Mecklenburg (siehe abgebildete Karte).

Am 3./4. Juli 1945 richtete die Sowjetische Militäradministration (SMA) in den Ländern und ehemaligen preußischen Provinzen ihrer Besatzungszone zwischen der Oder und ihrer westlichen Demarkationslinie Landes- bzw. Provinzialverwaltungen ein, zunächst in den Ländern Sachsen und Mecklenburg und in der Provinz Brandenburg. An der Spitze standen jeweils ein Präsident und eine Anzahl von Ministern. Da CDU und LDP noch nicht tätig waren (die LDP wurde erst am 5. Juli gegründet), fiel es der SMA leicht, die Spitzenpositionen sehr einseitig zu besetzen. Dabei wandte sie ein pseudo-demokratisches Verfahren an, das sich in diesem Fall in der Erklärung der SMA von Anfang Juli 1945 so darstellt:

> »In den letzten Tagen haben sich demokratische Organisationen und öffentliche Körperschaften der Provinz Brandenburg und der Länder Mecklenburg und Sachsen an das Sowjetische Militärkommando mit der Bitte um Schaffung von Provinzial- und Landesverwaltungen gewandt, wobei sie gleichzeitig Kandidaten für das Amt des Präsidenten und der Vizepräsidenten dieser Provinzial- und Landesverwaltungen namhaft machten. Der Oberbefehlshaber der Sowjetischen Besatzungstruppen in Deutschland . . ., Marschall Shukow, hat die in Vorschlag gebrachten Kandidaturen geprüft und bestätigt.«

Wenig später geschah dasselbe in den von den Westmächten geräumten Gebieten Thüringen und Sachsen-Anhalt; die ehemaligen Provinzen wurden den Ländern gleichgestellt.

Damit war auch für die CDU die regionale Struktur in der sowjetischen Besatzungszone gegeben. In den fünf Regionen entstanden gleichnamige Landesverbände: Brandenburg mit dem Sitz in Potsdam, Mecklenburg (Schwerin), Sachsen (Dresden), Sachsen-Anhalt (Halle) und Thüringen (Weimar).

Jedoch dauerte es geraume Zeit, bis die Organisation einigermaßen flächendeckend aufgebaut war. Nach dem für die Bildung von Parteien maßgeblichen Befehl – er ist auf Seite 17 zitiert – mußte jeweils das örtlich oder regional zuständige sowjetische Kommando die Liste des Vorstandes erhalten und der Gründung zustimmen. Auf dem Lande wurde das Einverständnis mit CDU-Gruppen oft hinausgezögert oder überhaupt verweigert. Noch bei den Kommunalwahlen im Herbst 1946 konnten in zahlreichen Gemeinden CDU und LDP keine Kandidaten zur Wahl stellen, weil die örtlichen Kommandanturen die Lizenz für die Bildung einer Ortsgruppe verweigert hatten. Beschwerden blieben im Instanzenzug zwischen den unteren und den höheren Kommandos hängen.

Trotz aller Schwierigkeiten gelang der organisatorische Aufbau der CDU in den Ländern und Provinzen der sowjetischen Besatzungszone. Der folgende Brief von Ernst Eichelbaum ist typisch für CDU-Gründungen in der sowjetischen Zone. In Leipzig war nach dem Abzug der Amerikaner und dem Einmarsch der Sowjets

Anfang Juli 1945 von der sowjetischen Kommandantur alsbald die Gründung demokratischer Parteien zugelassen worden; dabei war auf sowjetischer Seite neben SPD und KPD nur an eine »bürgerliche« Partei gedacht.

Der Freundeskreis um Rechtsanwalt Carl Günther Ruland, den Bibliothekar Karl Buchheim, Studienrat Ernst Eichelbaum, den christlichen Gewerkschafter Georg Schneider zielte jedoch von vornherein auf eine christlich orientierte, nichtmarxistische Partei. So suchten die »bürgerlichen« Gruppen zwei Parteien neben SPD und KPD zu schaffen.

»Damit«, so heißt es im Bericht von Eichelbaum, »konnte auch ein Gleichgewicht aller Parteien hergestellt werden und, wenn es uns gelang, mit den Sozialdemokraten ein gutes Verhältnis anzuknüpfen, sogar eine parteipolitische Überflügelung durch die Kommunisten überhaupt verhindert werden. Als die Kommandantur, die wahrscheinlich ähnlich rechnete, dem Plan der christlichen Demokraten ablehnend gegenüberstand, sickerten Gerüchte durch von der Gründung einer solchen Partei in Dresden und auch in Berlin. Das mußte ausgekundschaftet werden.

Es war der Unterzeichnete (Eichelbaum, D. V.), der in den ersten Tagen des August von seinen Freunden den Auftrag erhielt, die Fahrt nach Berlin zu wagen. Es war die abenteuerlichste Reise, die ich je unternommen habe; zwanzigstündig die Hinfahrt und ebenso die Rückfahrt. Auf einem Plattenwagen nach Berlin hinein und auf dem Dach eines Güterwagens aus Berlin wieder heraus bei Sturm und Regen und ohne Proviant. Aber in dem noch chaotisch zerstörten Berlin gelang es, auf langen Fußwanderungen in die einzelnen Vororte und ins Zentrum die Männer der CDU ausfindig zu machen: Andreas Hermes, Theodor Steltzer, Dr. von der Gablentz und Jakob Kaiser. Und nun ergab sich: Das waren ja Männer, die dasselbe dachten wie wir und den Russen schon ihre Genehmigung abgerungen hatten. Eine christlich-demokratische Partei beider Bekenntnisse und darum Union genannt. Etwas Glücklicheres konnte einem damals gar nicht begegnen. Und als ich, von meinen Leipziger Freunden schon als verschollen geglaubt, zurückkam mit den Aufrufen und Leitsätzen der Berliner Reichs-CDU, da konnte der Stadtkommandant sich nicht weigern, das drucken und öffentlich anschlagen zu lassen, was an den Berliner Litfaßsäulen und Anschlagtafeln schon gestanden hatte, diesmal aber als Aufruf zum Beitritt für eine Leipziger CDU und mit den Namen der Leipziger Gründer unterzeichnet.

Wenn wir auch noch fast drei Wochen brauchten, bis wir bei unserer Kommandantur die offizielle Registrierung erreichten, wir traten doch mit einer Parteigründung an die Öffentlichkeit, die so alt war wie die erste mögliche politische Regung unter der neuen Besatzung.«

Ende August 1945 hatte die SMA den Verband für Sachsen genehmigt. Organisationsvorarbeiten waren bereits in den meisten Kreisen im Gange, insbesondere in Dresden, Leipzig, Chemnitz, Reichenbach, Annaberg und Meißen. In Dresden wurde eine zentrale Geschäftsstelle für die CDU Sachsen eingerichtet. Die Führung des Landesverbandes war dem in evangelischen Kreisen weithin bekannten Professor Hugo Hickmann anvertraut. Auf dem ersten Landesparteitag der sächsischen CDU konnte Hickmann mit verständlicher Zufriedenheit feststellen, daß inzwischen die Aktionsausschüsse und provisorischen Vorstände die demokratische Legitimation erhalten hatten. In Sachsen war es auch, wo Mitte November 1945 die systematische Bildungsarbeit der CDU des Sowjetbereichs mit einem dreitägigen Rednerlehrgang eröffnet wurde. Es war das Verdienst insbesondere von Emil Dovifat – in dieser Veranstaltung war er auch der Hauptredner –, daß die Notwendigkeit schnell erkannt wurde, nach über zwölfjähriger Zwangspause politisches Gedankengut im christlich-demokratischen Sinne zu entwickeln, zu vertiefen und systematisch durch Heranbildung von Rednern zu verbreiten. Die CDU konnte nicht ohne weiteres auf Reserven aus der Weimarer Zeit zurückgreifen. Zur selben Zeit wie in Sachsen entstanden in den anderen Ländern und Provinzen die Landes- und Kreisverbände, in Brandenburg, in Sachsen-Anhalt, in Mecklenburg und Thüringen. Dieser rasche Aufbau darf nicht darüber hinwegtäuschen, daß es an vielen Plätzen langdauernde Schwierigkeiten gab. Der Kreisverband Potsdam z. B. konnte erst Mitte Oktober 1945 gegründet werden. Seine ersten Vorsitzenden waren Dr. Wilhelm Wolf und Hubertus Graf von Schmettow. Aus Sachsen wurde berichtet, daß noch im Herbst 1946, vor den Gemeindewahlen, für die SED schon 531, für die CDU nur 164 Ortsgruppen registriert worden waren.

Es gab auch Fälle, in denen sich CDU-Gruppen organisierten, ohne die offizielle Genehmigung abzuwarten. In Kleinmachnow bei Berlin hat eine vorläufige CDU-Ortsgruppe mit dreißig Mitgliedern schon am 16. Juni 1945 – also noch kurz vor dem offiziellen Gründungsaufruf – unter der Leitung von Ernst Lemmer die Arbeit aufgenommen. Als Lemmer in den Hauptvorstand eintrat, wurde Dr. Peter Bloch sein Nachfolger. Die alsbaldigen Auseinandersetzungen dieser Ortsgruppe mit Bürgermeister und Landrat sind ein Lehrbeispiel jener Zeit für kommunistische Praxis im Widerspruch zu den Vereinbarungen der Parteispitzen über gegenseitige Respektierung. Ein Brief wie der folgende an den CDU-Vorsitzenden Dr. Bloch wäre nie an eine KPD-Ortsgruppe geschrieben worden (am 18. 9. 1945):

> »Wir haben gehört, daß Sie in Ihrem Hause einen politischen Diskussionsabend mit Jugendlichen abgehalten haben. Wir haben ferner gehört, daß Sie die Kleinmachnower Jugend eingeladen haben, an einem Diskussionsabend im Rahmen der Christ-

lich-Demokratischen Union teilzunehmen. Wir wissen, Herr Dr. Bloch, daß Sie ein guter Zeitungsleser sind, und glauben nicht, daß Ihnen die Bestimmungen der alliierten Behörden entgangen sind, wonach Jugendverbände und Vereine und Jugendbetreuung seitens der politischen Parteien von den Besatzungsbehörden verboten sind. Lediglich die russische gestattet die Bildung von Jugendausschüssen *innerhalb* der *Gemeindeverwaltung* unter *Leitung* der *Volksbildungsämter*.
Wir sind überzeugt, Herr Dr. Bloch, daß es nur dieses Hinweises bedurfte, um Sie zu veranlassen, daß die für Montag vorgesehene Jugendkundgebung politischen und anderen Charakters seitens der Christlich-Demokratischen Union unterbleibt.
Amt für Volksbildung.«

Es war erstaunlich, wie zügig trotz aller Schwierigkeiten die organisatorische Struktur gestaltet und entfaltet werden konnte. Die CDU konnte nicht wie die anderen Parteien, die sich selber als Anknüpfung und Fortsetzung von Weimar verstanden, eine zwölf Jahre unterbrochene Existenz wiederaufnehmen. Die CDU konnte nicht einfach anknüpfen. Sie war keine Fortsetzung. Auch konnte keine frühere Partei sich in ihr als Fortsetzung sehen. In der CDU wirkten geistige und politische Ströme von früher zusammen, aber sie war keine politische Koalition. Sie war eben ein Novum. Die Menschen mußten sich in dieser neuen politischen Gemeinschaft erst zusammen- und zurechtfinden. Daß es gelang, ist auch ein Zeichen dafür, daß die Leitidee Union sozusagen in der Luft lag.

Christlich-Demokratische
Union Deutschlands
Reichsgeschäftsstelle
als Stadtgeschäftsstelle

Berlin, den 25. Juli 1945
Bis zur Einrichtung des neuen Büros weiterhin: Bln.-Charlottenburg, Schlüterstraße 39

Informationsbrief Nr. 1

(nur für Bezirksverbände und Ortsgruppen)

1) Eine eigene Stadtgeschäftsstelle ist in unserem Parteigebäude Berlin W 8, Jägerstraße 59/60 im Aufbau begriffen. Wir hoffen, daß sie am 1. August ds.Js. ihre Arbeit voll aufnehmen kann.

2) Die Zeitung "Neue Zeit" wird bis auf weiteres von der Vertriebsorganisation des Deutschen Verlages (Ullstein) vertrieben. In der Anlage finden unsere Gruppen die Vertriebsstellen. Im Einvernehmen mit dem Verlag der Zeitung können unsere Gruppen mit diesen Vertriebsstellen Vereinbarungen derart treffen, daß sie eine bestimmte Anzahl Exemplare zum Preise von 12 Pfg. je Stück von diesen Vertriebsstellen abholen, um sie dann den interessierten Parteimitgliedern unmittelbar zustellen zu können. Der Verlag macht darauf aufmerksam, daß Boten, welche gewerbsmäßig die Zustellung der Zeitungen ausüben, sich als Zeitungsausträger gewerblich anmelden müssen.

Es wird eine der wichtigsten Aufgaben unserer Parteistellen sein, sich für den Vertrieb der Zeitung mit aller Kraft einzusetzen.

3) In der Anlage übermitteln wir den Bezirksverbänden die bei uns angefallenen Adressen von interessierten Persönlichkeiten, die sich als Parteimitglied angemeldet bzw. für eine Mitarbeit in der örtlichen Organisation zur Verfügung stellen wollen.

4) Wir beabsichtigen, im Laufe der nächsten Woche politisches Material zusammenzustellen als Hilfsmittel für die politische Werbung.

5) Der Druck des Organisationsmaterials (Aufnahmeformulare, Mitgliedskarten, Karteikarten, Beitragsmarken) hat sich verzögert, weil die Aufträge infolge von Stromsperren und aus anderen Gründen nicht ausgeführt werden konnten. Wir hoffen, im Verlaufe der nächsten Woche wenigstens Aufnahmeformulare in genügender Zahl zur Verfügung stellen zu können.

2 Anlagen.

Informationsbrief Nr. 1 der CDUD vom 25. Juli 1945 (Abb. 4)

Andreas Hermes (Abb. 5)

CHRISTLICH-DEMOKRATISCHE UNION DEUTSCHLANDS

DER VORSITZENDE

Berlin W8, den 21.September 1945
Jägerstraße 59/60

Dr. Andreas H e r m e s
geb. am 16.7.1878 in Köln a/Rhein,
wohnhaft: Berlin-Charlottenburg,
Königsweg 42

ist von der Christlich-Demokratischen Union beauftragt, in der von der Roten Armee besetzten Zone Vorbereitungen für die Bildung von Unterorganisationen der Christlich-Demokratischen Union zu treffen.

Alle Dienststellen werden gebeten, ihm jede Unterstützung zu gewähren und ihn frei passieren zu lassen.

Christlich-Demokratische Union Deutschlands

Der Vorsitzende
i.V.
Schreiber

Г. Д-ру Андрею Г е р м е с ,
род. 16.7.1878 в Кэльне н/Рейне,
прожив. Берлин-Шарлоттенбург,
Кэнигсвег 42,

поручено христианско-домократическим союзом в Германии принять меры к учреждению в районах Советской Зоны подотделов христианско-демократического союза.

Просьба ко всем учреждениям оказыват ему всяческое содействие и предоставить ему беспрепятственный проезд .

Христианско-Демократический Союз
Германии

Зам. Председателя
Schreiber

Гр. Др Андрей Хермес проезд
в районе советск. зоны разрешен.
Деж. ...
...
22.9.45 Майор

Christian Democratic Union
of Germany
The President

Berlin W 8, Sept.21st,1945
Jägerstr.59/60

Dr. Andreas H e r m e s
born July 16th, 1878,
at Köln a/Rhein,
of Berlin-Charlottenburg,
Königsweg 42,

is charged by the Christian Democratic Union to make preparations for the forming of sub-organizations of the Christian Democratic Union in the zone occupied by the Red Army.
All offices concerned are asked to grant him any support he may need, also free passage.

Christian Democratic Union
of Germany
The President

За ... перевода
Начальник отдела переводчиков

.B./Hi.

Union Chrétienne-Démocratique
d'Allemagne
Le Président

M.le Dr. Andreas H e r m e s
né le 16.Juillet 1878 à Cologne/Rhin
domicilié à Berlin-Charlottenburg
Königsweg 42,
est autorisé de se rendre de la part de l'Union Chrétienne-Démocratique d'Allemagne dans la zone occupée par l'UdSSR, afin de former des sub-organisations de ladite Union.
Prière de bien vouloir réserver à M. le Docteur Hermes libre passage et de lui prêter toute assistance voulue.

Union Chrétienne-Démocratique
d'Allemagne
Le Président
p.p.

Legitimationsschreiben der CDUD für Andreas Hermes
vom 21. September 1945 (Abb. 6)

Parteizentrale der CDUD in Berlin, Jägerstraße 59/60 (Abb. 7)

Die Sowjets beeilen sich

In den Wochen, in denen die Gründung der CDU durchgeführt und der organisatorische Aufbau begonnen wurde, fand auch die erste Gipfelkonferenz der Siegermächte nach dem deutschen Zusammenbruch statt: in Potsdam. Churchill und Attlee für Großbritannien, Stalin für die Sowjetunion und Truman für die USA, begleitet von ihren Außenministern, berieten vom 17. Juli bis zum 2. August 1945. Deutschland war nicht das einzige, aber das herausragende Thema.

Man bildete einen ständigen Rat der Außenminister, formulierte politische und wirtschaftliche Grundsätze für die Kontrolle Deutschlands »in der Anfangsperiode« und legte Reparationen aus Industrie-Demontagen und deutschen Auslandsguthaben fest. Man einigte sich ferner über die Aburteilung von Hauptkriegsverbrechern und über die »Überführung der deutschen Bevölkerung oder Bevölkerungsteile, die in Polen, Tschechoslowakei und Ungarn zurückgeblieben sind, nach Deutschland«; sie sollte »in humaner Weise« geschehen ...

Die Deutschen im sowjetischen Besatzungsbereich bewegte ganz besonders die Frage, was denn überhaupt aus Deutschland, dem in Stücke aufgeteilten und regierungslosen Deutschland, werden sollte. Das Schlußdokument der Konferenz sagte darüber wenig, aber an das wenige klammerte man sich um so mehr:

> »Der Rat (der Außenminister) wird zur Vorbereitung einer friedlichen Regelung für Deutschland benutzt werden, damit das entsprechende Dokument durch die für diesen Zweck geeignete Regierung Deutschlands angenommen werden kann, nachdem eine solche Regierung gebildet sein wird.«
>
> »Es ist nicht die Absicht der Alliierten, das deutsche Volk zu vernichten oder zu versklaven. Die Alliierten wollen dem deutschen Volk die Möglichkeit geben, sich darauf vorzubereiten, sein Leben auf einer demokratischen und friedlichen Grundlage von neuem wiederaufzubauen.«
>
> »Bis auf weiteres wird keine zentrale deutsche Regierung errichtet werden. Jedoch werden einige wichtige zentrale deutsche Verwaltungsabteilungen errichtet werden, an deren Spitze Staatssekretäre stehen, und zwar auf den Gebieten des Finanzwesens, des Transportwesens, des Verkehrswesens, des Außen-

handels und der Industrie. Diese Abteilungen werden unter der Leitung des Kontrollrates tätig sein. Unter Berücksichtigung der Notwendigkeit zur Erhaltung der militärischen Sicherheit wird die Freiheit der Rede, der Presse und der Religion gewährt.«

»Während der Besatzungszeit ist Deutschland als eine wirtschaftliche Einheit zu betrachten.«

Friedensvertrag, deutsche Regierung als Vertragspartner, demokratische Existenz mit freier Rede und Presse, zentrale deutsche Verwaltungen (Staatssekretariate), Deutschland als wirtschaftliche Einheit – das waren die kargen, aber, wenn Worte einen Sinn haben sollten, als positiv zukunftweisend zu verstehenden Aussagen der »Großen Drei«. Daß selbst diese bescheidenen Erwartungen illusorisch waren, mußte später erfahren werden. Damals waren es diese Erwartungen, von denen sich Hoffnung und Zuversicht ableiteten. Die ersten Belastungen aus der sowjetischen Besatzungspolitik wurden ertragen, weil man glaubte, sich auf ein kommendes Ganzes mit einer demokratischen Struktur einstellen zu dürfen, auf ein verbessertes Weimar. Nicht wenige flüchteten schon damals nach Westen. Aber aus den aktiven Reihen der demokratischen Parteien war das nicht die Regel.

Unverändert ging die sowjetische Besatzungspolitik ihre eigenen, ganz anderen Wege. Sie mußte zwar nunmehr in Kauf nehmen, daß ihre Praxis aus den westlichen Sektoren Berlins genauer beobachtet werden konnte, daß ein wenig später deutsche Zeitungen West-Berlins – Telegraf, Tagesspiegel, Kurier – Maßstäbe freiheitlichen Demokratieverständnisses anlegten, daß sich auch allmählich ein freimütiger Meinungsaustausch deutscher Politiker des sowjetischen Besatzungsbereiches mit den westlichen Mitgliedern des Alliierten Kontrollrates ergab. Aber dies alles brachte nur eine Änderung der Methoden, nicht der Absichten der sowjetischen Besatzungspolitik.

Die Sowjetische Militäradministration beeilte sich, ehe noch der Alliierte Kontrollrat, der Außenministerrat und etwaige deutsche Staatssekretariate wirksam werden konnten, einseitig vollendete Tatsachen zu schaffen. Dabei bediente sie sich der wohlausgestatteten und straff disziplinierten deutschen kommunistischen Partei. Ihr Ziel war zunächst nicht so durchsichtig, wie es sich nachher enthüllte. Die deutschen Demokraten mußten demgegenüber versuchen, eigenen demokratischen Willen wirksam zu machen, durch Parteiaufbau, Zeitungen, parteiinterne Informationsmittel und offene Willensbekundungen. Die deutschen Kommunisten tarnten ihr Handeln durch pseudodemokratische Formeln und Methoden, die sie als echte, als »Volksdemokratie« verstanden wissen wollten. Und die Sowjets begründeten alsbald ihr radikales Handeln mit den Parolen des Potsdamer Abkommens (»Entnazifizierung«, »Demilitarisierung«, »Demokratisierung« etc.), die sie auf ihre Weise auslegten.

Noch war die Potsdamer Konferenz voll im Gange, noch war das Potsdamer Protokoll mit dem Projekt deutscher zentraler Verwaltungsabteilungen nicht unterzeichnet, da begann die SMA für das gesamte sowjetische Besatzungsgebiet zentral in Berlin elf »Deutsche Verwaltungen« vorzubereiten. Das geschah ohne öffentliches Aufheben; der einschlägige Befehl blieb verborgen. Erst am 12. September 1945 wurde eine amtliche Bekanntmachung publiziert, anonym »aus dem Stab der Sowjetischen Militärverwaltung in Deutschland« als Information über die »Errichtung von deutschen Verwaltungen in der sowjetischen Okkupationszone«. Viel weniger wichtige Dinge waren bis dahin Gegenstand von Befehlen sogar des Obersten Chefs der Sowjetischen Militärverwaltung, Marschall Shukow, so der Befehl Nr. 12 vom 25. Juli 1945 über das Verbot des Tragens der militärischen Uniform der Wehrmacht durch ehemalige Soldaten oder der Befehl Nr. 15 vom 2. August 1945 über die Arbeit und die Kontrolle von Verlagen und Druckereien.
Ende Juli, Anfang August 1945 also gab es dringliche sowjetische Fühlungnahmen mit den Parteiführungen über die leitenden Positionen (Präsidenten und Vizepräsidenten); deren Besetzung hatte sich die SMA vorbehalten. Ferdinand Friedensburg, der als einziger CDU-Mann Präsident einer Zentralverwaltung wurde – die KPD war in allen elf Verwaltungen in Führungspositionen, zuweilen mehrfach –, berichtete, daß er am 1. August 1945 völlig überraschend mit einem sowjetischen Wagen nach Berlin-Karlshorst in das Hauptquartier zu einem sowjetischen Funktionär gebracht wurde. Dieser stellte dem ehemaligen Bergassessor sofort die Frage: »Wieviel Zeit brauchen Sie, um ein Ministerium aufzubauen?« Unmittelbar nach dem anderthalbstündigen Gespräch sei er, Friedensburg, zu Generalleutnant F. Bokow gebracht worden, der im Stabe von Marschall Shukow für die Verbindung der SMA zu den neuen deutschen Zentralverwaltungen zuständig war. Bokow habe ihm – so berichtet Friedensburg in einer Rückschau – freundlich, aber »kurz und bündig« erklärt, er sei von Marschall Shukow zum Leiter der deutschen Zentralverwaltung der Brennstoffindustrie ernannt, er solle schleunigst alle notwendigen Maßnahmen treffen.
Folgende Zentralverwaltungen wurden geschaffen: für Transportwesen, für Postwesen, für Brennstoffe und Energie, für Handel und Versorgung, für Industrie, für Land- und Forstwirtschaft, für Finanzen und Kreditinstitute, für Arbeit und soziale Fürsorge, für Volksbildung, für Justiz und für Gesundheitswesen. Zunächst der Weisung und Kontrolle der Sowjetischen Militärverwaltung unterstellt, erhielten die elf Verwaltungen zwei Jahre später durch SMA-Befehl 138 vom 14. Juni 1947 eine deutsche Spitze, die »Deutsche Wirtschaftskommission«, die dann folgerichtig im Oktober 1949 mit der Gründung der DDR insgesamt in deren Regierungs- und Verwaltungsapparat überging.

Warum sich die SMA in dieser Sache anderthalb Monate öffentlich zurückgehalten hat, läßt sich nur vermuten. Vielleicht sollte eine unmittelbare Brüskierung des Potsdamer Beschlusses, fünf deutsche Staatssekretariate zu schaffen, vermieden werden. Der Aufbau einer umfassenden Wirtschaftsverwaltung in Berlin mit zentralistischer Struktur für die gesamte Sowjetzone sollte system- und personalpolitisch natürlich ein Vorgriff sein, wie immer die Entwicklung in Deutschland gehen würde. Der Einfluß der CDU, die sich gerade erst zu organisieren begann, war auf dieses sowjetische Vorgreifen gleich Null. Auch war zuzugeben – und insofern war die Einstellung zwiespältig –, daß einem partikularistischen Verhalten der sowjetzonalen Länder und Provinzen angesichts der unerhörten Not vorgebeugt werden mußte. Es blieb nur kritische Aufmerksamkeit.
Die »Neue Zeit« als Sprachrohr der CDU erklärte in einem Leitartikel am Tage nach der offiziellen Verlautbarung, am 13. September 1945, daß die Berufungen der führenden Persönlichkeiten nur ein Provisorium sein könnten. Erst das einzige demokratische Mittel, die Wahl der Bevölkerung, könne entscheiden, ob aus dem Provisorium ein Definitivum werde. Nach einem Bekenntnis zu demokratischer Selbstverwaltung faßte das CDU-Organ seine Meinung so zusammen: »Wir wollen eine verantwortungsvolle Demokratie und wir wollen eine saubere Demokratie, aber wir wollen keinen Nationalsozialismus mit umgekehrten Vorzeichen.« Damit war ganz am Anfang jene Grundeinstellung klar ausgesprochen, von der sich die CDU in jenen Jahren leiten ließ und in deren Sinn sie argumentierte. Einige Zeit später wurde solche Argumentation als Reaktion angegriffen.
Unmittelbar auf die Übernahme des sowjetkommunistischen Systems zielte in jener Phase die völlige Neugestaltung des Bank- und Sparkassenwesens. Sofort nach dem Einmarsch waren alle Institute geschlossen, die Wertpapiere beschlagnahmt, die Banktresore und privaten Schließfächer ausgeräumt worden. Die Bargeldbestände der Banken wurden abtransportiert wie später auch die Wertpapiere. Während z. B. in Berlin in der neuen Finanzverwaltung und in Fachkreisen noch über die Wiedereröffnung unter Beschränkung auf ein »Neugeschäft« gerätselt wurde, wurde in den Räumen der Reichsbank ein »Berliner Stadtkontor« als Alleinbank eröffnet.
Zunächst konnte man noch annehmen, daß auch dieses Verfahren ein Provisorium bis zur unvermeidlichen Neuregelung des inflationierten Geldwesens aus der NS-Periode sein sollte. Aber schon in der zweiten Hälfte Juli 1945 wurde die Schließung und Guthabensperre der alten Bank- und Sparinstitute und ihre Ersetzung durch monopolistische neue Institute endgültig. Nach dem Befehl des Marschalls Shukow vom 4. August 1945 beginnt in den Provinzen und »föderalen Ländern« der SBZ der Aufbau des kommunistischen Banksystems, zentralisiert und monopolisiert in

staatlicher Hand. Typisch ist eine Verordnung der Landesverwaltung Sachsen über die Gründung der Sächsischen Landesbank, ergangen entsprechend dem SMA-Befehl. Die Verordnung besagt u.a.: Bildung einer Sächsischen Landesbank in Dresden mit Zweigstellen im Land; sie ist berechtigt, die geschlossenen alten Banken zu übernehmen. Anstelle der alten Spar- und Girokassen werden in Sachsen neue Sparkassen eingerichtet. In der Provinz Sachsen wird in der entsprechenden Regelung gleich noch hinzugefügt, daß alle öffentlichen und privaten Unternehmen bei neuerrichteten Banken »ein laufendes Konto zu eröffnen« haben, dem täglich die gesamte Bareinnahme zuzuführen ist.
So rudimentär das neue Banksystem zunächst war, unverkennbar war es ein System im Sinne einer zentralistischen und umfassenden Plan- und Verwaltungswirtschaft, zu der unvermeidlich ein voll kontrollierbares Geld- und Banksystem gehört. Dies alles wies bereits auf eine beabsichtigte Vollsowjetisierung von Wirtschaft und Gesellschaft hin. Wiederum ließ sich dagegen nichts unternehmen, denn die Legitimation gab als oberste Instanz die Besatzung, die allein Macht hatte. Was andersdenkenden Deutschen blieb, war wiederum die Hoffnung auf andere Entwicklungen aus den Potsdamer Beschlüssen.
In der CDU-Zentrale hatte sich inzwischen ein Wirtschafts- und Finanzausschuß gebildet. Bankpolitisch spielte in ihm insbesondere der schon von Reichskanzler Brüning eingesetzte Reichskommissar für das Bankwesen, Dr. Friedrich Ernst, eine führende Rolle; er hatte zum aktiven Widerstand gehört und war erst durch den sowjetischen Einmarsch zusammen mit Andreas Hermes aus der Lehrter Straße in Berlin-Moabit entkommen. Zunächst mußte man sich auf sorgfältiges Beobachten, auf Analysen und Memoranden beschränken. Immerhin gelang es gegen Ende 1945, im zentralen »Block« der vier Parteien auch sachverständige Beiträge aus nichtkommunistischer Sicht zu leisten. Die Überlegungen der CDU zur Währungsfrage wurden erstmals öffentlich dargelegt in einem Leitaufsatz von Gradl in der »Neuen Zeit« am 30. Januar 1946. Als CDU-Experte hatte Gradl seit der Sitzung am 12. Januar 1946 die Möglichkeit, die Meinungsbildung im Block unmittelbar zu begleiten, auch ehe er Vollmitglied wurde. Über seine erste Teilnahme am »Block« berichtet er: »Mir saß schräg gegenüber ein Mann, bei dessen erstem Anblick ich richtig zusammengefahren bin. Ich dachte, Lenin wäre auferstanden. Leise fragte ich meinen sozialdemokratischen Nachbarn Gustav Dahrendorf – er ging bald nach Hamburg –, wer sein Gegenüber sei. Antwort: ›Den kennen Sie nicht? Das ist doch Walter Ulbricht!‹ Wir waren damals alle sehr mager, auch Ulbricht. So traten seine starken Backenknochen stark hervor, dazu der kahle massive Schädel und ein Bart leninscher Art – das Abbild war wirklich verblüffend. Ulbricht war auf seiner Seite immer beherrschende Figur. Wer aus seiner Gruppe sprach, sah ab und zu mehr oder minder verhohlen

zu ihm hin, wie um an seinem Gesicht Zustimmung oder Kritik abzulesen. Fehlte Ulbricht bei einer Blocksitzung oder ging er früher – beides geschah selten –, dann ging alles sehr viel gelockerter und reibungsloser vor sich.«

Boden-»reform« und Industrieenteignung

Während die Verstaatlichung und sowjetische Umformung des gesamten Bankwesens noch im Gange war, lief bereits die nächste Aktion zur kommunistischen Verwandlung von Wirtschaft und Gesellschaft an. Angekündigt wurde sie mit einer Rede von Walter Ulbricht auf einer Konferenz der neu eingesetzten meist kommunistischen Landräte der Provinz Brandenburg. Das Zentralorgan der KPD veröffentlichte sie am 25. Juli 1945 als Leitartikel unter der Überschrift »Kommunisten und Bauern«. Nach einfühlsamen Darlegungen über die Schwierigkeiten der Bauern, denen nach Kriegsende das tote und lebende Inventar zumeist genommen worden war, kam Ulbricht zum Kern: »... Es ist bekannt, daß wir Kommunisten für die Vernichtung der Herrschaft der Großgrundbesitzer sind ... Nachdem der Nazismus viele Bauern zugrunde gerichtet hat und viele Kleinbauern und Landarbeiter ihre Familien nicht ernähren können, ist es notwendig, diesen Werktätigen Boden vom Boden des früheren Großgrundbesitzes zuzuteilen. Das kann durch örtliche Bodenkommissionen unter dem Vorsitz des Gemeindevorstehers geschehen. Das zweckmäßigste ist, wenn zunächst landarmen Bauern und Landarbeitern Boden zugeteilt wird. Diese vorläufige Zuteilung von Boden erfolgt vorbehaltlich der späteren endgültigen Regelung, die im Einvernehmen mit der Kreis- und Provinzialverwaltung erfolgen müßte.«

Ulbricht fügte hinzu und machte damit schon die totale Enteignung als Grundregel erkennbar: »Selbstverständlich gilt es Sorge zu tragen, daß bestimmte große Güter als Saatgutwirtschaften oder für ähnliche Zwecke erhalten bleiben.« Zwei Wochen später, am 8. August 1945, stieß das KP-Organ noch einmal mit einem Leitartikel nach; seine Überschrift »Junkerland wird Bauernland« wurde als »Junkerland in Bauernhand« kommunistische Leitparole der Aktion. Auch den Klassenkampfcharakter machte der Leitartikel deutlich: »Die tüchtigsten und bewährtesten Antifaschisten, die bereits bei der Sicherung der Volksernährung und im Kampf gegen den Faschismus vorangegangen sind, müssen jetzt auf die Posten gestellt werden, die bisher der Bauernfeind, der Junker, innehatte.«

Von nun an regnete es Beschlüsse und Briefe aus dem Lande. Sie

hatten alle das gleiche Schema: ein fordernder Text und mehr oder minder zahlreiche Unterschriften. Zum Beispiel: »Wir Bauern von Groß-Breesen, Kreis Guben, haben zu wenig Land und fordern hiermit die Aufteilung des Großgrundbesitzes«, dazu 33 Unterschriften. Oder: »Wir Bauern von Schenkendöbern haben zu wenig Land und fordern die Aufteilung des Rittergutes Schenkendöbern« usw. Das Zentralorgan der KPD gab in den folgenden Tagen spaltenlang solche Resolutionen wieder. Dann folgten entsprechende Äußerungen höherer Instanzen, z. B. der Gewerkschaftsfunktionäre in Halle. Die KP hatte sich mit der personellen Durchdringung der neuen Verwaltungen und der gesellschaftlichen Organisationen in kürzester Frist eine perfekte Klaviatur öffentlicher Stimmungs- und Meinungsmache geschaffen, ein Instrument der Vortäuschung von Volkswillen. Ein geschickter kommunistischer Schachzug war die Tarnung der klassenkämpferischen Totalenteignung durch den Begriff Boden-»reform«. Das Wort bezeichnete schon seit der Jahrhundertwende eine systematische bäuerliche Siedlungspolitik unter Heranziehung von Boden aus landwirtschaftlichem Großbesitz. Daß der Boden in ordentlichen Verfahren und gegen Entschädigung beschafft wurde, war selbstverständlich. Trotzdem stieß die Siedlungspolitik der Weimarer Republik in reaktionären Kreisen des Großgrundbesitzes auf heftige Kritik – einer der Gründe für den Sturz von Reichskanzler Brüning. Diese Vorstellung von Bodenreform, die nach dem Kriege noch durchaus lebendig war, trug sehr dazu bei, daß man weithin für das Vorhaben Bodenreform im rechtverstandenen Sinne aufgeschlossen war. Hinzu kam der Flüchtlingsstrom zumal aus Ost-Deutschland, zu dem auch zahllose Bauern gehörten. So war für jedermann einsichtig, daß bäuerliche Siedlung intensiv betrieben werden mußte.
Aufschlußreich war eine erste ausführliche Äußerung des CDU-Organs »Neue Zeit« vom 31. August 1945. Sie bejahte Bodenreform im Sinne der Aussage des Gründungsaufrufes, in dem es hieß: »Eine umfassende ländliche und gärtnerische Siedlung muß unter weitgehender Heranziehung des Großgrundbesitzes einer möglichst großen Zahl von Deutschen den Zugang zu eigener Scholle und zu selbständiger Arbeit eröffnen. Die wirtschaftliche Sicherung eines freischaffenden Bauerntums und die Ansiedlung der Landarbeiter sind ein unerläßlicher Bestandteil jeder dauerhaften Aufbaupolitik und verlangen den stärksten Ausbau des ländlichen Genossenschaftswesens.« Allein schon die Betonung des traditionellen Genossenschaftswesens zeigte, daß es der CDU mit der Bodenreform nicht um Klassenkampf, sondern um Siedlungspolitik ging. Nicht verhohlen wurde, daß Großgrundbesitzer, die dem Nationalsozialismus Vorschub geleistet hatten, auch mit ihrem Besitz zur Rechenschaft gezogen werden sollten. Und natürlich wurde die entschlossene bäuerliche Ansiedlung auch im Hinblick auf die Not der im Osten vertriebenen Bauern bejaht.

Unter diesen Umständen und da der innerparteiliche Informationsapparat noch in den Anfängen steckte, kam es auch in der CDU im Lande zu mancherlei Unklarheiten und Meinungsverschiedenheiten. Überfallartig wurde von den Landes- und Provinzialverwaltungen unter kommunistischem Druck und mit sowjetischer Rückendeckung die Boden-»reform« gestartet. Die Rolle des Vorreiters bei der Bodenenteignung hatte die Verwaltung der Provinz Sachsen-Anhalt. Als erste, am 3. September 1945, erließ sie eine »Verordnung über die Bodenreform«, die in der Weisung gipfelte: Enteignet wird der Grundbesitz mit allen Gebäuden, lebendem und totem Inventar und anderem landwirtschaftlichen Vermögen über 100 ha Besitzgröße, dabei wird landwirtschaftlich genutzter Boden, Wald-, Öd- und Moorland unterschiedslos addiert. Ohne Rücksicht auf die Größe völlig enteignet wird der Grundbesitz von NS-Funktionären im weitesten Sinne. – Auch staatlicher Grundbesitz war einzubeziehen. Ausgenommen wurde der Grundbesitz von Forschungsanstalten und Versuchsgütern, von städtischen Gütern, von landwirtschaftlichen Genossenschaften und kirchlichen Einrichtungen. Die Aufteilung des Bodens war »auf Versammlungen der landarmen und landlosen Bauern des betreffenden Ortes zu beschließen« und durch Sonderkommissionen zu bestätigen.
Innerhalb einer Woche folgten Mecklenburg (5. September), Brandenburg (8. September), Sachsen und Thüringen (10. September). Entschädigungslosigkeit der Enteignung galt als selbstverständlich, wurde aber von Sachsen und Brandenburg auch ausdrücklich festgestellt. Die Eigentumsübertragungen wurden in rasantem Tempo vorgenommen, damit sie vollzogen waren, ehe sich nachhaltiger Widerspruch entwickeln konnte. Insgesamt erfaßte die Aktion über drei Millionen Hektar Land. Die Sowjetische Militäradministration war bei alledem nicht in Erscheinung getreten. Die Aktion erschien und sollte erscheinen als eigene deutsche Initiative, wobei es kein Geheimnis zu sein brauchte, daß treibende Kraft die deutschen Kommunisten waren. Daß die SMA das Ganze wollte und deckte, wurde nicht nur – was später bekannt wurde – dadurch erwiesen, daß die Texte der Anordnungen aus sowjetrussischen Vorlagen stammten. Ganz deutlich zeigte sich das auch in dem Konflikt der SMA mit der CDU-Führung, der sich aus der Aktion entwickelte; er wird im folgenden Kapitel behandelt.
Die deutschen Kommunisten hatten mit der Besatzungsmacht frühzeitig noch eine weitere Sowjetisierung von grundlegender Bedeutung erzwungen. Auch sie zeigt, daß die Sowjetmacht von Anfang an weit vorausgedacht hatte, während sich die Westmächte lange Zeit von den Entnazifizierungen fesseln ließen.
Bei allem war für die Sowjets die Verfolgung und Bestrafung schuldiger Nationalsozialisten nicht Selbstzweck, sondern Vorwand und Werkzeug revolutionärer Verwandlung im kommunisti-

schen Sinne. In der neuen Aktion engagierte sich die Sowjetische Militäradministration sofort offen und entschieden. Ihr Befehl Nr. 124 vom 30. Oktober 1945 hatte zwar einen relativ harmlosen Titel, nämlich »Auferlegung der Sequestration einiger Vermögenskategorien und Übernahme in zeitweilige Verwaltung«, aber er führte zur Enteignung und Sozialisierung des weitaus größten Teiles der Industrie in der sowjetischen Besatzungszone.
Anstoß und Vorwand war die Beschlagnahme allen Vermögens nationalsozialistischer Personen und Institutionen im weitesten Sinne sowie staatlichen und militärischen deutschen Eigentums. Aber am Schluß der Aufzählung der Vermögenskategorien fand sich eine mysteriöse Generalklausel: Vermögen von »Personen, die von dem Sowjetischen Militärkommando in besonderen Verzeichnissen oder auf anderem Wege angegeben werden«. Mit Hilfe dieser Klausel konnte schlechterdings alles für beschlagnahmt erklärt werden, was man zu sozialisieren wünschte – und tatsächlich wurde dementsprechend extensiv verfahren.
Das wirkliche Ziel wurde in einer zusätzlichen »Instruktion« vom 30. Oktober 1945 zum Befehl Nr. 124 deutlich. Danach waren beschlagnahmefähig u.a. »Handels-, Industrie-, landwirtschaftliche und andere Unternehmen«, aber auch Aktien, Obligationen und andere Dokumente, die ein Eigentumsrecht oder Forderungen begründen. Dabei sollte es keine Rolle spielen, ob das Vermögen physischen oder juristischen Personen gehört; Aktiengesellschaften, Gesellschaften mit beschränkter Haftung und Genossenschaften wurden ausdrücklich genannt.
Deutsche Stellen waren vorerst zur technischen Durchführung herangezogen, zur Erfassung, Registrierung, Sicherung und zur einstweiligen Beaufsichtigung der beschlagnahmten Betriebe und Werte. Mit Befehl Nr. 97 vom 29. März 1946 wurden die Betriebe und Vermögen einer »Zentralen deutschen Kommission für Sequeste und Konfiskationsangelegenheiten« zugewiesen, mit Ausnahme von Objekten, die für die UdSSR als Befriedigung von Reparationsansprüchen auf Grund einer besonderen Liste einbehalten wurden. Unabhängig davon wurden zunächst Listen der Betriebe aufgestellt, die enteignet werden sollten (Liste A), und der Betriebe, die möglicherweise – weil nicht im Sinne des Befehls 124 hinreichend belastet – für eine Rückgabe in Frage kamen (Liste B). Diese Listen wurden zum Gegenstand eines langen zähen und harten Ringens zwischen den nichtkommunistischen Parteien und der kommunistischen Seite. Darauf wird noch einzugehen sein im Zusammenhang eines sächsischen Volksentscheides vom 30. Juni 1946 (s. S. 71ff.).

Erster schwerer Konflikt – die Krise um Andreas Hermes

In jenen Monaten, in denen die Wirtschafts- und Sozialstruktur der sowjetischen Besatzungszone von Grund auf verwandelt wurde, stand jeder, der in der neugeschaffenen Partei, wo auch immer, Verantwortung hatte, vor der Frage, ob und wie die Entwicklung aufgefangen werden könne. Wer erwartet hatte, daß auch die deutschen Kommunisten gelernt hätten und sich auf eine echte demokratische Neuordnung einlassen könnten, war inzwischen eines anderen belehrt worden. Die markante Aussage des kommunistischen Gründungsprogramms: »Wir sind der Auffassung, daß der Weg, Deutschland das Sowjetsystem aufzuzwingen, falsch wäre . . .«, hatte sich ebenso als Täuschung erwiesen wie das programmatische Bekenntnis zu »einer parlamentarisch-demokratischen Republik mit allen demokratischen Rechten und Freiheiten für das Volk«.

Sofern diese Worte das Verständnis deutscher Demokraten aussprachen, mußten sie bedeuten, daß die künftige Ordnung in Deutschland - politisch, wirtschaftlich, gesellschaftlich - nach dem Willen einer in Freiheit zu wählenden Volksvertretung und unter entschiedener Vorsorge gegen nochmalige nationalistische, militaristische und totalitäre Verirrungen aufzubauen sei. Statt dessen benutzten die deutschen Kommunisten die Denkweise der Besatzungsmacht und deren Unterstützung dazu, unter Berufung auf Antifaschismus dem neuen Deutschland vorweg im sowjetisch besetzten Teil eine sowjetkommunistische Struktur und Entwicklung aufzuzwingen. Den Neubauern wurde zwar gesagt, sie und überhaupt die kleine und mittlere Bauernschaft könne ihrer bäuerlichen Existenz endgültig sicher sein. Wer aber Ein- und Überblick hatte, konnte nicht mehr daran zweifeln, daß nicht nur die Industrie und das Bankwesen, sondern auch die Landwirtschaft für den Kollektivismus vorbereitet wurde. In jenem Herbst 1945 blieb – wiederholt sei es gesagt – den nichtkommunistischen Parteien dennoch die Hoffnung, daß die Potsdamer Beschlüsse aller Siegermächte schließlich doch Deutschland als Ganzes zu einer wahrhaft demokratischen Ordnung führen würden. Nach dem mit Sicherheit zu erwartenden Willen der großen Mehrheit des deutschen Volkes würden dann auch die kommunistischen Entwicklungen der Sowjetzone korrigiert werden können, auf dem

Lande zum Beispiel durch eine fundierte breite bäuerliche Siedlung mit zeitgemäßer Entschädigung der ungerecht Enteigneten nach rechtsstaatlichen Prinzipien.
Für die praktische Arbeit der CDU ergab sich aus der Situation die aufgefächerte Aufgabe:

den eigenen Standpunkt jeweils konkret kundzutun und festzuhalten,

den kommunistischen grundsätzlich die eigenen demokratischen Vorstellungen entgegenzustellen,

gegen kommunistische Vorgriffe und Einseitigkeiten Widerspruch geltend zu machen und ihn auch den sowjetischen Repräsentanten verständlich zu machen suchen,

die westlichen Mächte des Alliierten Kontrollrates zu informieren,

die gleichgesinnten Kräfte in den westlichen Zonen aufzuklären und für moralische Unterstützung zu gewinnen und die Bevölkerung aufzuklären und zu ermutigen.

Zur Ermutigung half das Ergebnis der ersten österreichischen Wahlen nach Kriegsende. Die Wahlen am 25. November 1945 brachten für die der CDU ähnliche Österreichische Volkspartei 85 Sitze, für die SPÖ 76, für die Kommunistische Partei aber nur vier Sitze im Nationalrat. Für die KPD unter Pieck und Ulbricht allerdings wurde dieses Wahlergebnis zum Anlaß, die eigenen Erwartungen gründlich zu korrigieren. Während man auf kommunistischer Seite bis dahin geglaubt hatte, sich in kommenden Wahlen beherrschend durchsetzen zu können, bemühte man sich nunmehr um sozialdemokratische Verstärkung. Die österreichischen Wahlen und zusätzlich die ungarischen Wahlen Anfang November 1945, bei denen die ungarische KP auch viel weniger Parlamentssitze als erhofft, wenn auch 17 Prozent, erhielt, wurden zum Anlaß für die KPD-Führung, den Zusammenschluß mit der SPD zu betreiben. Es geschah schnell, taktisch raffiniert, aber auch brutal, bis die Fusion im April 1946 im sowjetischen Besatzungsbereich gelang, wiederum mit Hilfe der Besatzungsmacht.
Dies etwa ist das Spektrum, in dem die CDU im letzten Viertel 1945 Widerspruch und Widerstand gegen die Bodenrevolution energisch betrieb. Die Gegenwehr führte zu einer schweren Krise, der ersten im Verhältnis einer deutschen demokratischen Partei zur sowjetischen Besatzungsmacht. Am 1. September 1945 war eine Entschließung des antifaschistisch-demokratischen Blocks der Provinz Sachsen über die Enteignung des Großgrundbesitzes auch von dem dortigen Landesvorsitzenden der CDU unterschrieben worden. Das Echo dieses Startschusses in den anderen Ländern und Provinzen der sowjetischen Besatzungszone verlangte Antwort der zentralen Parteiführung. Die CDU durfte nicht unglaubwürdig werden: »Rechenschaft, aber in strenger Gerechtigkeit, ohne Rachsucht, das Recht muß wieder die Grundlage des ganzen öffentlichen Lebens werden«, so bekundete der

Gründungsaufruf der CDU. Die totale entschädigungslose Enteignung des Grundbesitzes über 100 ha widersprach ihm in der Sache wie im Verfahren. Soweit informationstechnisch möglich, antwortete die Jägerstraße entsprechend.
Dem Sowjetischen Oberkommando blieb das Widerstreben der CDU-Zentrale nicht verborgen; man wurde unruhig. Am 13. September kam das Thema vor den zentralen »Block« in Berlin. Es gab eine heftige Kontroverse. Eine unter großen Schwierigkeiten formulierte Entschließung bejahte zwar die »Entmachtung des feudalen Großgrundbesitzes« durch eine »demokratische Bodenreform«. Doch war weder von einer totalen noch von einer entschädigungslosen Enteignung die Rede. Hingegen wurde die Notwendigkeit einer »Steigerung der landwirtschaftlichen Produktion« besonders nahegelegt. Der Stempel von Andreas Hermes, der den Aufruf mit unterschrieb, war deutlich. Aber es war eben auch nicht möglich gewesen, der radikalen und entschädigungslosen Enteignung, mit der man es im Lande zu tun hatte, eine deutliche, offene Absage des Blocks zu erteilen. So blieb Unklarheit; Hermes selber spürte das. Am 16. September hielt er in Berlin eine grundsätzliche Rede, in der er Bodenreform bejahte, aber hinzufügte: »Als christlich-demokratische Partei, die das Privateigentum bejaht, lehnen wir es ab, einer entschädigungslosen Enteignung zuzustimmen.« Zugleich wandte er sich unter Hinweis auf den Potsdamer Beschluß, Deutschland als wirtschaftliche Einheit zu behandeln, dagegen, daß, wie in der Bodenreform, »lokale Instanzen, eine jede, wie es ihr gut dünkt, Verordnungen treffen«. Weder diese Rede noch andere kritische Aussagen durften im Parteiorgan »Neue Zeit« abgedruckt und so der Bevölkerung in der sowjetischen Besatzungszone zur Kenntnis gebracht werden. Das nächste Mal findet sich das Wort Bodenreform als CDU-Aussage in der »Neuen Zeit« nach fast zwei Monaten wieder. Dort heißt es am 27. Oktober 1945, daß Hermes auf einer Landesarbeitstagung der CDU Sachsen in Dresden »Fragen des Berufsbeamtentums, des Religionsunterrichts und der Bodenreform behandelt« hat. Aber weder von Religionsunterricht noch von Bodenreform durfte berichtet werden. Wohl deshalb ließ der Zensor die Aussagen über das Berufsbeamtentum zu, die in dem herausfordernden Satz gipfelten: »Wir wollen wieder in der Verwaltung unseres demokratischen Staates ein Berufsbeamtentum sehen, das sich dem deutschen Volk ganz besonders verpflichtet fühlt und seine Ehre in der selbstlosen Pflichterfüllung erblickt.«
Ohne die »Bodenreform« und die anderen Eingriffe ausdrücklich zu nennen, die in den Ländern der Zone unter Druck durchgesetzt worden waren, sprach Hermes seine Kritik und Distanz Anfang November 1945 erneut offen aus. Anlaß war eine Umfrage des Organs der Besatzungsmacht, der »Täglichen Rundschau«, an die vier Parteivorsitzenden. Hermes bejahte die Zusammenarbeit, betonte aber zugleich, »die Tätigkeit der Einheitsfront spiegele in ih-

rer gegenwärtigen Wirksamkeit nicht die politische Lage und die Meinungen aller Parteien wider, sondern sie sei eher Ausdruck einer Vorherrschaft bestimmter Richtungen«. Er wandte sich namens der Union gegen »Präjudizierung der Innenausstattung (des angestrebten) demokratischen Hauses«, die Union »bemüht sich, hier aufklärend zu wirken«. Unmißverständlich faßte Hermes zusammen: »Die Selbständigkeit und Unabhängigkeit der CDU können durch die Arbeit im Rahmen der Einheitsfront nicht beeinträchtigt werden. Sie sind Prüfstein und Begrenzung der Einheitsfront.« Das Ganze wurde als Widerstand gegen Einseitigkeit und Mißbrauch aufgefaßt und sollte auch so verstanden werden.

Praktisch blieb das Zentralorgan der CDU von der kritischen Auseinandersetzung über Bodenreform und Industrieenteignung durch die Vorzensur weiterhin ausgeschlossen. Bis zur Krise am 20. Dezember 1945 erschien nichts außer am 5. Dezember die wörtliche Wiedergabe eines Berichtes der Zentralverwaltung für Land- und Forstwirtschaft. Der Leiter, der Kommunist Hörnle, gab eine vorläufige statistische Bilanz, wonach bis zum 20. November etwa 7000 Großgrundbesitze mit 1,649 Millionen ha Boden aufgeteilt worden waren: »Die Hauptstütze des Faschismus und Militarismus (ist damit) liquidiert.« Hermes und die Parteizentrale Jägerstraße hatten nach wie vor so gut wie keine Möglichkeit, ihren Standpunkt öffentlich wirksam zu vertreten. So waren die CDU-Mitglieder in der Sowjetzone mehr oder minder auf sich selbst gestellt. In Briefen und bei Besuchen in Berlin wurde ihnen der Standpunkt deutlich gemacht, aber ein geschlossenes kritisches Auftreten war angesichts der Isolierung nicht zu erreichen.

Nichtsdestoweniger versuchte Hermes, wo immer es möglich war, die Kritik zu begründen und zu vertreten. In einer Sitzung der zentralen Einheitsfront in Berlin Ende November 1945 ging es um einen gemeinsamen Aufruf insbesondere an die Bevölkerung auf dem Lande, den Neubauern mit Wohnraum, Geräten etc. zu helfen. Der Aufruf erschien schließlich am 8. Dezember als gemeinsamer Aufruf nicht des Blocks, sondern der KPD, SPD und LDP; die Unterschrift der CDU fehlte. Die Spaltung der Einheitsfront war offenbar. Das Zentralorgan der KPD, die »Deutsche Volkszeitung«, setzte deshalb unter den Abdruck des Aufrufs eine Bemerkung der Redaktion:

> »Daß der Aufruf zur Hilfe an die Neubauern nicht auch die Unterschrift der Christlich-Demokratischen Union Deutschlands trägt, hat nach den von der Redaktion eingezogenen Erkundigungen seine Ursache darin, daß in der Sitzung der Einheitsfront der vier antifaschistisch-demokratischen Parteien der Wortführer der CDU, Herr Schreiber, die Zustimmung zu diesem Aufruf mit der Motivierung ablehnte, daß er mit der Durchführung der Bodenreform nicht einverstanden sei. Obwohl ihm von dem Wortführer der Liberal-Demokratischen

Partei Deutschlands sofort entgegengehalten worden sei, daß der Aufruf zur Hilfe an die Neubauern mit der abgeschlossenen Bodenreform nichts Gemeinsames habe, sondern es sich jetzt darum handele, den neuen Bauernwirtschaften die erforderliche Hilfe zu verschaffen, blieb Herr Schreiber bei der Verweigerung der Zustimmung zu dem Aufruf. Auch ein nochmaliger Versuch, die Vertreter der CDU zur Unterzeichnung des Aufrufes zu veranlassen, sei ohne Erfolg geblieben. Im Namen des Vorstandes der CDU hätte Herr Dr. Hermes erklärt, daß er nicht in der Lage sei, dem Aufruf für die Hilfe an die Neubauern zuzustimmen.«

Sieht man davon ab, daß sich der Widerspruch der CDU-Führung unter Hermes, Schreiber, Kaiser und Lemmer nicht gegen die Bodenreform an sich, sondern gegen die radikale und entschädigungslose Enteignung richtete, so macht der Text der D. V.-Redaktion den Standpunkt der Berliner CDU-Führung richtig und klar erkennbar. Nicht zum Ausdruck kommt allerdings, daß der Aufruf nicht verweigert worden ist wegen einer Hilfe für die Neubauern, sondern weil man sich mit der Bodenreform auch nicht indirekt einverstanden zeigen wollte.

Infolge der Informationsbehinderungen wurde die Verweigerung der Zustimmung zur Hilfe für die Neubauern nicht überall verstanden. Im Lande gab es Verwirrung. Zugleich verstärkte Karlshorst, das sowjetische Hauptquartier, den Druck der sowjetischen Kommandostellen im Lande. Es wurden Resolutionen von CDU-Ortsgruppen für die Bodenreform und gegen die »reaktionäre« CDU-Führung in Berlin erpreßt. Der CDU-Vorstand Sachsen-Anhalt, der schon Anfang September nachgegeben hatte, sprach sich für den Neubauern-Aufruf und gegen die Berliner Haltung aus. Der SMA-Chef in Halle, General Kotikov, hatte sich dabei unmittelbar engagiert.

In der CDU-Zentrale Jägerstraße andererseits herrschte eine gewisse Verlegenheit. Die gerade auch von hier aus betriebene gesamtdeutsche Tagung christlich-demokratischer Neugründungen aus allen Zonen – ein erster Reichsparteitag gewissermaßen – war für den 14.–16. Dezember 1945 in Bad Godesberg angesetzt. Überzonale Organisations- und Aktionseinheit sollte eingeleitet werden. Da die CDU-Führung in Berlin sich als stellvertretend für alle Zonen verstand, auch im Aufbau am weitesten fortgeschritten war, lag der Delegation unter Hermes, Kaiser, Lemmer und Vockel die Reise nach Godesberg zum »Reichstreffen« sehr am Herzen. Zur Vorbereitung hatte man viel beigetragen. Nun brauchte man sowjetische Reiseerlaubnis. Das für das Rheinland als britische Zone zuständige britische Oberkommando hatte technisch alles Notwendige für die Reise getan und sich unmittelbar in Karlshorst für die Erlaubnis eingesetzt. Dennoch verhielten sich die Sowjets widerspenstig. Kaum ein Zweifel ist möglich, daß sie angesichts des Beharrens von Hermes auf seinem Standpunkt entschlossen waren, den Konflikt unverzüglich auf ihre Weise abzuschließen. Die Tagung in Godesberg ging ohne Reiseerlaubnis vorbei. Heinrich Krone war zufällig anwesend, weil er schon zuvor eine Versammlungsreise durch den Westen gemacht hatte. Hermes' Rede konnte nur verlesen werden. Ein Trost war die bereits erwähnte (Seite 21) Verständigung aller Gruppen auf den in Berlin geborenen Parteinamen »Christlich-Demokratische Union« und der Beschluß einer Arbeitsgemeinschaft.

In Berlin blieb die CDU-Führung fest gegenüber allen sowjetischen Ansinnen. Hermes selber ließ sich auch nicht umstimmen durch eine hochrangige sowjetische Andeutung, man werde seinen Sohn Peter aus der Kriegsgefangenschaft entlassen. Tatsächlich war der Sohn Peter, wie sich später herausstellte, nach Deutschland gebracht, dann aber wieder zurückbeordert worden; er kam erst Jahre später aus der Gefangenschaft nach Hause. Die Sowjetische Militäradministration rief zum 19. Dezember 1945 die Vorstände der CDU in der Sowjetzone nach Berlin-Karlshorst. Vor ihnen sollten Hermes und Schreiber am nächsten Tage ihren Rücktritt erklären. Oberst Tulpanow, der dies verlangte, berief sich auf CDU-Resolutionen aus dem Lande. Zum Teil verriet die Sprache der Texte den sowjetischen Verfasser. Im übrigen wußte man seit Wochen, wie solche Entschließungen unter Druck zustande kamen.

In einer sorgfältigen Aufzeichnung, die Hermes und Schreiber unmittelbar danach den Mitgliedern des Gründerausschusses sozusagen als Rechenschaft vorlegten, heißt es: Oberst Tulpanow habe zum Ausdruck gebracht, »daß es nach Lage der Dinge das beste sei, wenn wir unseren Rücktritt freiwillig erklärten, um unnötige Härten zu vermeiden. Die Sowjetische Militäradministration habe nicht die Absicht, sich in die internen Angelegenheiten der Union einzumischen.« Da Hermes und Schreiber jedoch nicht freiwillig zurücktraten, fand am Nachmittag eine Sitzung der Vertreter der Landesverbände statt: »Nach einer einleitenden Darlegung des Obersten Tulpanow und Ausführungen einzelner Vertreter der Landes- bzw. Kreisverbände haben wir unseren sachlichen Standpunkt dargestellt. Nachdem dann Tulpanow den offiziellen Befehl zu unserem Ausscheiden aus der Parteileitung bekanntgegeben hatte, fügte er hinzu, daß wir dann (auch) nicht mehr berechtigt seien, auf der Gründersitzung das Wort zu nehmen.« »Wir verließen«, so schließt der Bericht von Hermes und Schreiber, »darauf die Sitzung, ohne eine Äußerung zu dem Befehl abzugeben.«

Tatsächlich war die SMA durch die Verweigerung freiwilligen Rücktritts zur Offenbarung ihrer Einmischung gezwungen. Jakob Kaiser und Ernst Lemmer wurden als Nachfolger vorgeschlagen. Das lag nahe, da sie bisher 3. und 4. Vorsitzender gewesen und innerhalb und außerhalb der Partei bekannte Politiker und überdies Gewerkschaftsführer waren. Sie nahmen zunächst nicht an, sondern bestanden auf Bedenkzeit. Willy Heller (Brandenburg), Teilnehmer jener Sitzung, berichtet dazu: »Tulpanow erklärte dann (nach dem Weggang von Hermes und Schreiber), daß die anwesenden Landesverbände zwei neue Vorsitzende zu wählen hätten. Er schlug Jakob Kaiser und Ernst Lemmer vor. Jakob Kaiser erklärte mit harter und klarer Stimme: ›Ich bin seit Jahrzehnten mit Andreas Hermes in der politischen Arbeit in herzlicher Freundschaft verbunden und kann deshalb nicht sein Nachfolger werden.‹« Aber es war klar, daß nur sie nach Lage der Dinge in Frage kamen. Am nächsten Tage, am 20. Dezember, fand eine nochmalige Aussprache mit den versammelten Repräsentanten der Partei statt, in der Kaiser und Lemmer auf hartnäckiges Drängen der Übernahme des 1. bzw. 2. Vorsitzes zustimmten. Sie taten das, nicht ohne ihren alten Standpunkt in der Frage der Bodenreform zu bestätigen. In Kauf genommen werden mußte, daß die beiden nachgiebigen Landesvorsitzenden Leo Herwegen (Sachsen-Anhalt) und Reinhold Lobedanz (Mecklenburg) in den engeren Vorstand nachrückten.

Die »Neue Zeit« brachte am 21. Dezember 1945 erstmalig einen Bericht über das dramatische Geschehen. An der Spitze stand:

> »Die Leitung der Christlich-Demokratischen Union Deutschland teilt mit: In der Leitung der Christlich-Demokratichen Union ist eine Umbildung eingetreten. Für die ausgeschiedenen Mitglieder des engeren Vorstandes, Dr. Hermes und Dr. Schreiber, sind die zwei verbliebenen Mitglieder des engeren Vorstandes, Jakob Kaiser und Ernst Lemmer, in die Ämter des ersten und des stellvertretenden Vorsitzenden nachgerückt und in diesen Ämtern einstimmig von den anwesenden Vertretern der Landesverbände bestätigt worden. Um dem Lande im engeren Vorstand den gebührenden Einfluß einzuräumen, wurden weiterhin Dr. Lobedanz, Schwerin, und Dr. Herwegen, Halle, einstimmig in den engeren Vorstand aufgenommen. Diese Regelung gilt als provisorisch bis zum ersten ordentlichen Parteitag.«

Doch blieb es nicht bei dieser Nachricht. Die »Neue Zeit«, die in den Tagen zuvor nicht ein Wort zu der Entwicklung bringen konnte, war am 21. Dezember auf der ganzen ersten Seite angefüllt mit einem anonymen Leitartikel unter der Überschrift »Klärung« und einem Bericht über die Sitzung der Parteivertreter. Diese ganze Seite war einschließlich Umbruch ein Produkt der Sowjetischen Militäradministration. Der Chefredakteur Wilhelm Gries hat darüber berichtet, zwei Beauftragte der SMA hätten am Vorabend von ihm verlangt, daß die ganze Seite in Wortlaut und Umbruch so wie vorgelegt veröffentlicht werde. Eine kontroverse Aussprache änderte nichts an dem Verlangen. Angesichts des aufrechterhaltenen Befehls wurde die erste Seite in SMA-Form übernommen. Dabei spielte, wie Gries zu Recht glaubte, seine Erwartung eine Rolle, daß diese »skandalöse Vergewaltigung« nicht

verborgen bleiben werde und daß Leitartikel und Bericht durch ihren Inhalt den fremden Ursprung unverkennbar machten.
Jakob Kaiser gab sofort öffentlich eine protestierende Erklärung ab und erreichte, wie Wilhelm Gries zu diesem Vorgang abschließend berichtet, in einer Aussprache mit Tulpanow, daß am 24. Dezember eine sachliche, Hermes und Schreiber gerecht werdende Darstellung erscheinen konnte. Sie hatte unter der Überschrift »Nach der Krise« den Vorspruch:

> »Weitere Besprechungen im Rahmen der Christlich-Demokratischen Union haben dazu geführt, daß es den Herren Jakob Kaiser und Ernst Lemmer möglich wurde, ihre Funktionen in der Führung der Partei aktiv zu übernehmen. In Ergänzung bisheriger Veröffentlichung teilt die Christlich-Demokratische Union über den Charakter der jüngsten Ereignisse mit«:

Die anschließenden Darlegungen unter der Überschrift »Nach der Krise« bringen in deutlicher und würdiger Sprache die Spannung zwischen Besatzungsmacht und deutschem Willen zum Ausdruck. Die Streitfrage Bodenreform wird relativiert, die Möglichkeit eigener taktischer Fehler eingeräumt, aber die Grundposition nicht aufgegeben. Die »unlösbare Verbundenheit« zu Hermes und Schreiber wird nicht formelhaft, sondern in eindrucksvollen Sätzen festgehalten. Schließlich wird aufgefordert, den Blick nach vorn zu richten. Resignation sollte nicht aufkommen.
Das Sowjetische Oberkommando hatte seinen Willen durchgesetzt. Aber es war gezwungen worden, vor der Weltöffentlichkeit in der Viermächtestadt die Fragwürdigkeit seiner demokratischen Bekundungen offenbar werden zu lassen. Die drei Westmächte bekamen an Ort und Stelle eine Vorstellung, womit in Deutschland gerechnet werden mußte.
Vielleicht allerdings hat das Sowjetische Oberkommando von seiner unverhüllten Rücksichtslosigkeit gegenüber der CDU-Führung erwartet, daß die SPD-Führung zur Nachgiebigkeit veranlaßt würde. Bereits liefen Druck- und Überredungswellen gegen die sozialdemokratische Partei in der SBZ und in Berlin. Am Beispiel der CDU war den SPD-Führern demonstriert worden, was auf sie zukommen konnte.
Es kann und braucht hier nicht erläutert zu werden, wie es im ersten Quartal 1946 unter dem Druck der Sowjets und der deutschen Kommunisten zur Zwangsvereinigung von SPD und KPD in der Sowjetzone – doch nicht in Berlin – gekommen ist. Das damalige Geschehen ist bekannt: anhaltender und massiver politischer, psychischer und auch physischer Druck auf SPD-Mitglieder, SPD-Parteistellen und sozialdemokratische Redaktionen im Lande.

Volkspartei – Gemeinwohl – deutsche Einheit

Andreas Hermes ging nach der Absetzung durch die SMA nach Westdeutschland. Er nahm sich dort des landwirtschaftlichen Genossenschaftswesens und allgemein der Agrarpolitik an. International als Fachmann anerkannt und politisch legitimiert als ein Mann des Widerstandes, fand Hermes ein breites, wichtiges Betätigungsfeld. Sein politisches Interesse am Schicksal Deutschlands wurde weder durch die neue Arbeit noch durch das bedrückende sowjetische Erleben gemindert. Die Überwindung der Teilung Deutschlands bewegte ihn bis an sein Lebensende.
In Berlin aber mußte die CDU-Führung an der Jahreswende 1945/1946 aufs neue versuchen, unter sowjetischen Besatzungsverhältnissen einen im deutschen Sinne demokratischen Willen wirksam werden zu lassen. Die Verantwortung lag zuallererst auf dem neuen Vorsitzenden, auf Jakob Kaiser. Die Entscheidung, nach dem sowjetischen Eingriff dennoch den Vorsitz zu übernehmen, war ihm schwergefallen, politisch und menschlich. Aber keiner hätte in der gegebenen Situation eher in Frage kommen können. Auch er kam aus härtestem Widerstand und Verfolgung. Auch er hatte alte politische Erfahrung. Und dazu kam noch etwas, was gerade unter sowjetischen Besatzungsverhältnissen hilfreich sein konnte: Er war ein Mann der Arbeiterschaft, Gewerkschaftsführer. Gegen ihn konnte man nicht mit reaktionären Verdächtigungen angehen, zumal er bei der Neugründung von Gewerkschaften – wie die Gründung der Parteien durch Shukows Befehl Nr. 2 möglich geworden – zur Schaffung einheitlicher Gewerkschaften wesentlich beigetragen hatte.
Der gelernte Buchbinder kam aus der christlichen Gewerkschaftsbewegung. Schon 1919, als er hochdekoriert und zweimal schwer verwundet aus dem Ersten Weltkrieg zurückgekehrt war, wurde Kaiser zum Geschäftsführer der Christlichen Gewerkschaften für das gesamte Reichsgebiet berufen und im selben Jahr zum stellvertretenden Vorsitzenden der Rheinischen Zentrumspartei gewählt. Daß der Weimarer Staat sich in der Krise so schwach erwiesen hatte, lag nicht nur an der Zersplitterung des Parteiwesens und an interessen- und parteipolitischer Engstirnigkeit, sondern auch an der Spaltung der deutschen Arbeiterschaft in weltanschauliche Richtungsgewerkschaften. Als diese sich zu politischer

Aktion einander zu nähern suchten, war es bereits zu spät. Aber diese Erinnerung und die Erfahrung, daß Konkurrenz-Gewerkschaften dem Ganzen eher schaden als nützen, veranlaßten Jakob Kaiser, Ernst Lemmer und ihre alten Freundeskreise, für Gewerkschaftseinheit einzutreten. Allerdings ging Kaiser davon aus, daß die Einheitsgewerkschaft im Selbstbewußtsein ihrer eigenen Kraft parteipolitisch neutral und auf das Wohl des Ganzen hin orientiert sein mußte. Vorrang des Gemeinwohles, des Gesamtwohles, das war überhaupt seine Grundorientierung. Wie sehr ihn das kommunistische Vorherrschaftsstreben in den Gewerkschaften der Sowjetzone getroffen hat, ist leicht auszudenken.

Kaiser war wie Hermes eine eindrucksvolle Erscheinung. Sein scharf geschnittener Kopf, sein klarer offener Blick, seine straffe Haltung, seine knappen, aber das Wesentliche treffenden Fragen, seine Zuverlässigkeit – alles kennzeichnete einen Mann mit Energie und Stehvermögen.

Kaiser war kein Träumer, wie ihm von mancher Seite wegen seines hartnäckigen Beharrens in der Sowjetzone und wegen seiner unbeirrten gesamtdeutschen Haltung und Arbeit nachgesagt worden ist. Er war es weder politisch noch sozial. Er haßte Klassenkampfdenken, weil es im Volk das Bewußtsein der Zusammengehörigkeit zerstören mußte. Er wußte aber auch, daß die Arbeiterschaft noch nicht in die Gesellschaft so eingegliedert war, wie es nationale, soziale und demokratische Stabilität des Ganzen verlangten. Sie mußte, so sagte er gern, aus den Kellerräumen der Gesellschaft herausgeholt werden.

In einem ersten Wort nach der Übernahme des Vorsitzes wandte er sich auch an die, die vielleicht »Schauder empfinden«, daß ein Mann der Arbeiterschaft an die Spitze der Union getreten sei. Er antwortete, das Bestreben der Arbeiterschaft »ist es nicht, das deutsche Volk zu proletarisieren, sondern es . . . aus der Gefahr völliger Verproletarisierung herauszuführen, in die uns das Hitlersystem gebracht hat«.

Nach dem Krisenschock des Dezember 1945 brauchte die CDU in der Sowjetzone eine umfassende Schau der wirklichen Lage und eine überzeugende Wegweisung. Dies empfahl sich auch, weil die Not der Sozialdemokraten im Lande, die unter dem Druck der Zwangsvereinigung standen, die anderen nichtkommunistischen Schichten nicht unberührt ließ. Als Forum für das, was zu sagen war, wählte Kaiser einen »kleinen Parteitag«, den erweiterten Parteivorstand.

Die Kargheit des langen, aber schmalen Raumes im »Stadtkrug« am Werderschen Markt, in dem die Tagung am 13. Februar 1946 stattfand, entsprach der zertrümmerten Stadtmitte ringsum.

Die programmatische Rede Kaisers hatte drei Schwerpunkte, an denen sich die Arbeit der CDU künftig orientieren sollte:

1. Sammlung der Kräfte als Volkspartei;

2. Aufbau von Wirtschaft und Gesellschaft in einer Ordnung, für die bei Interessenkonflikten das Gemeinwohl bestimmend sein soll (»Sozialismus aus christlicher Verantwortung«);
3. Erhaltung der deutschen Einheit.

Volkspartei
Eine völlig neue Partei wie die Christlich-Demokratische Union, die bisher zersplitterte und konkurrierende politische Denkweisen und Gruppen zu gemeinsamer Politik zusammenfügen wollte, ist nicht von althergebrachten Spannungen frei. Und natürlich richteten sich kritische Aussagen, Demagogie und Propaganda der anderen Parteien gegen die neue Partei der großen Sammlung, die nicht einzuordnen war in das altgewohnte Weimarer Parteienspektrum. Die anderen drei Parteien, SPD, KPD und Liberaldemokraten (LDP), gehörten von Weimar her nach links. Da die CDU nicht nur die erklärte Weimarer Mitte, also die Zentrumspartei, sein wollte und da es seit 1945 rechts von der CDU keine Partei gab, war die Behauptung bequem, die CDU sei eine Rechtspartei.
Rechts, das war jedoch nicht nur im Verständnis der radikalen Linken dasselbe wie reaktionär, militaristisch, klerikal und dergleichen. Auf der Ebene der Parteiführungen hielten sich die drei anderen zurück, aber in der allgemeinen Argumentation und Agitation kamen Verdächtigungen als reaktionär, militaristisch, klerikal und dergleichen durchaus zum Ausdruck. Die Besatzungsmacht wiederum nahm solche negativen Bewertungen nicht ungern zur Kenntnis. In dem gerade abgeschlossenen Streit wurde zwar nicht die CDU-Führung und die Partei an sich als reaktionär abgestempelt. Aber ihre unbequeme Kritik wurde wachsend als aus reaktionären Kreisen oder aus reaktionärem Denken herrührend entstellt.
Eine andere Methode, die CDU abzuwerten, war die Behauptung, in Wahrheit sei sie eine katholische Partei, eine getarnte alte Zentrumspartei. Auf diese Weise suchte sich vor allem die Liberaldemokratische Partei überlieferte konfessionelle Ressentiments politisch nutzbar zu machen. Nun waren zu viele und überdies besonders angesehene Repräsentanten der Weimarer Demokratischen Partei im Gründerkreis der CDU, Walther Schreiber, einstiger preußischer Minister für Handel und Gewerbe, Ernst Lemmer, Führungsmitglied der liberalen Hirsch-Dunckerschen Gewerkschaften, und Ferdinand Friedensburg, langjähriger Regierungspräsident in Kassel, um nur einige zu nennen. So nutzte man den Namensbestandteil Christlich, um zusätzliche Begründung für unterstellten Klerikalismus zu gewinnen.
Alledem mußte entschieden entgegengetreten werden. So setzte sich Jakob Kaiser im ersten Teil seiner Rede damit auseinander. Dem Vorwurf »alte Zentrumspartei« hielt er entgegen, daß die jüngsten Gemeindewahlen in den Westzonen bereits erwiesen

hätten, daß die neu etablierte CDU Wähler weit über den alten Zentrumsbereich hinaus gewonnen hatte. Ferner, daß sich in der Gründung der CDU und in ihrer Arbeit im Lande Repräsentanten beider Konfessionen und darüber hinaus viele andere Menschen und Gruppen, und diese nicht nur aus dem einstigen Bürgertum, sondern auch aus den Arbeiterbewegungen, zusammengefunden hatten. Leidenschaftlich wandte er sich gegen Wiederbelebung der konfessionellen Spaltung in der deutschen Politik – in der Tat war das eine der weit in die Vergangenheit reichenden Wurzeln deutschen Unglücks.

Zugleich stellte er fest: »Eine christliche Partei ist keine Partei zur Propagierung katholischen oder evangelischen Christentums.« Er hielt dem seine tiefe Überzeugung entgegen, daß, wer Politik der CDU mache, sie so gestalten müsse, daß sie »der Würde und dem inneren Gesetz christlicher Persönlichkeit entspricht«. Diese strenge, sehr personale Formulierung brachte subjektiv zum Ausdruck, was der Berliner Gründungsaufruf unter Hinweis auf den »Trümmerhaufen sittlicher Werte« für die Partei objektivierte: »Eine Ordnung in demokratischer Freiheit (kann) nur erstehen, wenn wir uns auf die kulturgestaltenden sittlichen und geistigen Kräfte des Christentums besinnen und diese Kraftquelle unserem Volke immer mehr erschließen.«

Diese erste parteiprogrammatische Rede Jakob Kaisers will deutlich machen, daß die CDU nicht nur eine Partei zur Sammlung möglichst vieler Wählerstimmen sein soll – die natürlich erreicht werden müssen –, sondern eine Partei, die alte politische Spaltungen des deutschen Volkes, vom konfessionellen Hader bis zum Klassenkampf, überwinden will, durch Überzeugung, nicht durch Gewalt. Eine umfassende Volkspartei ist das Ziel, die in das alternative Schema rechts oder links nicht mehr paßt. Vielleicht ist diese Sprache für die moderne Rationalität und Gefühlsferne eher fremd. Aber unter dem unmittelbaren Eindruck des schrecklichen Zusammenbruchs wurde sie von den Menschen verstanden.

Gemeinwohl

Dieser Wille zur großen, nicht nur im Zweckhaften ruhenden politischen Gemeinschaft tritt noch stärker hervor in dem, was Jakob Kaiser im mittleren Teil seiner Rede über die künftige wirtschaftliche und gesellschaftliche Ordnung gesagt hat. Er gab ihr die Kennzeichnung »Sozialismus aus christlicher Verantwortung«, ein Wort, das um so mehr mißverstanden wurde, je mehr es sich aus dem Zusammenhang entfernte. Und dann auch mißverstanden werden konnte, wie man heute zugeben muß, selbst wenn man damals an dieser Aussage mitbeteiligt war.

Das, was einmal – vor dem Nationalsozialismus – als bürgerliche Gesellschaft noch bestanden hatte, war im Sowjetbereich wie so vieles andere mit der Katastrophe untergegangen. Das, was in Zukunft werden sollte, mußte eine Ordnung sein, die die tiefen Ungleichheiten und überlieferten Spannungen in Wirtschaft und Gesellschaft durch gewollte, geförderte und gesicherte Rücksicht auf das Wohl des Ganzen, auf den Vorrang des Gesamtinteresses zu überwinden vermochte.

In dem Kreis, der sich seit Herbst 1945 mit diesem Thema befaßt hatte, saßen keine Marxisten und Kommunisten, sondern Menschen, die die Freiheit der Persönlichkeit für die Zukunft sichern wollten. Es ging um den Schutz der Freiheit nicht nur gegen politischen Machtmißbrauch, sondern auch gegen wirtschaftliche Machtballungen und gesellschaftliche Machtstrukturen. Die bis dahin benachteiligten, sich zurückgedrängt oder unterdrückt fühlenden Schichten sollten sich gleichrangig in die Gesellschaft eingegliedert wissen. Dies war die Überzeugung aller in dem Arbeitskreis, darunter: Emil Dovifat, der Bankier Friedrich Ernst, Otto-Heinrich von der Gablentz, der damals eine Arbeit unter dem Titel »Über Marx hinaus« schrieb, nicht um noch mehr Marxismus als Marx selber zu erreichen, sondern um ihn durch Besseres und Zeitgemäßes zu überwinden. Ferner Ernst Lemmer, die Großindustriellen Clemens Lammers (Feldmühle) und Friedrich Spennrath (Chef der AEG), der spätere langjährige Staatssekretär im Bundesjustizministerium Walter Strauß, Robert Tillmanns und Gradl.

Ebenso war es die Überzeugung, daß in Zukunft eine Wirtschaft im Sinne des Treibenlassens, des Laisser-faire und des unbeherrschten Eigeninteresses nicht das Richtige sein konnte. Die Orientierung auf das Gemeinwohl mußte gewährleistet sein und notfalls erzwungen werden können durch Auflösung überwuchernder Machtkonzentrationen, durch Kontrollen, durch ein geeignetes währungs- und wirtschaftspolitisches Instrumentarium usw. Alle diese Überlegungen – und der Kreis war darüber einig – gingen der Rede voraus, insbesondere ihrem Kernsatz:

»Für uns ist die demokratische Haltung im Politischen und die sozialistische Haltung im Sozialen und Wirtschaftlichen von dem obersten Gesetz der freien, sich der Würde bewußten Persönlichkeit beherrscht. Der Persönlichkeit, die sich in freier sittlicher Entschließung dem größeren Ganzen ein- und unterordnet. Das ist für uns das Wesen des demokratischen Sozialismus aus christlicher Verantwortung.«

Kaiser fügte unmittelbar hinzu: »Dieses Gesetz bedeutet für uns den Trennungsstrich gegenüber dem Sozialismus, wie er durch die Lehren von Marx zum politischen und sozialen Glaubensbekenntnis eines großen Teiles des werktätigen Volkes geworden ist.« Derselbe Mann rief später auf dem Parteitag 1947 in Ost-Berlin dem anwesenden Repräsentanten der SMA, Oberst Tulpanow, in einer Großkundgebung entgegen: »Wir wollen Wellenbrecher des dogmatischen Marxismus sein!«

Es versteht sich, daß über die prägende Kurzformel »Sozialismus aus christlicher Verantwortung« eingehend diskutiert worden ist. Daß die Formel auf ernsten Widerspruch bei den Marxisten stoßen würde, die ihren Leitbegriff gefährdet sehen würden, meinte man in Kauf nehmen zu können. Tatsächlich reagierte die KPD gereizt. Aber wir glaubten auch, trotz möglicher Mißverständnisse in nichtmarxistischen Kreisen die Formel riskieren zu können, die am geläufigsten das Streben nach ungezwungener, nach freiheitlicher Gemeinschaft und Solidarität ausdrückte. Das, was wir in der Sache wollten, war gar nicht etwa von Grund auf neu. In der christlichen Morallehre war Kritik am Laisser-faire eine Selbstverständlichkeit. In den Zeiten des Widerstandes, vom Kreisauer Kreis bis zu den Dominikanern von Walberberg, dachte man genauso über eine freiheitliche, aber disziplinierte Wirtschafts- und Sozialordnung nach. Und in der CDU in Westdeutschland war es bis zum Gebrauch des Begriffs »christlicher Sozialismus« hin noch Jahre nach dem Zusammenbruch dasselbe. Aber eben besonders im sowjetischen Besatzungsbereich war es notwendig, sachlich und politisch der Geschlossenheit des kommunistischen Systems und der Selbstsicherheit der Kommunisten eine andere, ebenfalls weltanschaulich fundierte und auf Gemeinschaft zielende Grundvorstellung entgegenzusetzen. Das hatte mit einer »Schwenkung nach links« nichts zu tun.

Daß es bei alledem nicht auf den Begriff »sozialistisch« ankam, machte Kaiser wenig später, am 5. Mai 1946, in einem Aufsatz in der »Neuen Zeit« über die Verantwortung der Union deutlich. Zum Ausdruck sollte gebracht werden, daß nach dem totalen Zusammenbruch ein »sozialer Neuaufbau von Grund auf« notwendig war. Auch der erforderliche Lastenausgleich müsse bis an die Grenzen des Möglichen gehen. Wer aber die Bezeichnung sozialistisch nicht wolle, »suche ein anderes Wort«.

Die CDU-Führung in Berlin war damals in einer ähnlichen Lage wie zwei Jahrzehnte später Ludwig Erhard. Nachdem der erste Aufbau abgeschlossen war, suchte er zu seiner Regierungserklärung 1965 für die künftige Orientierung eine Kurzformel, die ausdrückte, daß eine Ordnung der »Nicht-Ordnung« nicht den gesellschaftlichen Erfordernissen der Zukunft entsprechen konnte. »Soziale Marktwirtschaft« genügte ihm dafür nicht. Er wählte damals das Wort »formierte Gesellschaft«, das dann ebenfalls gewollten und ungewollten Mißverständnissen zum Opfer fiel. Es ging ihm damit nicht anders als Kaiser und der CDU der Sowjetzone nach 1945. Für die, die damals im Sowjetbereich nach der Zukunftsform suchten, war nachher die Politik der sozialen Neugestaltung, die in den fünfziger Jahren mit der betrieblichen Mitbestimmung begann, durchaus von der Art, wie man selber sie sich 1946 vorgestellt hatte.

Die damalige Parole hat den Mitgliedern und Mitarbeitern der CDU im sowjetischen Bereich geholfen in den schwierigen Gesprächen mit den politischen Offizieren der Besatzungsmacht und in den Auseinandersetzungen mit den Kommunisten. Sie konnten leichter auf den Vorwurf »reaktionär« antworten, wenn sie klassenkämpferischer Enteignung, Zwangswirtschaft und Planbürokratie widersprachen.

Deutsche Einheit

Die Parteien des sowjetischen Besatzungsbereiches verbanden verschiedene Vorstellungen mit der deutschen Zukunft. Aber in jener Zeit waren sie insgesamt entschieden dafür, die trennenden Besatzungsgrenzen abzubauen und eine deutsche Regierung mit zentralen deutschen Verwaltungen zu schaffen. Neben dem nationalen Interesse kam für die freiheitlich-demokratischen Kräfte noch die Erwartung hinzu, daß bei einer Vereinigung der vier Zonen der einseitige kommunistische und sowjetische Druck durch demokratisch geformten Willen überwunden würde. Nicht zuletzt deshalb war die CDU achtsam auf Vorbehalte und neuartige Tendenzen hinsichtlich der Zukunft Deutschlands, die sich in den Westzonen erkennen ließen.
Das eigene Tun hatte man von der ersten Gründungsinitiative an als ein Handeln aus der Hauptstadt Berlin für Deutschland als Ganzes verstanden. So war es auch in Bad Godesberg beim ersten Reichstreffen akzeptiert und der Name CDU Deutschlands übernommen worden. Aber widerstrebend mußte man erkennen, daß die Zonengrenzen auch auf das CDU-Denken wirkten, obwohl in Bad Godesberg im Dezember 1945 auch eine die Zonengrenzen übergreifende Arbeitsgemeinschaft beschlossen worden war mit dem Sitz in Frankfurt a.M., unter der Geschäftsführung von Bruno Dörpinghaus.
Nun jedoch kam ein weiteres Störelement in die Perspektive Deutschland. Deshalb nahm Jakob Kaiser die programmatische Rede zum Anlaß, sich im Schlußteil damit auseinanderzusetzen. Es ging um den wiederaufgelebten alten Streit zwischen Zentralismus und Föderalismus. Aus Süddeutschland insbesondere kamen Äußerungen, die Deutschland auf eine Gemeinschaft der Länder mit stark geminderter Staatsgewalt des Ganzen reduzieren wollten. Einer der Wortführer war der damalige bayerische Ministerpräsident Hoegner (SPD). Er hatte sich schon Ende November 1945 für einen Bund freier Staaten und gegen »verfrühte Bildung« von Zentralinstanzen ausgesprochen. Solchen Tendenzen, so meinte die Berliner CDU-Führung des Sowjetbereiches, mußte entgegengetreten werden. Man sah darin eine Hilfe für fremde Absichten, Deutschland aufzulösen. Und man befürchtete, wenn die Länder zu Lasten des Ganzen zuviel Souveränität bekämen, daß dann vielleicht keine Zentralgewalt in der Lage wäre, die beispielsweise in der Sowjetzone durch Druck herbeigeführten Veränderungen zu korrigieren.
So also griff Kaiser auch das Thema »Föderalismus bzw. Dezentralisation« auf. Er lehnte den »grotesken Zentralismus« des Drit-

ten Reiches ebenso entschieden ab wie »destruktive« Schwächungen der Zentralgewalt, die eine so dringend benötigte Zusammenfassung aller Kräfte unmöglich machen würden. »Jeder müßte es als Anachronismus empfinden, wenn er auf die Frage nach seiner Staatsangehörigkeit nicht mehr antworten könnte ›Deutscher‹, sondern ›Bayer‹ oder ›Sachse‹ antworten müßte ... Es gelte, im Geiste der Synthese den Ausgleich zu schaffen zwischen Eigenständigkeit deutscher Landschaften und der ungeschmälerten Einheit der Nation.« Und beschwörend fügte er hinzu: »Ich glaube der Überzeugung sein zu dürfen, daß es die Union im deutschen Gesamtraum mit uns tut.«

Neue Herausforderung – Blick nach Westen

Das mit Charakter, aber ohne Erfolg geführte Ringen um die Bodenreform, die dabei durchzustehenden sowjetischen Eingriffe, die praktizierte Entschlossenheit der Kommunisten zur Sowjetisierung von Wirtschaft und Gesellschaft, die Machtstellung und Machtpolitik der KPD – alles dies verlangte von den Mitarbeitern und Anhängern der Union, zumal von denen außerhalb Berlins, viel Kraft, Zuversicht, Einsatz und Selbstbehauptung. Die Rede Kaisers auf dem kleinen Parteitag hat dabei geholfen, hat das Vertrauen in die eigene Sache gestärkt.

Aber die Wirklichkeit wurde dadurch nicht besser, im Gegenteil. Das Parteienspektrum der vier »antifaschistisch-demokratischen Parteien« verschob sich radikal zuungunsten der freiheitlich-demokratischen Kräfte. Zunächst hatte es so geschienen, als ob die SPD-Führung entschlossen der Vereinigung mit der KPD widerstehen wollte. Auf der letzten Sitzung der zentralen »Einheitsfront« Ende 1945 sprach Jakob Kaiser im Hinausgehen Otto Grotewohl besorgt an. Grotewohl antwortete ihm, er brauche sich nicht zu beunruhigen: »Jakob Kaiser, ich, der Otto Grotewohl, spiele ein großes Spiel.« Die anschließende Analyse im kleinen CDU-Kreis war: Das heißt entweder, Grotewohl glaubt, nach einem Zusammenschluß der Stärkere zu sein, oder er glaubt, durch elastisches Hinhalten dem Zusammenschluß zu entgehen; beides wäre gefährliche Illusion.

KPD und Sowjetische Militäradministration zwangen der SPD das tatsächliche Geschehen auf, wie die folgenden Daten zeigen:

20./21. Dezember 1945. Ein schon unmittelbar nach der Parteiengründung am 19. Juni 1945 vereinbarter gemeinsamer und paritätischer Arbeitsausschuß beider Parteien, inzwischen erweitert, tagt auf kommunistischen Antrag, um über die Vereinigung zu beraten. Die SPD-Vertreter protestieren gegen kommunistischen Druck. Sie bestehen darauf, daß ein Reichsparteitag der SPD darüber in Freiheit entscheidet. Immerhin stimmen sie einer Studienkommission des Themas Einheitspartei zu.

3. Januar 1946. In einer Veranstaltung anläßlich des 70. Geburtstages von Wilhelm Pieck gratuliert Grotewohl mit einem »Händedruck, der nicht nur für heute Bedeutung haben soll, sondern so lange, bis diese Hände sich nicht mehr trennen werden«.

11. Februar 1946. Auf der Zonenkonferenz des FDGB gibt Grotewohl »unter stürmischem Beifall« bekannt, daß der Zentralausschuß der SPD beschlossen hat, »der Mitgliedschaft der Partei alsbald die Einheit der beiden Arbeiterparteien zur Entscheidung vorzulegen«.

20. Februar 1946. Im Zentralausschuß der SPD beschließt die Mehrheit, für die Vereinigung einen Parteitag auf den 19./20. April 1946 einzuberufen.

26. Februar 1946. Der gemeinsame Arbeitsausschuß von SPD und KPD ruft für den 21. April einen gemeinsamen Parteitag beider Parteien für die Vereinigung ein.

21. April 1946. Gründungsparteitag der Sozialistischen Einheitspartei Deutschlands (SED). Pieck und Grotewohl werden gleichberechtigte Vorsitzende.

23. April 1946. Als Zentralorgan der neuen Einheitspartei erscheint »Neues Deutschland« anstelle der bisherigen Tageszeitungen »Deutsche Volkszeitung« (KPD) und »Das Volk« (SPD).

Zu diesem scheinbar so glatten Ablauf der Fusion hat natürlich auch die von alters her der Arbeiterschaft vertraute Losung »Einheit der Arbeiterklasse« beigetragen, die von den Kommunisten intensiv propagiert worden war. Das geschah psychologisch geschickt, war aber historisch verlogen, denn die Vorläufer der Kommunisten waren es, die gegen Ende des 1. Weltkrieges die SPD verlassen und gespalten hatten. Zum anderen glaubten führende Sozialdemokraten, die alte traditionsreiche SPD mit ihrer großen Anhängerschaft werde sich in der Einheitspartei gegen die zahlenmäßig erheblich schwächere KPD durchsetzen – eine Verkennung des harten und raffinierten Durchsetzungsvermögens der kommunistischen Kader.

Aber nachhaltiger, tiefer greifend und sicher ausschlaggebend war die massive Einflußnahme der SMA, die das Modell zwingender Einflußnahme auf die CDU-Verbände in der Sowjetzone zur Hermes-Krise radikalisiert und multipliziert wiederholte.

Wie der wirkliche Wille bei freier Diskussion und Information in der SPD war, das zeigte der entschlossene und erfolgreiche Widerstand der Berliner SPD gegen die Zwangsvereinigung. In einer Funktionärskonferenz am 1. März 1946 wurde Grotewohls Parteiführung undemokratisches Verhalten vorgeworfen und mit Zweidrittelmehrheit eine geheime Urabstimmung der Berliner SPD über eine Fusion mit der KPD beschlossen. Diese Urabstimmung fand am 30. März 1946 statt – im Sowjetsektor war sie allerdings verboten. Ihr Ergebnis: Mehr als vier Fünftel der Stimmberechtigten lehnten die Verschmelzung mit der KPD ab. Die Berliner SPD löste sich von der zentralen Parteiführung und wählte auf dem Parteitag am 7. April einen neuen Vorstand unter Franz Neumann.

Die Einschmelzung der SPD in die KPD – denn darum handelte es sich im Ergebnis – war demokratisch und national ein Unglück.

National, weil sie die ohnehin durch die Zonenteilung und durch die sowjetischen Praktiken belastete innerdeutsche Situation nun zusätzlich erschwerte durch die begreiflich harten Reaktionen des SPD-Vorsitzenden Kurt Schumacher gegen zonenübergreifende nationale Initiativen, wie sie gerade die Union alsbald entwikkelte. Demokratisch ein Unglück, weil sie die Stellung der beiden antimarxistischen Parteien in der Sowjetzone, der Union und der LDP, noch schwieriger machte. Beide standen nunmehr einem großen Parteikomplex gegenüber, der in den Verwaltungsapparaten die Übermacht hatte und im übrigen die volle Unterstützung der Besatzungsmacht genoß.
Die Reaktion in der Union war das Gegenteil von Niedergeschlagenheit. Die Menschen, die keine Sowjetisierung wollten, suchten erst recht einen Halt. Politisch gab es dafür keine andere Möglichkeit als die beiden nichtkommunistischen Parteien CDU und LDP. Die Union wiederum hatte durch ihr Verhalten in der Hermes-Krise und durch die im Westen vielfach mißdeutete, in der Sowjetzone aber gut verstandene Rede Kaisers vom 13. Februar neues Vertrauen gewonnen. Aus dem Lande wurden steigende Mitgliederzahlen berichtet. Die Parteiverbände fühlten sich zu Konsolidierung und verstärkter Aktivität ermutigt. Dazu trug auch die Erwartung bei, daß nach den bereits angelaufenen Wahlen in den Westzonen in absehbarer Zeit auch Wahlen in der Sowjetzone kommen würden.
Die Aktivität der zentralen CDU-Führung und der Organisation zielte nunmehr auf intensive Behandlung der aktuellen Probleme, auf stärkere Bindung mit den CDU-Verbänden der Westzonen und auf Vorbereitung des ersten Gesamtparteitages in Berlin.
Der praktischen Arbeit kamen zunehmend sachverständige Arbeitsausschüsse zugute. Der erste war der Ausschuß für Wirtschaftsfragen – zu ihm gehörte ein besonderes Gremium für Währungs-, Finanz- und Bankfragen. Die Arbeit war insofern erschwert, als es keine der heute so selbstverständlichen technisch-wissenschaftlichen Hilfen gab. Die Mitglieder konnten sich nur auf ihre eigenen beruflichen und wissenschaftlichen Kenntnisse und Erfahrungen stützen und auf den Ertrag der immer lebhaften Aussprachen. Jede Zusammenkunft verlangte mühsame Wege. Daß es nicht so etwas wie Sitzungs- und Fahrgelder und dergleichen gab, war selbstverständlich. Positionen winkten auch nicht, eher Mühsal und Risiko. Aber nach den zwölf NS-Jahren der Unfreiheit genoß man es um so mehr, in solchem Kreis frei diskutieren zu können. Und man freute sich nicht minder, in der politischen Wartehalle, die Deutschland damals war, für den erhofften Neubeginn vorarbeiten zu können. Das Ganze bereitete in seiner Art Zuversicht und Freude.
Zu den vorrangigen Themen gehörte die Versorgung mit dem Allernötigsten: Brennstoff, Aufbesserung der Lebensmittelkarten, Schuhzeug, Material für Ausbesserung von Wohnungen, aber

auch die Beschaffung von Lehrstellen, die Abwehr von allzu schroffen Demontagen. Besonderes Ärgernis war das Mißverhältnis zwischen dem Schwarzen Markt und dem normalen Arbeitsleben, das an der allgemeinen Moral zerrte. Die aus der NS- und Kriegsfinanzierung herrührenden Geldmassen, dazu das von den Besatzungsmächten zusätzlich ausgegebene Besatzungsgeld fanden im Warenangebot nicht annähernd Ausgleich. So präsentierte der Schwarze Markt die knappe Ware zu gewaltigen Preisen und schuf überhöhte Einkünfte, denen mit Lohnstopp festgehaltene Niedriglöhne der arbeitenden Menschen gegenüberstanden. Deren einziger Trost waren die im Preisstopp festgehaltenen, allerdings sehr kargen Zuteilungen an Grundnahrungsmitteln.
Deshalb beschäftigte sich auf Initiative der CDU auch der zentrale »Block« frühzeitig mit dem Thema Währungssanierung. Natürlich war der Kreis, der sich für die Partei mit diesen Fragen befaßte, nicht der Meinung, daß die Deutschen souverän ihre Währung würden reformieren dürfen. Es gab nur die Möglichkeit, die Besatzungsmächte auf die Dringlichkeit der Währungsreform immer wieder und eindringlich aufmerksam zu machen. Bis zur Währungsreform dauerte es noch mehr als zwei Jahre.
Trotz der »Fülle« des Geldes gab es in der sowjetischen Besatzungszone eine besondere Not durch Geldknappheit. Sämtliche Sparkassen und Banken waren, wie schon erwähnt, nach dem sowjetischen Einmarsch geschlossen worden und blieben es. So gab es nicht wenige, zumal alte Menschen, die – da sie an ihre Ersparnisse nicht herankamen – nicht einmal in der Lage waren, die billig gehaltenen Grundnahrungsmittel zu kaufen. Eine der Initiativen der Union drängte dahin, für Bedürftige kleine Summen ihrer Konten freizugeben. Der zentrale Block konnte in seiner Sitzung am 28. Februar 1946 bewogen werden, bei der sowjetischen Administration eine einmalige Sonderregelung für die kleinen und bedürftigen Sparer zu beantragen. Dieses eine Beispiel praktischer lebensnaher Arbeit muß hier genügen.
Obwohl die Parteiführung durch die schwierige Entwicklung im sowjetischen Besatzungsbereich voll beansprucht war, mußte sie sich verstärkt auch auf die Westzonen konzentrieren. Dort hatten sich die christlich-demokratischen Verbände rasch entwickelt. Das mehrfach erwähnte Godesberger Treffen hatte viele Anstöße gegeben. Auch hatte man sich in Berlin von Anfang an in der Pflicht gesehen, über die Zonengrenzen hinweg auf Übereinstimmung der politischen Grundorientierung und auf Koordinierung der regionalen und überregionalen Arbeit hinzuwirken.
Die sowjetischen Behinderungen des politischen Reiseverkehrs und der Kommunikation überhaupt, die kommunistischen Übergriffe in der Sowjetzone und die beunruhigenden Nachrichten darüber, schließlich auch die Schwierigkeiten und Verzögerungen der Aufklärung über das eigene taktische und sachliche Verhalten der CDU des Sowjetbereichs führten in der Westzonen-CDU zu

Mißverständnissen und Voreingenommenheiten. Dabei spielte auch die Frage künftiger Führung der Gesamtpartei eine Rolle: Adenauer oder Kaiser. Es ging um persönliche Rivalität, aber auch um unterschiedliche Einschätzung der absehbaren Zukunft. Kaiser glaubte, daß geeinter deutscher Wille gegenüber den Siegermächten über alle Hindernisse hinweg doch zu einem freiheitlich-demokratischen Gesamtdeutschland führen würde, während Adenauer an eine sowjetische Freigabe Mitteldeutschlands nicht glaubte. Kaiser prägte das Bild von der Brücke, die Deutschland nach beiden Seiten hin, nach West und Ost, als loyaler Partner auf der Basis seiner geopolitischen Lage sein sollte. Adenauer sah den nächsten Weg in Richtung Westen. Daneben stand bei ihm die allgemeine Abneigung gegen Berlin als künftige deutsche Hauptstadt.

In dieser komplexen Situation trat Jakob Kaiser Mitte März 1946 seine erste Reise nach dem Westen an. In den fast vier Wochen, die die Reise dauerte, war Kaiser u. a. in Köln, Düsseldorf, Essen, Dortmund und Duisburg. Er traf sich dort mit Repräsentanten der Partei, mit führenden ehemaligen Kollegen und Freunden wie Karl Arnold und Johannes Albers aus der christlichen Gewerkschaftsbewegung, die nunmehr maßgeblich in der neuen (westzonalen) Gewerkschaftseinheit wirkten. Er hielt eine Reihe großer Versammlungen und Kundgebungen ab, eine besonders große und eindrucksvolle in Essen unter freiem Himmel, zusammen mit Gustav Heinemann, damals Oberbürgermeister der Stadt. Aber Kaiser ging auch nach Süddeutschland. Er hatte Aussprachen in München, so mit Josef Müller, dem damaligen bayerischen Landesvorsitzenden der Christlich-Sozialen Union, in Frankfurt, wo er mit Heinrich von Brentano zusammentraf, in Stuttgart. Am Schluß der Reise kam auch ein gründliches Gespräch mit Adenauer zustande, das einige Schwierigkeiten und Hindernisse ausräumte. Übrigens hat die Spannung zwischen beiden Männern – jeder blieb dem anderen politisch irgendwie unbequem – nicht gehindert, daß beide sich nicht nur respektiert haben, sondern auch ein gutes menschliches Verhältnis miteinander behielten.

Nach seiner Rückkehr berichtete Kaiser dem Führungskreis der CDU ausführlich darüber, was sich »im Westen« tat. Ermutigend war für die Daheimgebliebenen, wie der Gedanke der Union in den Westzonen gezündet hatte. Man hoffte, daß die süd- und westdeutschen CDU-Erfolge die sowjetische Besatzungsmacht zu mehr Rücksicht gegenüber den Vorstellungen der Berliner CDU veranlassen würden. Die Meinungsunterschiede mit der CDU im Westen, die Kaiser darlegte, wurden naturgemäß bedauert. Aber Kaiser konnte auch berichten, daß zu dem bevorstehenden Parteitag in Berlin viele west- und süddeutsche Unionsfreunde als Gastteilnehmer kommen würden. So hoffte man, dabei Differenzen abbauen zu können. Um so mehr wandte sich die Parteiführung der Gestaltung dieses ersten Parteitages zu. Er sollte der Parteitag

sein, der mit echten demokratischen Wahlen die provisorische durch eine voll legitimierte Parteiführung abzulösen hatte.
Zuversichtlich ging man an die Vorbereitung des Parteitages. Allerdings hatte man in den zwei Monaten, die noch vor ihm lagen, neue Belastungen zu ertragen. Die ehemalige KPD gebrauchte die neue Einheitspartei als Vehikel zur raschen Verwirklichung weiterer kommunistischer Vorstellungen. Die starke kommunistische Durchdringung des Personalapparates der Gewerkschaften und der anderen gesellschaftlichen Organisationen sowie der Landes- und Provinzialregierungen und ihrer Verwaltungen gestattete kommunistische Initiativen an vielen Orten und in vielen Richtungen; immer waren sie zweckdienlich koordiniert, notfalls kam die SMA zu Hilfe, z. B. beim – übrigens noch vergeblichen – Bemühen, Anfang Mai 1946 die Universität Berlin kommunistisch zu beherrschen. Ähnliches geschah wenig später mit der Filmwirtschaft, für die die SMA eine Monopollizenz an eine neugegründete DEFA (Deutsche Film A. G.) gab.
Ein Ärgernis war die Neuordnung des Schulwesens. Darüber hatte die CDU schon zur Zeit des Bodenreformstreites Auseinandersetzungen führen müssen. In der Hermes-Krise warf man von sowjetischer Seite der CDU-Führung ihr Verhalten nicht nur in der Bodenreform, sondern auch in der Schulfrage vor. Jetzt, Ende Mai/Anfang Juni 1946, erließen die Länder- und Provinzialregierungen nacheinander im Verordnungswege ein einheitliches Schulgesetz nach hergebrachten kommunistischen Vorstellungen. Hinter dem Ganzen stand die von dem Kommunisten Wandel geleitete Zentralverwaltung für Volksbildung. Kern der Regelung: Schulträger ist ausschließlich der Staat, Privatschulen gibt es nicht mehr. Der Religionsunterricht ist Angelegenheit der Religionsgemeinschaften und wird in den ordentlichen Lehrplan nicht aufgenommen. – Das Ganze sollte als Einheitsschule der »Demokratisierung« der Schule dienen. Auf dem kommenden CDU-Parteitag sollte sich alsbald zeigen, wie sehr diese Art Schulreform kritisiert werden mußte.

Aufruf

der Christlich-Demokratischen Union Deutschlands

zu den Gemeindewahlen

Wählerl Wählerinl

)ie Wahl für unsere Gemeindevertretungen steht bevor. Seit den ahren des Hitlerregimes werden wir zum erstenmal wieder die Aänner und Frauen unseres Vertrauens in freien und geheimen Vahlen bestimmen. Diese Wahlen **legen das Fundament iner freien deutschen Demokratie.**

:in Bekenntnis zum Frieden und zur Demokratie nüssen sie sein. Fest und entschieden werden sie der Welt die ereitschaft des deutschen Volkes zeigen, von der Gemeinde er sein politisches und wirtschaftliches Leben neu zu schaffen.

ine Absage an jede Diktatur und alle Kriegsreiberei wird durch den Stimmzettel zu geben sein. In ehrcher, selbständiger Politik müssen die öffentlichen Angelegeneiten schon in den kleinsten Einheiten, in den Gemeinden, vom ieiste sittlicher Verantwortung geführt sein. Machtmißbrauch, iewissenszwang, Verschwendung, Korruption haben unter dem litlerregime schon in den Gemeinden das U eil beginnen lassen, as unter Kadavergehorsam und Mangel an Zivilcourage so verängnisvoll um sich fraß und nun ein für allemal überwunden leiben muß.

ür eine saubere, tüchtige und gerechte Verwalung legen die Wähler ein demokratisches Zeugnis ab. Gerade den Gemeinden müssen unmittelbar die praktischen Aufgaben elöst werden, sind die materiellen und seelischen Trümmer des litlerregimes zu beseitigen, ist Ernährung, Wohnung und Kleiung zu beschaffen, sind Heimkehrer, Flüchtlinge, Heimatlose, sind ie Alten, sind alle Notbelasteten des Zusammenbruchs zu betreuen. 'on unten herauf muß in freier Tüchtigkeit des einzelnen gesundes Virtschaftsleben wieder in Gang kommen. Die Gemeinden müssen Selbstverwaltung und freier Mitarbeit wieder zu Ehre und Anhen kommen. Dazu schaffen diese Wahlen die Voraussetzung.

ie Christlich-Demokratische Union ist aus den biserigen Wahlen in der amerikanischen Zone als die stärkste Partei ervorgegangen. Warum?

Veil die Union eine große Volkspartei ist und im ieiste der Demokratie sich zur Gleichheit der Staatsbürger beennt. Sie ist die Union aller Arbeiter, Bürger und Bauern, der Aänner und Frauen aller Stände und Konfessionen. Sie überindet den Klassenkampf und widersetzt sich jeder iktatur. Sie folgt dem Gesetz der Toleranz und der Nächstenebe, setzt sachliche Leistung über den politischen Machtkampf nd streitet wider Lüge und Hetze jeder Art.

Veil die Union eine christliche Partei ist, die nach en bitteren Lehren der Zeit das Schicksal unseres Volkes wieder wigen Gesetzen unterordnet. An die Stelle der Willkürherrschaft inzelner und des Massenterrors setzt sie die freie Stimme des iewissens und die Verpflichtung gegen Gott und seine Gebote.)arum ist schon dem Kinde, nach dem demokratischen Willen der ltern, die christliche Erziehung auch in der Schule zu sichern.

Veil die Union sachlich und wahrhaftig ist und eine goldenen Berge verspricht. Sie kann nicht Wunder tun, e tröstet nicht auf bessere Zeiten. Jetzt ist der schwere Weg arter Arbeit zu gehen, der allein wieder aufwärts führt.

Weil die Union eine Partei des Rechtes ist, Gerechtigkeit, Glaubens-, Gewissens- und Meinungsfreiheit, die Unantastbarkeit der Person und des Eigentums müssen die Grundlage jeder Ordnung sein.

Weil die Union sich zu einer sozialistischen Ordnung bekennt, die den einzelnen aus kapitalistischen wie aus proletarischen Fesseln befreit. Dem Eigentum gibt sie freie Entfaltung in den Grenzen seiner Gesamtverpflichtung, bekämpft aber alle politischen Machtpositionen der Wirtschaft, sie sichert in einer freien Wirtschaftsdemokratie jedem Stande die Ergebnisse seiner Arbeit und Leistung. So überwindet sie die trostlose Vermassung und befriedet die sozialen Macht- und Klassenkämpfe durch einen Sozialismus christlicher Verantwortung.

Vorab und vor allem verlangt die Union:

Hilfe für die Flüchtlinge nicht nur durch Augenblicksmaßnahmen, sondern in vollständiger Eingliederung in die Gemeinschaft ihres neuen Wohnsitzes. Auch im eng gewordenen Vaterland sei unsere Heimat die ihre.

Ein Tatprogramm der Nächstenliebe, um Ernährung, Obdach und Kleidung zu sichern. In allen Gemeinden müssen wir einheitlich zusammenwirken, Versöhnung, Hilfsbereitschaft und friedlicher Wettstreit um die beste soziale Leistung führen aufwärts.

Einen gerechten Lastenausgleich zwischen den von Kriegsschäden mehr oder weniger Betroffenen als die Grundvoraussetzung eines wirklichen inneren Friedens, der allein dem Neuaufbau Dauer gibt.

Bestrafung der Kriegsverbrecher und Aktivisten des Hitlerregimes nach Recht und Gesetz. Mit Umsicht und Tatkraft müssen die letzten Reste nationalsozialistischen und reaktionären Denkens überwunden werden.

So wendet sich die Union an alle, die des Glaubens sind, daß Gottvertrauen und die Bereitschaft, „einer trage des anderen Last", auch heute die härteste Not überwinden werden. In diesem Geist ist die Union

die politische Heimat besonders auch der Frauen. Mehr als die Männer tragen die Frauen die Alltagssorgen, sie sind die Hüterinnen der Familie, des Rechtes, der Ordnung und des Friedens. Ihre Stimme hat so ein ganz besonderes Gewicht;

ist die Union auch die Partei der Jugend, die — trotz schweren Schicksals — sich ihre Frische und ihren Lebensmut wahrte. Wir hoffen und bauen auf den ungebrochenen Idealismus und das tüchtige Wollen der Jugend, daß sie die Politik unserer Union erfaßt und mitschaffend verwirklicht.

Für die gesamtdeutsche Zukunft wird diese Wahl entscheidend sein. Sie legt eine weite Strecke des Weges fest, den das deutsche Volk gehen wird. Sie ist das Zeugnis seines Willens vor der Welt!

Wähler! Wählerinnen!

Entscheidet frei nach eurem Gewissen und eurer Überzeugung. Jede einzelne Stimme ist ein Stück deutschen Schicksals, ein Stück deutscher Zukunft.

:HRISTLICH-DEMOKRATISCHE UNION DEUTSCHLANDS

Jakob Kaiser Ernst Lemmer Für den Landesverband Sachsen: Hugo Hickmann

M 105 00201

Aufruf der CDUD, Landesverband Sachsen
zu den Gemeindewahlen 1946 (Abb. 8)

Plakat der CDUD, Bezirksverband Leipzig,
zu den Gemeindewahlen 1946 (Abb. 9)

Litfaß-Säule in Berlin 1946 (Abb. 10)

EXTRA-BLATT

NEUE ZEIT

2. JAHRGANG 1946 — TAGESZEITUNG DER CHRISTLICH-DEMOKRATISCHEN UNION DEUTSCHLANDS — 10 PFENNIG

BERLIN, MONTAG, DEN 21. OKTOBER 1946

Die Erfolge der Union in Berlin

CDU an zweiter Stelle

NZ Berlin, 21. Oktober

Nach der letzten Stimmenzählung beim Hauptmagistrat um 6 Uhr früh lagen von 2284 Stimmbezirken die Ergebnisse von 1499 Stimmbezirken vor. Danach erhielten von 1 312 964 abgegebenen gültigen Stimmen die

SPD	638 272 Stimmen
SED	275 344 Stimmen
CDU	290 247 Stimmen
LDP	119 101 Stimmen
Ungültig . . .	26 273 Stimmen

Das amtliche Schlußergebnis wird voraussichtlich erst gegen Montagmittag vorliegen.

Der Wahltag

NZ Berlin, 20. Oktober.

Ueber Nacht hatte sich Berlin beruhigt. Die Plakate waren verklebt, die Flugzettel verteilt, und nun hatte der Wähler das Wort. Inmitten des bunt bekleisterten Berlin, in dem Wust von Papier, der sich über die Straßen und Häuserzeilen ergossen hatte, waren die Wahllokale freie Inseln. Ein sehr guter und dem Ernst der Wahlhandlung angepaßter Befehl der Alliierten Kommandantur von Berlin hatte um jedes Wahllokal einen Bannkreis von 30 m Radius gezogen. So gab die erste Wahl, die Berlin wieder in Freiheit durchführen konnte, nicht das Bild, das wir aus der Wahlgeschichte Deutschlands kennen. Früher standen bis zum Eingang, ja fast bis zur Urne Plakatträger und Propagandamänner.

Viele der demokratischen Bürger der Stadt sind noch Neulinge in dieser Würde, viele sind noch Schüler der Demokratie. Diese Tatsache wird klar, wenn man in den Wahllokalen sitzt und den Wahlgang beobachtet. Da kommen sie zum Wahlvorsteher mit vielen Fragen, die um das „Wie" kreisen: „Herr Wahlvorsteher, wie muß ich meinen Zettel ausfüllen? — Herr Wahlvorsteher, wo fängt die Wahlgang an? — Herr Wahlvorsteher . . . Herr Wahlvorsteher . . ." Doch dann fügen sie sich in die Schlange ein, die vor den verdeckten Pulten auf den Augenblick harrt, da jeder sein Kreuz einer Partei geben darf. Die Wahlbeteiligung kann den ganzen Tag über nicht annähernd festgelegt werden, weil der Frühandrang, den wir von den Wahlgängen außerhalb Berlins kennen, diesmal ausgeblieben ist. Gleichmäßig über den Tag hinweg mit einer stärkeren Spitze in den frühen Nachmittagsstunden erstreckte sich die Wahlhandlung.

Vielfach wurden Klagen über die mangelnde Organisation laut. So konnte z. B. im Westend-Krankenhaus gar nicht und im Krankenhaus An der Heerstraße von 100 Wählern nicht mehr gewählt werden, weil die Stimmzettel fehlten. Außerdem hat die Unvollständigkeit in den Wählerlisten manchen Menschen die Möglichkeit der Stimmabgabe genommen. Betrübt mußten sie das Wahllokal wieder verlassen, und die Großzügigkeit, mit der allgemein von den Wahlvorständen versucht wurde, der Notlage gerecht zu werden, half nicht immer. Der Lichtkasten wurde zur transportablen Wahlzelle. Zu Alten und Siechen, die ihre Wohnungen zur Wahl nicht verlassen konnten, kam der Wahlvorstand, um die Stimme entgegenzunehmen. Blinde konnten Hilfspersonen mitbringen, die ihnen bei der Wahl behilflich wären und die auch mit ihnen zusammen die Wahlzelle betreten durften.

In den Krankenhäusern wurde aus Aerzten ein Wahlvorstand gebildet, und der so geschaffene „Fliegende Stimmbezirk" zog mit der Urne von Zimmer zu Zimmer.

Als dann die achte Abendstunde herangekommen ist und die Wahllokale geschlossen wurden, war die Spannung, die den Tag über sich mit vielen Wetten und allerhand Prognosen gesteigert hatte, zum Höhepunkt gewachsen. Die versiegelten Urnen wurden geöffnet, und der Berg der Wahlumschläge türmte sich inhaltschwer auf dem Tisch.

Sorgfältig wurden die Umschläge gezählt und mit den tagsüber geführten Listen verglichen. Dann öffnete sich das Tor des Geheimen. Das Geheimnis hob sich. Die erste Stimme, die an diesem Abend in dem von uns besuchten Wahllokal gezählt wurde, war eine Stimme für die Union . . . Ma.

Die Entscheidung

NZ Berlin, 20. Oktober

Die in der ganzen Welt mit Spannung e[…] warteten Wahlen in Berlin liegen hinter u[…] Sie sind, wie nicht anders erwartet werd[…] konnte, in völliger Ruhe dank der Selb[…] disziplin der Berliner Wähler, verlaufen. Z[…] dem hatten die Besatzungsmächte, wof[…] ihnen gedankt werden muß, alle Maßnahm[…] getroffen, um die absolute Freiheit der W[…] zu gewährleisten. Der disziplinierte W[…] kampf, von einigen Entgleisungen abgeseh[…] und die Disziplin des Wahltages selbst bede[…] ten an sich schon einen Sieg der Demokrat[…] Weit besser aber drückt sich dieser Sieg [...] den Wahlzahlen selbst aus. Es will schein[…] als ob die bisher errechnete Wahlbeteiligu[…] von 83,9 vom Hundert geringer ist als die [...] den früheren Wahlen in der Ostzone erzie[…] Wahlbeteiligung. Da von Wahlfaulheit [...] Wahlmüdigkeit bei den Berlinern schließ[…] wohl nicht gesprochen werden kann, so [...] angenommen werden, daß diejenigen, [...] nicht zur Wahl gegangen sind, sich nicht [...] eine der vier Parteien haben entscheid[…] können. Diese Wähler haben den Sinn [...] Wahl noch nicht voll begriffen. Ihre Stimm[…] sind jedenfalls ins Leere gefallen. Wei[…] muß angezweifelt werden, ob die Zahl [...] Wahlberechtigten tatsächlich so hoch war, [...] sie von amtlicher Seite angegeben worden [...] Es hat sich nämlich herausgestellt, daß in d[…] Wählerlisten zahlreiche „tote Seelen" v[…] handen waren. Es handelt sich um Wähl[…] die gar nicht mehr in Berlin wohnten, die v[…] storben sind oder die nicht wahlberecht[…] waren. Hier wird eine Korrektur der Wä[…] lerlisten vielleicht ein günstigeres Bild [...] Wahlbeteiligung geben.

Nun aber das Wahlergebnis selbst. Da[…] muß unterschieden werden zwischen [...] Stimmen, die für oder gegen eine Partei [...] gegeben worden sind. Um es gleich vorweg[…] sagen: Wir dürfen mit Sicherheit annehm[…] daß alle Stimmen, die für die Union abgegeb[…] wurden, für die Kandidaten der Union und [...] Gedankenwelt der Union abgegeben word[…] sind. Sie drücken den Willen zum dem[…] kratischen Neuaufbau in absolut klarer We[…] aus, und es ist ein erfreuliches Zeichen, [...] die Union an zweiter Stelle steht und fast [...] Viertel aller Wähler auf ihre Listen vereini[…] konnte.

Die Stimmen, die für die SPD und die S[…] abgegeben wurden, sind im gewissen Sinne [...] Ausdruck eines Zweikampfes zwischen [...] beiden Parteien. Dabei hat die SPD [...] starker Ueberlegenheit die Oberhand [...] wonnen. Es bleibt abzuwarten, ob die S[…] wenn sie nun mit der Verantwortlichkeit [...] laden wird, in zwei Jahren das gleiche [...] gebnis erzielen wird. Die Stimmenzahl [...] Liberalen ist verhältnismäßig gering. Das [...] deutet, daß die Liberaldemokraten bei der [...] staltung des Berliner Schicksals kaum [...] entscheidende Rolle spielen werden. D[…] gegenüber hat der Gedanke der Union in B[…] lin wie in der Zone seine Lebenskraft erw[…] bewiesen, und die praktische Politik w[…] zeigen, daß jeder, der in Berlin Politik ma[…] wie erst recht in ganz Deutschland, mit [...] Union rechnen muß.

Es ist heute viel zu früh, um irgendwelch[…] politischen Kombinationen Raum zu geb[…] Ohne daß heute die Folgerungen aus der W[…] schon im einzelnen erörtert werden könn[…] ist so viel sicher, daß diese Folgerungen w[…] reichend sein werden. Nunmehr ist die [...] demokratische Grundlage zum Neuaufbau B[…] lins gegeben. Soweit angenommen werden d[…] daß sie sich im Rahmen einer Zusammenarb[…] wie die Verfassung sie vorsieht, abspie[…] wird, so ist eine grundlegende person[…] Aenderung im Hauptmagistrat und in den [...] zelnen Verwaltungsbezirken eine zwangsläuf[…] Folge des Wahlergebnisses. Die bisherige [...] und Zwischenlösung ist damit beendet [...] Sieg der Demokratie besteht in Berlin ver[…] darin, daß jetzt das feste demokratische Fu[…] ment gelegt worden ist, auf dem der Neub[…] errichtet werden kann.

Wahlbeteiligung in Berlin

Berlin, 20. Oktober (SNB). Aus dem [...] liner Stadthaus wird die Gesamtwahlbete[…] [...] mit 83,9 Prozent gemeldet.

Berliner Stadtverordnete der CDU

NZ Berlin, 20. Oktober

Nach den bis 3.45 Uhr vorliegenden Meldungen aus den Bezirken sind bei einer Berechnung des Wahlquotienten von 15 000 folgende Stadtverordnete gewählt:

Zehlendorf	Schreiber
Kreuzberg	Hans Kaiser
Charlottenburg . .	Valentin Kosal
Tempelhof	Albert Voß
Köpenick	Wilhelm Dumstrey
Wedding	Erika Pflamm
Tiergarten	Peter Even
Reinickendorf . . .	Rauch
Pankow	Albert Stolzmann
Prenzlauer Berg . .	Albert Hahn
Lichtenberg . . .	Weber

•

Nach dem Stimmergebnis sind in Zehlendorf folgende Kandidaten der Union gewählt: Emil Dovifat, Robert Siaks, Frau Birgit Riebel, Hans Horricha, Peter Paffat, Hans Graßmé, Hildegard Midasch, Hans Arhelis, Gerhard Reznirek, Paul Kaiser, Tamara Strauß, Emil Armbruster.

Das Gesamtergebnis von Zehlendorf

Am Montag früh gegen 1.30 Uhr lag aus den 32 Stimmbezirken des 1 Verwaltungsbezirks Zehlendorf das erste vorläufige Gesamtergebnis vor. Danach erhielten die SPD 18 530, die SED 3 921, die CDU 18 282, und die LDP 5 738 Stimmen.

Einzelne Ergebnisse:

Kreuzberg bis auf 10 Bezirke: SPD 60 930, SED 18 587, CDU 26 192, LDP 9535. **Mitte** bis auf 2 Bezirke: SPD 37 836, SED 22 372, CDU 18 080, LDP 4920. **Schöneberg** bis auf 15 Bezirke: SPD 48 511, SED 9678, CDU 27 103, LDP 12 110. **Wedding**, 130 Bezirke: SPD 63 081, SED 27 940, CDU 21 419, LDP 7077. **Pankow** bis auf 3 Bezirke: SPD 38 160, SED 26 207, CDU 17 238, LDP 9443. **Friedrichshain**, 60 Bezirke: SPD 24 746, SED 16 184, CDU 9030, LDP 5127. Ungültig 1367. **Tempelhof** bis auf 1 Bezirk: SPD 36 750, SED 6526, CDU 19 225, LDP 8510, Ungültig 1009. **Prenzlauer Berg** bis auf 10 Bezirke: SPD 67 956, SED 46 143, CDU 26 051, LDP 10 217. **Köpenick** bis auf 1 Bezirk: SPD 28 240, SED 21 291, CDU 16 606, LDP 7271.

Treffpunkt der Reporter

NZ Berlin, 20. Oktober.

Wie der Betrieb eines aufgescheuchten Ameisenhaufens mutet das Leben im Hauptwahlamt an. Reporter von 15 Zeitungen und 9 Nachrichtenbüros, dazu die Vertreter von drei Rundfunkstationen haben hier ihre Zelte für die Nacht nach dem Wahlkampftag aufgeschlagen, um die stündlich neu einlaufenden Wahlergebnisse sofort in alle Ecken der Welt zu drahten. Das nachrichtentechnische Amt hat einen vielseitigen technischen Apparat aufgezogen. Im großen Sitzungssaal des Rathauses in der Parochialstraße ist eine Wandtafel aufgestellt, die ständig die letzten Ergebnisse anzeigt. Um sie herum lagert sich das Heer der Journalisten und Bildberichter. Photographen suchen sich den besten Platz für ihre Aufnahmen. An der Seite des Saales stehen zahlreiche Fernschreiber, deren Ticken den Rhythmus der gespannten Atmosphäre schlägt. Offiziere der vier Besatzungsmächte beobachten kritisch die Anschläge an der Wandtafel.

Ueber dem ganzen Saal schwebt der Duft internationaler Zigarettensorten. In den Zimmern der einzelnen Zeitungen herrscht Hochbetrieb. Ferngespräche werden am laufenden Band angemeldet. Der Wahlausschuß ist fieberhaft bemüht, möglichst schnell die Ergebnisse über die Wahlbeteiligung zu bekommen. Trotzdem liegen um 22 Uhr erst die Ziffern über den Stand von 15 Uhr vor. Um diese Zeit hatten 53,1 Prozent der Berliner gewählt. Bei der Bekanntgabe der Wahlbeteiligung von 18.30 Uhr scheiterte es um 22.30 Uhr nur noch am Bezirk Zehlendorf, der es nicht so eilig zu haben scheint. Geduldig müssen die nächsten Stunden abgewartet werden. Bis dahin ist Zeit, im Kasino des Stadthauses ein bescheidenes Abendbrot zu verzehren. Eine Tasse starken Tee wird die Nerven für die Nacht aufpulvern. J. F.

Teilergebnis der Provinz Mark Brandenburg

Potsdam, 21. Oktober (ADN). Am 21. Oktober lag bis um 3 Uhr in der Provinz Mark Brandenburg folgendes Teilergebnis vor:

	Landtagswahlen	Kreistagswahlen
Wahlberechtigte	667 741	362 136
Abgegebene Stimmen	618 706	339 417
SED	268 142 (43,4%)	148 225 (47,9%)
CDU	162 319 (27,3%)	82 188 (26 %)
LDP	126 720 (21,7%)	42 087 (13,0%)
Bauernhilfe	32 647 (5,6%)	36 655 (11,9%)

Stadt Brandenburg: Wahlberechtigte 46 732, abgegebene gültige Stimmen 41 403, SED 22 913, CDU 11 271, LDP 6738, Bauernhilfe 479.

Stadt Frankfurt (Oder): Wahlberechtigte 32 024, abgegebene gültige Stimmen 29 948, SED 13 471, [illegible] (ADN).

Kreis Spremberg (Landtag): Wahlberechtigte 31 604, abgegebene gültige Stimmen 29 590, SED 19 764, CDU 6060, LDP 1851, VdgB 1804 (ADN).

Frankfurt (Oder), 20. Oktober (ADN). Wahlberechtigte: 31 445. Wahlbeteiligung: 29 094.

Von den gültigen Stimmen entfallen auf: SED 13 027, CDU 4861, LDP 8446, VdGB 136.

•

Stadt Wittenberge: Wahlberechtigte 20 911, abgegebene gültige Stimmen 18 733, SED 9034, CDU 5480, LDP 4050, VdgB 162 (SNB).

Stadt Guben: Wahlberechtigte 17 504, abgegebene gültige Stimmen 16 137, SED 6863, CDU 2690, LDP 6306, VdgB 163 (SNB).

Stadt Kottbus: Wahlberechtigte 36 718, abgegebene gültige Stimmen 31 563, SED 13 064, CDU 4800, LDP 13 522, VdgB 117 (SNB).

Extra-Blatt »NEUE ZEIT« vom 21. Oktober 1946 (Abb. 11)

Erster Parteitag und erste allgemeine Wahlen 1946

Der CDU-Parteitag des Sowjetbereichs war auf den 16. und 17. Juni 1946 festgesetzt. Ihm voraus gingen am 15. Juni die Sitzungen der Arbeitsausschüsse. Es waren der kommunalpolitische, der sozialpolitische, der agrarpolitische, der kulturpolitische und der wirtschaftspolitische, ferner der Jugendausschuß, der Frauenausschuß, der Presseausschuß, der Verfassungsausschuß, der Gewerkschaftsausschuß und der Ausschuß für Flüchtlingsfragen. Schon diese Aufzählung zeigt, daß der CDU im Aufbaujahr die innere Ausgestaltung trotz aller Schwierigkeiten und Ablenkungen gelungen war. Heinrich Vockel hatte aus persönlichen Gründen das Amt des Generalsekretärs nicht endgültig übernehmen wollen. So war nach einer kurzen Zwischenlösung Georg Dertinger der Auftrag des Generalsekretärs zugefallen.
Träger des Parteitages war die CDU der sowjetischen Besatzungszone und Berlins. Als Gastteilnehmer waren der Einladung Jakob Kaisers viele CDU-Repräsentanten aus den westlichen Zonen gefolgt und hatten sich überdies an den Ausschüssen und Debatten beteiligt. So war der Charakter eines überzonalen, eines »gesamtdeutschen« Parteitages wie schon in Bad Godesberg 1945 unverkennbar. Schon aus diesem Grunde war der Parteitag ein Erfolg.
Aus Bayern waren für die CSU neben Josef Müller der Oberbürgermeister von München, Karl Scharnagl, und der ehemalige, 1934 aus eigenem Entschluß aus dem diplomatischen Dienst ausgeschiedene deutsche Botschafter in Washington, von Prittwitz und Gaffron gekommen, aus Württemberg der erste Landesvorsitzende und Wirtschaftsminister Josef André. Aus der britischen Zone hatte sich der Bürgermeister von Herford, Dr. Friedrich Holzapfel, eingefunden, stellvertretender Vorsitzender der CDU der britischen Zone. Mit ihm waren mehr als fünfzig Parteifreunde angereist aus Rheinland, Westfalen, Hannover, Oldenburg, Schleswig-Holstein und den Hansestädten, darunter die beiden Oberbürgermeister von Düsseldorf und Essen, Karl Arnold und Gustav Heinemann, Helene Weber und die beiden Hamburger Senatoren Gobert und Genzmer. Insgesamt waren es mehr als hundert Teilnehmer aus der amerikanischen, der britischen und – inoffiziell – aus der französischen Zone.

Die überfüllte und von Vertretern aller Besatzungsmächte besuchte Eröffnungskundgebung fand am 16. Juni 1946, einem Sonntag, in der provisorischen Staatsoper, dem Admiralspalast, nahe dem Bahnhof Friedrichstraße, also in der Stadtmitte, statt. Jakob Kaiser leitete mit einer Grundsatzrede ein, die die Eigenständigkeit des politischen Denkens und Wollens der CDU deutlich machte. Er ließ keinen Zweifel am Willen zum Frieden, an der endgültigen Ablehnung von Militarismus, Nationalsozialismus und jeglicher Unterdrückung, und er bekannte sich zum gemeinsamen Wiederaufbau mit den anderen Parteien.
Die Rede zeigt, daß es Kaiser vor allem darauf ankam, die Zielvorstellungen der von ihm geführten CDU mit der Wirklichkeit der deutschen Nöte zu verbinden. Mehr als ein Jahr nach dem Übergang der obersten Gewalt an die Vier Mächte fehlten noch alle entscheidenden Voraussetzungen für einen durchgreifenden Anfang: Wirtschaftseinheit, deutsche Zentralverwaltungen, Währungsreform, Freigabe der innerdeutschen Kommunikation. Doch war die Rede eben auch bestimmt von dem Willen zur Abgrenzung, einmal gegenüber dem durch die Zwangsvereinigung überstark gewordenen politischen Marxismus, zum anderen gegenüber Mißdeutungen der eigenen Grundsatzposition des »christlichen Sozialismus«.
An den Anfang stellte Kaiser den Dank an die Männer des 20. Juli, zu deren innerem Führungskreis er selber gehört hatte. »Mit besonderer Bewegung (gedenke ich) aller der Freunde, die – wenn sie lebten – ihre politische Heimat in der Union gefunden hätten. Ich nenne Karl Friedrich Goerdeler, Max Habermann, Josef Wirmer, Eugen Bolz, Otto Müller, Lejeune-Jung, die Brüder Bonhoeffer, Helmut v. Moltke, Reinhold Frank. Ich nenne meine Freunde aus der christlichen Arbeiterschaft: Bernhard Letterhaus, Nikolaus Groß, Franz Leuninger und Heinrich Körner.« Kaiser wollte mit dieser Namensnennung eine Ehrenpflicht erfüllen. Aber ihm lag zugleich daran, zu erweisen, daß die Christlich-Demokratische Union eine ihrer Wurzeln im aktiven Widerstand gegen Hitler hatte.
Der CDU war damals sowohl von liberal-demokratischer Seite als auch von Kurt Schumacher vorgeworfen worden, sie vermenge Christentum und Politik. Kaiser antwortete auf »das ausgeleierte Lied von der notwendigen Trennung von Religion und Politik«: »Das christliche Gesetz ist das stärkste Gegengewicht gegen alle Verirrungen und Übersteigerungen politischer Extreme.« Aber er warnte zugleich vor einer »Banalisierung der religiösen Welt durch allzu häufige Anwendung christlicher Begründung«. Aus christlicher Haltung politisch zu urteilen, darauf käme es an. Und er fügte später hinzu: »Die christliche Idee in ihrer Anwendung auf das politische Leben ist von kluger und weiser Großzügigkeit. Diese Großzügigkeit gibt gesunden Spannungen und fruchtbaren Eigenheiten durchaus Raum.«

Von daher kam Kaiser erneut zur Abgrenzung dessen, was mit »christlichem Sozialismus« gemeint ist: »Unser Sozialismus ist wesensverschieden vom Marxismus. Das christliche Sozialgesetz kann uns sozialistische Wege führen, da es an eine bestimmte Gesellschafts- und Wirtschaftsordnung nicht gebunden ist. Aber im christlichen Sozialgesetz und im Marxismus begegnen sich zwei Weltanschauungen, die einander ausschließen. Wir lehnen es ab, den Menschen im Grunde als das Ergebnis der wirtschaftlichen Umwelt zu sehen. Freiheit und Eigengesetzlichkeit der menschlichen Persönlichkeit sind uns unantastbare Lebensgesetze. Wir lehnen die Wirtschaft als beherrschende Macht im Leben ab, und wir verneinen die Diktatur einer Klasse und den revolutionären Weg des Klassenkampfes.«
Dies waren harte Aussagen für die sowjetischen Zuhörer und für die neue marxistische Großpartei. Aber sie waren notwendig, um der Klarheit willen im eigenen Lager. Schon das Echo auf dem Parteitag zeigte, daß Kaiser richtig verstanden worden war, auch von den Teilnehmern aus dem Westen. Zur SED hin fügte er hinzu: »Die Wesensverschiedenheit der Weltanschauungen hindert uns nicht, mit den Männern des Marxismus in gemeinsamer Front zur Wiederaufrichtung unseres Vaterlandes zu arbeiten . . . Dabei darf man uns natürlich keine Dinge zumuten, die sich mit unserem christlich-sozialistischen und unserem politischen Gewissen nicht vereinbaren lassen.«
Nicht weniger klar und entschieden wandte er sich dem Thema Deutschland zu, der inneren Gestaltung des neuen Deutschland. Besonderen Anlaß dazu gaben ihm westalliierte Äußerungen, über die Presse und Rundfunk berichtet hatten. Danach sollte künftige deutsche Einheit auf Wirtschaftseinheit reduziert werden bei politischer Autonomie der deutschen Länder.
Es ist, so faßte Kaiser diese und ähnliche Tendenzen zusammen, ohne sie konkret zu beschreiben, »von einem deutschen Staatenbund die Rede, der im wesentlichen nur durch eine Zollunion zusammengehalten werden soll. Wir sind erschüttert über diese Nachrichten. Sollte man wirklich die Geschichte so weit rückwärts drehen wollen? . . . Will man gar eine Gruppe deutscher Länder in den Dienst bestimmter Interessen stellen? . . . Der deutsche Geist würde wieder verengen, und niemals würde er auf solche Weise europäisch denken lernen . . . Sollte es so sein, daß man zuviel auf separatistische und partikularistische Kräfte in Deutschland hört? Das wäre kein guter Weg für die Gesundung Deutschlands und Europas.«
Der Franke Kaiser hielt, wie er bekannte, wegen der deutschen Neigung zur Eigenbrötelei nicht viel von Föderalismus. Aber er war Realist. So antwortete er: »Bekennen wir uns also zum Gesetz föderalistischer Gliederung. Das Reich, sinnvoll in Länder gegliedert, mag der Ausdruck der künftigen deutschen innerstaatlichen Gliederung sein. Aber . . . Gott verhüte, daß Deutschland noch

einmal auf einen Staatenbund zurückgeworfen wird! ... Eine einzige Staatsangehörigkeit, die deutsche, sei das Zeichen der Einheit aller Deutschen ... Ein Zweikammersystem, ein Reichstag und ein Ländertag, eine gesunde Teilung der Gewalten und Zuständigkeiten könnten Gewähr genug dafür bieten, daß die Synthese zwischen Eigenständigkeit der Länder und staatlicher Einheit des deutschen Volkes geschaffen würde, so daß von Zentralismus keine Rede mehr sein kann.«
Mit dieser Aussage hatte Kaiser auch jene CDU-Besucher aus dem Westen gewonnen, die, aus welchen Gründen auch immer, einen neuen Zentralismus, eine Art Vorherrschaft Berlins nicht wiederholt sehen wollten. In der Diskussion kam dies besonders deutlich im Beitrag des Vorsitzenden der CSU Bayern, Dr. Josef Müller, zum Ausdruck: Unser Vaterland trägt den Namen Deutschland ... Wenn mein Freund Kaiser erklärt hat, daß Ihr den Zentralismus von der Christlich-Demokratischen Union aus ablehnt, so wißt Ihr es nicht nur ab heute, sondern schon länger: Seitdem die Christlich-Soziale Union in Bayern entstand, lehnte sie auch den Separatismus ab.«
Josef Müller (genannt »Ochsensepp«) äußerte sich übrigens in seinem Beitrag – er sprach als erster sein Grußwort – auch zur Einheit der Partei: »Ob wir Christlich-Demokratische Union oder ob wir Christlich-Soziale Union heißen – das bedeutet nichts! Die Namensverschiedenheit war vielleicht überhaupt nur dadurch bedingt, daß wir uns damals nicht gleich verständigen konnten. Wir wissen: ... Ihr seid genauso christlich und sozial wie wir ... Und Ihr wißt, wir sind genauso Demokraten wie Ihr. Und wir wissen jetzt – das hat sich bei dieser Tagung gezeigt –, daß die Zeit nicht mehr fern sein wird, bis wir Glieder einer Union Deutschlands sein werden.«
Aber noch einmal zurück zu Jakob Kaiser. Er unterließ es nicht, die Aufmerksamkeit von den Zukunftsgedanken zurückzulenken auf die rauhe Gegenwart: »Noch aber ist die Zeit für die innere Ausgestaltung des Reiches nicht da. Erst müssen die Zonengrenzen fallen und die Möglichkeit der Verständigung ohne Behinderung gegeben sein.« Und aus einer Sorge, die keineswegs nur er hatte, fügte er unmittelbar hinzu: »Das sollte aber nicht hindern, daß sich innerhalb unserer Partei schon die Männer aus Ost und West, aus Süd und Nord zusammenfinden, die zur Arbeit an der Ausgestaltung Deutschlands berufen sind. Vielleicht könnte so der Zerfahrenheit und Gereiztheit der öffentlichen Diskussion vorgebeugt werden. Vor allem aber könnten vorzeitige und einseitige Festlegungen verhindert werden.« Seine Rede schloß Kaiser mit dem Verlangen nach einem gerechten Frieden: »Ein künftiger Friede kann hart sein. Aber nie darf der Friede das Gefühl aufkommen lassen, als wäre die Zeit noch nicht vorbei, in der Friedensverträge zweierlei Recht schaffen.«
Jakob Kaiser war immer wieder von Beifall unterbrochen worden.

Der tiefe Ernst und die verhaltene Leidenschaft seiner Rede hatten nicht nur die Gedanken, sondern auch die Empfindungen gewonnen. Als am Nachmittag im Theater am Schiffbauerdamm Ernst Lemmer die Arbeitstagung eröffnete – er hielt zunächst ein Referat über den Weg der Union –, zeigten Stimmung und Debatte, daß der Start der CDU endgültig gelungen war. Wie zuvor in den Ausschüssen wurden die Meinungen sehr sachlich ausgetauscht, und es gab zwischen den Delegierten und den Gastdelegierten unter dem Gesichtspunkt der Zonenzugehörigkeit keinen Unterschied.

Die in den Ausschüssen, Sachreferaten und Diskussionsbeiträgen behandelten Themen entsprachen der Vielfalt der aktuellen Probleme. Mit einer gewissen Spannung hatte man dem Verhalten der großen, vielfältig geschichteten Delegiertenschar entgegengesehen, die nun zum ersten Mal als eine geschlossene politische Gemeinschaft aufeinandertraf. Der Verlauf zeigte, daß die Not, die alle umgab, und die überzeugende Wirkung des Programms der »Union« die Mitglieder des Parteitages und die Partei als solche zur Einheit zusammenfaßte, sie integrierte.

Auf zwei Referate sei eingegangen, weil sie besonders eindrucksvoll drängende Fragen behandelten: auf das Referat von Georg Grosse, Thüringen, und auf das von Professor Hugo Hickmann, Vorsitzender des Landesverbandes Sachsen.

Grosse hob in seinem Referat über wirtschaftliche und soziale Fragen stark die in einer Arbeitsgruppe bereits seit Ende 1945 erörterte Notwendigkeit eines Lastenausgleichs hervor – ein Gedanke, der später in der Gesetzgebung der Bundesrepublik eine außerordentliche Bedeutung bekommen sollte: »Eine der entscheidenden Aufgaben, die weitgehend schon auf der ersten Stufe unseres Wiederaufbaus zu leisten sein wird, (ist der) Lastenausgleich. Trotz eines aus fernen Friedenszeiten kaum vorstellbar gewesenen Ausmaßes an Vernichtung wirtschaftlicher Werte bleibt der Unterschied zwischen den zufällig verschont Gebliebenen und denen, die sich (sogar) das geliehen haben, was sie auf dem Leibe tragen, noch riesengroß. Der Lastenausgleich, dieses im Hinblick auf den inneren Frieden zentrale Problem, kann sich nicht nur unter dem Gebot von Gesetzen und Verordnungen vollziehen, sondern auch im freiwilligen Dienst am Nächsten. In seinem Kern steht als tragische und schwierigste Aufgabe die Eingliederung der Flüchtlinge in unseren Volkskörper . . ., ihre Aufnahme als nützliche und ihre volle Anerkennung als gleichberechtigte Brüder und Schwestern gleichen Schicksals und gleicher Not.«

Eindringlich unterstrich diese Bemerkung Grosses der spätere erste Bundesminister für Vertriebene und Flüchtlinge, der damals in Weimar arbeitete, Hans Lukaschek: »Das Flüchtlingsproblem geht bis an das Mark der staatlichen Existenz.« Es sei entscheidend, ob wir die Flüchtlingsscharen uns einverleiben und sie zu

einem guten Zusammenleben mit der heimischen Bevölkerung bringen können.
Hickmanns kulturpolitisches Referat war im Hinblick auf das kurz zuvor von der kommunistisch geleiteten Zentralverwaltung für Volksbildung veranlaßte Schulgesetz mit besonderer Aufmerksamkeit erwartet worden. Er meldete unter Hinweis auf die schulpolitischen Grundsätze der CDU »gewichtige Bedenken« an. Was er im einzelnen ausführte – im folgenden ist es im Wortlaut wiedergegeben –, macht die Wirklichkeit des sowjetischen Besatzungsgebietes auf diesem Bereich deutlich:

> »Mit dem Grundsatz eines einheitlichen Schulaufbaus mit einem reich entwickelten Übergangssystem zum Aufstieg der Begabten sind wir vorbehaltlos einverstanden. Die sozialen Anliegen des Gesetzes finden unsere volle Zustimmung. Indessen bedeutet das staatliche Schulmonopol, das dieses Gesetz aufrichtet, eine Überspannung der staatlichen Schulhoheit. Private Bildungsstätten haben nach diesem Gesetz kein Daseinsrecht mehr. Der Lehrgang der höheren Schule, für den früher neun Jahre vorgesehen waren, ist auf vier Jahre beschränkt. Die Neuordnung der Schulverwaltung berücksichtigt die Eigenart der Schularten nicht im geringsten. Der Religionsunterricht ist unzureichend geordnet. Hier wird es besonders die Aufgabe der Union sein, durch Verhandlungen über die Durchführungsverordnung die unerläßlichen Ergänzungen herbeizuführen und unsere unaufgebbaren Forderungen anzumelden. Wir sind einverstanden mit der Zuweisung des Religionsunterrichts an die Kirche. Ihr soll die Leitung und die Erteilung des Religionsunterrichtes zustehen. Ebenso entspricht die Ordnung einer freiwilligen Beteiligung an diesem Unterricht den von uns vertretenen demokratischen Grundsätzen der Gewissensfreiheit und des Elternrechtes. Aber der Religionsunterricht darf auch als kirchliche Angelegenheit nicht grundsätzlich aus der Schule ausgeschaltet werden. Er muß als vollberechtigtes Lehrfach im Lehr- und Stundenplan der Schule aufgenommen werden. Ebenso müssen nach Bedarf Schulräume zur Verfügung gestellt werden. Die Kirchen müssen die Schülerlisten einsehen dürfen. Zur Erteilung sind als Beauftragte der Kirche Geistliche, Lehrer und ausgebildete kirchliche Lehrkräfte zuzulassen. Dabei darf weder den Lehrern, die Religionsunterricht im Auftrage der Kirche erteilen, ein Nachteil entstehen noch auf Eltern und Kinder wegen der Beteiligung am Religionsunterricht ein Druck verübt werden.«

Und Hickmann fügte hinzu, im Aufbau des deutschen Schulwesens sollte alles unterbleiben, was die deutsche Einheit störe. Auch hier tritt die allgemeine Sorge über Auseinanderentwicklung hervor, die die CDU zunehmend bewegte.
Der Parteitag endete in eindrucksvoller Geschlossenheit. In geheimer Wahl wurden Jakob Kaiser und Ernst Lemmer einstimmig

gewählt. Für die Union der britischen Zone gratulierte anschließend Karl Arnold: Von dieser Wahl wird ein starker Impuls auch nach dem Westen ausgehen. Für die Landesverbände der amerikanischen Zone beglückwünschte Josef Müller: Wichtige Vorarbeit auch für die anderen Zonen ist geleistet. Der Parteitag endete in zuversichtlicher Stimmung. Er hat auch wesentlich zum Verständnis im Westen für die besonderen Gegebenheiten beigetragen, unter denen die CDU im sowjetischen Besatzungsbereich arbeiten und ihre Gedanken zu verwirklichen suchen mußte.
Nach der Hochstimmung des Parteitages wurde man alsbald in den problematischen Alltag zurückgeführt. Wie es da wirklich aussah, machte im unmittelbaren Anschluß an den Parteitag eine Gewerkschaftstagung der CDU deutlich. Es gab dabei viele und mannigfaltige Klagen über die Gewerkschaftsarbeit in der Praxis. In den Gewerkschaftsgremien im Lande »herrscht nicht die demokratische Gesinnung«, die man erwarten müsse. Das gegenwärtige System der Delegiertenwahlen entspreche auch nicht demokratischen Ansprüchen. Die Schulungsarbeit dürfe von der Union nicht allein den Gewerkschaften überlassen werden. Die Vertreter der Union, so stellte man gemeinsam fest, müßten »die nötige Zivilcourage und gegebenenfalls auch den Kampfwillen aufbringen«, um die Ansprüche der Union durchzusetzen, auch im Interesse der Gewerkschaftseinheit.
Tatsächlich war es in den Gewerkschaften wie in allen Verwaltungen und Organisationen: Die Kommunisten setzten in hemdsärmeliger Manier ihren Willen personell und sachlich durch, verschafften sich durch geschickte Wahlbeeinflussung die Mehrheit und die entscheidenden Positionen. Für die Union und andere nichtkommunistische Kräfte bedeutete der Alltag ganz allgemein einen zermürbenden Kleinkrieg gegen die kommunistische Machtpolitik.
Das galt in diesen Monaten insbesondere hinsichtlich der Enteignung der Industriebetriebe. Man war vor eine neue Situation gestellt. Die Grundentscheidung war zwar – wie auf Seite 42 dargelegt – durch die sowjetischen Befehle Nr. 124 und 126 vom 30./31. Oktober 1945 vorweggenommen. Aber nun sollte im Lande Sachsen die weit über die moralisch-politische Notwendigkeit hinausgegangene damalige Enteignung bestätigt und nachvollzogen werden durch eigenen deutschen Volksentscheid, am 30. Juni 1946.
Die Union mußte angesichts der früheren und neu zu erwartenden Willkür auf Korrektur drängen. Das sächsische Gesetz sah vor, daß neben NS-Vermögen »die Betriebe und Unternehmen der Kriegsverbrecher, Führer und aktiven Verfechter der Nazipartei und des Nazistaates, wie auch die Betriebe und Unternehmen, die aktiv den Kriegsverbrechern gedient haben und die der Landesverwaltung Sachsen übergeben wurden, als enteignet erklärt und in das Eigentum des Volkes übergeführt werden«. Diese Ge-

neralklausel ließ wiederum schrankenlose Enteignung zu. Schon auf Grund der sowjetischen Befehle hatte man z. B. die Fabrikation von Uniformteilen wegen aktiven Dienstes für Kriegsverbrechen enteignet. Und immerhin ging es in Sachsen um viele Tausende von Betrieben; die Zahl 4000, die eine »Deutsche Zentralkommission« für Sequestervermögen nannte, ist sicher zu niedrig. Den sowjetisch-kommunistischen Befürwortern der möglichst radikalen Industrieenteignung mußte an einer starken öffentlichen Zustimmung zu dem Volksentscheid liegen. Aber sie wurden unsicher durch hartnäckige Kritik aus CDU und LDP und durch die kritische Beobachtung aus den Westsektoren Berlins. So gelang es vor dem Volksentscheid, Korrekturen durchzusetzen. Die CDU Sachsen konnte Ende Mai 1946 – ohne die Enteignung wirklicher Kriegs- und Naziverbrecher in Frage zu stellen – auf Entscheidungen »nach rein sachlichen Gesichtspunkten und nach Grundsätzen strenger Gerechtigkeit« bestehen. Schon zuvor hatte die CDU die Industrieenteignung hartnäckig im zentralen »Block« zur Sprache gebracht. Es war auch gelungen, die maßlose Ausweitung der Enteignungsliste A zugunsten der Freigabeliste B bis zu einem gewissen Grade zu korrigieren. Für die Mitarbeiter im Lande war das eine ungemein schwierige Aufgabe; angesichts des Gegendrucks gehörte Mut dazu.
Am 8. Juni 1946 hat es dann der zentrale Vorstand der CDU unter Vorsitz von Jakob Kaiser offiziell »abgelehnt, daß der Volksentscheid Mantel und Vorwand von Maßnahmen wird, die mit der Bestrafung von Kriegs- und Naziverbrechern nichts zu tun haben«. Weiter heißt es in der Entschließung, »daß eine Änderung des deutschen Sozial- und Wirtschaftsaufbaues (Sozialisierung) nicht in einem Teil Deutschlands vorweggenommen werden, sondern nur nach einem gesamtdeutschen Plan vollzogen werden darf. Jede Person, die von den Maßnahmen betroffen werden soll, muß vor einer Berufungsinstanz die Möglichkeit haben, den Nachweis zu versuchen, zu Unrecht einbezogen zu sein. Dies ist für einen Rechtsstaat unerläßlich.«
Dies waren entschiedene Worte, und sie hatten in der besonderen Situation zunächst Wirkung. Tatsächlich erklärte damals ein Sprecher der Zentralkommission, man wolle mit paritätisch besetzten Landeskommissionen »stabile Rechtsverhältnisse schaffen, damit das Durcheinander der Denunziationen endlich aufhört«. Den entlasteten Betriebsinhabern (Liste B) sollten ihre Betriebe zurückgegeben werden. Die sowjetisch-kommunistische Verwandlung der Industriewirtschaft konnte am Ende doch nicht aufgehalten werden, aus den Gründen »höherer Gewalt«. Aber dieser Vorgang aktiver Opposition ist ein Beispiel damaliger demokratischer Politik gegen den kommunistischen Strom. Der Volksentscheid in Sachsen hatte als Ergebnis: Wahlbeteiligung 94 Prozent, 77 Prozent für die Enteignung. Fast ein Viertel der Wahlberechtigten hatte sich also durch ein Nein oder durch Nichtbetei-

ligung gegen die Enteignung ausgesprochen; das ist angesichts des ausgeübten Druckes ein bemerkenswerter Widerstand. Jedenfalls wurde der Volksentscheid nicht wiederholt. Die anderen Länder vollzogen die Enteignung danach durch Gesetz.
Am 19. Juni 1946, noch vor dem sächsischen Volksentscheid, gab die SMA bekannt, daß in der Sowjetzone Gemeindewahlen erlaubt würden, am 1. September im Lande Sachsen, am 8. September in Thüringen und der Provinz Sachsen und am 15. September in Mecklenburg und Brandenburg. Vom »roten« Sachsen als Vorreiter versprach man sich ein gutes Beispiel. Die Wahlordnung wurde am 28. Juni veröffentlicht. Einfache Parteimitglieder der ehemaligen NSDAP waren zur Wahl zugelassen. Zu wählen war in direkter und geheimer Wahl nach den Grundsätzen des Verhältniswahlrechts. Zur Abgabe von Wahlvorschlägen waren die Parteien, aber auch antifaschistisch-demokratische Organisationen zugelassen. Hier fand zum ersten Mal in einer sowjetzonalen Wahl die Ausweitung statt, von der sich SED und Sowjets versprachen, daß mittels überparteilich firmierender, aber kommunistisch dirigierter Verbände (Gegenseitige Bauernhilfe, Frauenbund, Kulturbund etc.) zusätzliche Stimmen für die Einheitspartei gewonnen werden könnten.
Als eine schwere Behinderung der CDU und der LDP stellte sich die Vorschrift der Wahlordnung heraus, daß die Wahlvorschläge von den vertretungsberechtigten Organen der *örtlichen* Vereinigung der jeweiligen Partei bzw. Organisation unterzeichnet sein mußten. Da die örtlichen Stellen zuvor selbst der Genehmigung der örtlich zuständigen sowjetischen Kommandantur bedurften, konnten CDU und LDP vielfach keine Wahlvorschläge machen. Obwohl seit der Zulassung der Parteien ein Jahr vergangen war, hatten die beiden nichtkommunistischen Parteien in vielen Gemeinden noch keine Zulassung erhalten. Die SED hingegen war überall vertreten. Die betreffenden Orte fielen für CDU und LDP aus – eine bemerkenswerte Illustration jener Äußerung Walter Ulbrichts, die von der 1. Reichskonferenz der KPD Anfang März 1946 berichtet wird: »Man fragt: Werdet ihr in der sowjetisch besetzten Zone auch Wahlen durchführen? Wir sagen: Jawohl, . . . wir werden sie so durchführen, daß unter Garantie in allen Städten und Orten eine Arbeitermehrheit zustande kommt.«
Als weitere schwere Wahlbevorzugung der SED wirkte ihre starke Belieferung bei der Papierzuteilung durch die SMA. Die Zeitungen der SED konnten in Großauflagen und täglich erscheinen, die der CDU und LDP nur mit unvergleichlich geringeren Auflagen, und meist nicht täglich. Schließlich behinderte auch noch die sowjetische Zensur die Klarheit der Aussagen in Zeitungen und Wahlmaterial.
Die Wahlkampagnen mußten sich hauptsächlich auf Wahlversammlungen konzentrieren. Die Mitglieder der Parteiführungen hatten ein beträchtliches Veranstaltungsprogramm. Wegen der so-

wjetischen Gleisdemontagen nach dem Einmarsch gab es wenige und nur langsame Eisenbahnverbindungen. Die überalterten Autos wurden nur zu oft Opfer der vom Krieg verwüsteten Straßen. Die wenigen Gaststätten hatten kaum etwas anzubieten; unterwegs war man auf Gastfreundschaft angewiesen. Die Wahlredner aus Berlin konnten nicht einfach kommen, reden und weiterfahren. Ihre Reden mußten zunächst von der regionalen sowjetischen Administration zensiert und genehmigt werden. Eine solche Wahlreise führte Tillmanns, von der Gablentz und Gradl damals zunächst nach Sachsen. Der Zensuroffizier hatte seinen Sitz in einer Villa auf dem »Weißen Hisch«, Vorort von Dresden. Alle drei hatten sich verabredet, ihm nur Kurzfassungen zu geben. Es dauerte lange, ihm klarzumachen, daß deutsche Versammlungsbesucher nicht Vorlesungen, sondern freie Reden haben wollen. Schließlich wurde der Zensurstempel auf die Kurzfassungen gedrückt. So war eine beachtliche Freiheit der Rede gewonnen. In den Versammlungen waren jeweils uniformierte Beobachter anwesend; manchmal schliefen sie ein, Schwierigkeiten gab es mit ihnen selten. Allerdings war man am nächsten Morgen schon sehr früh auf dem Weg in einen anderen Ort. In jedem Land brauchte man den Stempel des dort zuständigen Zensuroffiziers neu.
Die Versammlungen waren gut besucht. Die Menschen waren aufmerksam, in der Diskussion gab es viele Fragen, auch böswillige. Auf einer besonders temperamentvollen Versammlung Gradls in Borna bei Leipzig – einer Arbeiterstadt – wurde in Zwischenrufen und Diskussionsbeiträgen kommunistischer Besucher hartnäckig der demokratische und »antifaschistische« Wille der CDU angezweifelt und ihr »Kriegspolitik« vorgeworfen. Von den Bornaer CDU-Freunden erhielt Gradl einige Wochen später einen Sack Zwiebeln überbracht; was der wert war, ist nur in den damaligen Notzeiten voll zu ermessen gewesen. Offenbar war die stürmische Probe gut bestanden worden.
Die Versammlungen waren oft schwierig. Aber sie machten auch Freude wegen der starken Anteilnahme, die in ihnen sichtbar wurde. Die Anhänger der CDU und der LDP hatten es nicht einfach draußen im Lande; natürlich wollten sie nach dem Nationalsozialismus nun nicht auch noch Kommunismus. Aber die kommunistische Durchdringung aller Betriebe und Verwaltungen wirkte, wenn nicht einschüchternd, dann zumindest bedrückend. Um so dankbarer reagierten sie auf offene klare Aussagen für wirkliche Demokratie und für eine Zukunft nach deutschen Vorstellungen. Nie zu vergessen – so Gradl – ist eine Versammlung in dem überfüllten Auditorium maximum der Universität Jena, in der die jungen Menschen immer wieder durch Beifall, Zwischenrufe und Fragen ihren Willen kundtaten, sich ein Leben in demokratischer Freiheit zu schaffen. Solche Eindrücke vermitteln dem Redner Zuversicht. Jakob Kaiser hatte übrigens in Jena dasselbe gute Erlebnis. Als Parteiführer hatte er volle rednerische Freiheit.

Er nutzte sie aus, hielt Dutzende von Versammlungen, überall mit starkem Besuch und großem Beifall. Die eigenständige politische Linie der CDU wurde honoriert.
Auf einer Versammlung in Eisenach gab es allerdings eine massive Störung, die zum Abbruch führte. Es war damals nicht selten, daß auf Veranstaltungen mehrere Parteien sprachen. Auf diese Weise sollte auch der Wille zu gemeinsamer Arbeit (»Einheitsfront«) zum Ausdruck kommen. Auf einer Veranstaltung in Weimar war aber einem Redner der SED das Wort verweigert worden, weil es sich um eine Kundgebung und nicht um eine gewöhnliche Versammlung mit Diskussion handelte. Dafür nahm die SED auf der Schlußveranstaltung der CDU in Eisenach Rache. Turbulenter Lärm und Sturm auf das Rednerpult gleich zu Beginn führten dazu, daß Kaiser seine Rede nicht halten konnte. Das Ganze gab einen Vorgeschmack von dem, was wieder möglich werden konnte.

Das Ergebnis der Gemeindewahlen war:

im Lande	SED	LDP	CDU	Sonstige	Ungültige
			in Prozent		
Sachsen	48,4	20,2	19,7	1,8	9,8
Thüringen	46,4	23,7	16,7	5,2	8,0
Prov. Sachsen-Anhalt	49,5	19,8	13,3	1,8	15,6
Brandenburg	54,3	17,2	15,6	3,5	
Mecklenburg	63,2	9,5	15,2	2,8	9,3

Bedenkt man die Begünstigungen der SED und die hohe Zahl der ungültig abgegebenen Stimmen, die naturgemäß vor allem auf Gemeinden fielen, in denen CDU oder LDP oder beide keine Wahlvorschläge einreichen konnten, dann ist zu verstehen, daß die SED mit ihrem Ergebnis nicht zufrieden war. Das Bild wurde für sie noch trüber bei den Landes- und Kreiswahlen am 20. Oktober 1946. Da hier die Kreisverbände und Landesverbände vorschlagsberechtigt waren, standen praktisch an allen Plätzen Vorschläge auch von CDU und LDP zur Wahl.

In den Landtagswahlen gewannen (+) bzw. verloren (–) an Stimmen gegenüber den Gemeindewahlen:

	SED (in Tausend Stimmen)	CDU und LDP
Brandenburg	– 185	+ 256
Mecklenburg	– 126	+ 253
Land Sachsen	+ 7	+ 254
Prov. Sachsen	– 165	+ 391
Thüringen	+ 66	+ 134
	– 403	+ 1288

Das nunmehrige Kräfteverhältnis in den Ländern wird deutlich in der Verteilung der Sitze in den Landtagen:

	Sitze insges.	SED	CDU	LDP	Sonstige
Brandenburg	100	44	31	20	5
Mecklenburg	90	45	31	11	3
Thüringen	100	50	19	28	3
Prov. Sachsen	110	51	24	33	2
Sachsen	120	59	28	30	3

Die SED als solche hatte die absolute Mehrheit nicht erreicht, sie brauchte immer die »Sonstigen«, deren sie allerdings sicher sein konnte. Die Nichtkommunisten hatten in der Provinz Sachsen sogar die absolute Mehrheit. Die CDU für sich genommen hatte im ersten Anlauf mehr als ein Viertel der Wählerstimmen gewonnen und sich damit als wirklich neue, umfassende Partei erwiesen. In Thüringen z. B. brachten die Landtagswahlen der CDU 313 824 Stimmen. Das Zentrum hatte bei den Reichstagswahlen 1932 in Thüringen nur 56 086 Stimmen erreicht. In Sachsen hatte es das Zentrum 1932 auf rd. 40 000 Stimmen gebracht; jetzt entfielen auf die CDU bei der Landtagswahl 756 000 Stimmen. Auch wenn man eine gewisse Verschiebung der Schichtung gegenüber 1932 insbesondere durch Vertriebene in Rechnung stellt, ändert sich dieses Bild dadurch nicht. Die CDU hatte im Herbst 1946 in der sowjetischen Zone bereits mehr als 170 000 Mitglieder, davon in Sachsen 57 000, Sachsen-Anhalt 40 000, Thüringen 33 000, Brandenburg 23 000 und Mecklenburg 19 000 Mitglieder.
Der Wahlausgang gab den Mitarbeitern und Anhängern der CDU im Lande Auftrieb. Aber er hinderte nicht, daß die fünf Landes- bzw. Provinzialregierungen, die nun gebildet wurden, von vorn-

herein eine sichere SED-Mehrheit bekamen, daß die SED die politisch wichtigsten Positionen besetzte – insbesondere innere Verwaltung und Polizei – und daß sie in vier der fünf Regierungen den Ministerpräsidenten stellte. Nur in Sachsen-Anhalt wurde ein Repräsentant der LDP Regierungschef, Professor Dr. Erhard Hübener. Auch sonst ging die Verwandlung der inneren Struktur der sowjetischen Besatzungszone nach den kommunistischen Vorstellungen weiter, z. B. die Zusammenfassung der enteigneten Industriebetriebe in Industrieverwaltungen.
Nicht übergangen werden darf aber auch das Ergebnis der ersten Nachkriegswahlen in Gesamt-Berlin. Sie hatten ebenfalls am 20. Oktober 1946 stattgefunden. In den vier Sektoren gegliedert ergaben die Stadtverordneten-Wahlen, zu denen SPD und SED in gleicher Weise zugelassen waren:

Sektor	SPD	SED	CDU	LDP
sowjetischer	341 000	233 458	146 220	61 289
amerikanischer	331 829	80 922	158 398	67 390
britischer	199 584	40 651	106 089	46 419
französischer	142 796	57 551	51 718	19 624
	1 015 609	412 582	462 425	194 722
prozentual:	48,7	19,8	22,1	9,4

Die Berliner SPD wurde die weitaus stärkste Partei, nicht zuletzt zweifellos wegen der Bravour, mit der sie sich im Frühjahr 1946 der Zwangsvereinigung mit der KPD entzogen hatte. Die CDU wurde zweitstärkste Partei, die SED fiel auf die dritte Stelle. Obwohl sie im Sowjetsektor eine bevorzugte Position hatte, erreichte sie auch dort nicht mehr als ein Drittel aller Stimmen und blieb weit hinter der SPD zurück. Das Ganze vermittelt ein Bild davon, wie die Wahlen in der ganzen sowjetischen Besatzungszone ausgegangen wären, wenn es die tatsächlichen Bevorzugungen und Behinderungen nicht gegeben hätte.

Suche nach Verstärkung: das Treffen in Königstein

In der CDU-Führung wuchs die Überzeugung, daß der von der Besatzungsmacht und der SED betriebenen politischen und gesellschaftlichen Umwälzung und Isolierung der Sowjetzone nur durch einen von allen Zonen Deutschlands geprägten und getragenen Willen mit einiger Aussicht auf Erfolg begegnet werden könnte. Alle vier Mächte des Potsdamer Abkommens sollten deshalb von einer repräsentativen Gruppe deutscher Politiker aller vier Zonen bedrängt werden. Die Besiegten hatten dazu nur geringe Möglichkeiten. Aber das Mögliche mußte gesucht und versucht werden. Die Suche beherrschte die Politik der CDU des Sowjetbereiches von Ende 1946 bis Mitte 1947.

Eine starke Ermutigung zu solcher Suche hatte die CDU-Führung – und nicht nur sie – damals durch die Rede erhalten, die der amerikanische Außenminister Byrnes am 6. September 1946 in Stuttgart vor führenden Vertretern der amerikanischen Militärregierung gehalten hatte. Seine grundlegenden Ausführungen hielten sich zwar in gezügelter diplomatischer Sprache. Aber er machte seine Aussagen sehr klar. Offenbar hatte der unmittelbare Eindruck, den Berlin den westlichen Besatzungsorganen durch Augenschein und mannigfaltige persönliche Begegnungen bot, die Einsicht in die wirklichen sowjetischen Absichten geschärft.

In der Rede fand sich alles wieder, was die demokratischen Kräfte im Sowjetbereich damals empfanden und was insbesondere auf dem vorausgegangenen CDU-Parteitag ausgesprochen worden war. Die Rede von Byrnes verdient es, wenigstens in den Kernsätzen wiedergegeben zu werden:

> »Die Durchführung der Potsdamer Vereinbarung ist dadurch behindert worden, daß es der Alliierte Kontrollrat unterlassen hat, die notwendigen Maßnahmen zu ergreifen, um der deutschen Wirtschaft das Funktionieren als eine Einheit zu ermöglichen. Wichtige zentrale deutsche Verwaltungsabteilungen sind nicht geschaffen worden, obwohl sie ausdrücklich vorgesehen waren ...
>
> Wenn der vereinbarte Produktionsumfang erreicht werden soll, dann können wir den freien Austausch von Waren, Personen und Ideen in ganz Deutschland nicht weiter beschränken. Die Schranken zwischen den vier Zonen in Deutschland sind viel

schwerer zu überwinden als jene zwischen normalen unabhängigen Staaten. Die Zeit ist gekommen, da die Zonengrenzen lediglich die Gebiete definieren sollten, die aus Sicherheitsgründen von den Truppen der Besatzungsmächte besetzt gehalten werden, und nicht in sich abgeschlossene wirtschaftliche und politische Einheiten ...

Die amerikanische Regierung hat in aller Form bekanntgegeben, daß sie beabsichtige, die wirtschaftliche Zusammenlegung ihrer Besatzungszone mit jeder anderen Zone in Deutschland anzustreben, die dazu bereit sein sollte. Bisher hat nur die britische Regierung zugestimmt ...

Gerade weil die Leiden und die Not Deutschlands unvermeidlich sind, ist die amerikanische Regierung nicht gewillt, die Verantwortung für die zusätzliche Verschlimmerung der wirtschaftlichen Not zu übernehmen, die durch das Versagen des Alliierten Kontrollrates entstanden ist, der sich als unfähig erwiesen hat, dem deutschen Volk eine Chance zur Lösung seiner dringlichsten wirtschaftlichen Probleme zu geben ...

Es ist die Ansicht der amerikanischen Regierung, daß dem deutschen Volk jetzt in ganz Deutschland die Hauptverantwortung für die Erledigung seiner eigenen Angelegenheiten übertragen werden sollte, wobei die geeigneten Sicherungsmaßnahmen getroffen werden müßten ...

Sie ist der Ansicht, daß dem deutschen Volk jetzt erlaubt werden soll, die notwendigen Vorbereitungen für die Errichtung einer demokratischen deutschen Regierung zu treffen ...«

Byrnes präzisierte dann auch in seiner Rede seine Vorstellungen von einer provisorischen deutschen Regierung. Sie sollte ein deutscher nationaler Rat sein, der für das Funktionieren der zentralen Verwaltungsämter sorgte. Sie sollte eine Bundesverfassung für Vereinigte Staaten von Deutschland erarbeiten. Eine Nationalversammlung sollte das Ergebnis erörtern und korrigieren, das deutsche Volk über die Verfassung entscheiden. Byrnes hielt aber auch – was eigentlich der sowjetischen Seite seinen konstruktiven Willen hätte überzeugend deutlich machen müssen – fest an dem amerikanischen Vorschlag einer 25jährigen Entmilitarisierung Deutschlands bei Aufrechterhaltung einer kleinen Besatzungsarmee.

Die Rede änderte die Situation in der Sowjetzone nicht, doch – wie gesagt – sie ermutigte, sie vermittelte den Demokraten im Sowjetbereich Zuversicht, sie bestärkte im Festhalten an deutscher Einheit und im Behaupten der kritischen Positionen gegenüber der Sowjetisierung.

Auf ein einheitliches Deutschland drängte damals auch die andere Seite, die SED – jedoch von ganz anderen Vorstellungen getragen. Sie wollte in der amerikanischen, britischen und französischen Zone dieselbe Entwicklung erreichen, die ihr die Besatzungsmacht in der sowjetischen Zone ermöglicht hatte. »Es geht darum, daß die kommende Einheitspartei der Werktätigen, die SED, mit dem Tage ihres Entstehens der innenpolitischen Entwicklung in Deutschland das Gesetz geben wird« – der das am 16. März 1946, unmittelbar vor der Zwangsvereinigung von SPD und KPD, schrieb, war der spätere Chefredakteur des Zentralorgans der SED, des »Neuen Deutschland«, Herrnstadt. Wie das Schicksal so geht, nach dem Volksaufstand des 17. Juni 1953 wurde er wegen »Defätismus« gemaßregelt. Was die Kommunisten der »Einheitspartei« und ihre sowjetischen Beschützer nicht einsehen wollten, vielleicht wegen totalitärer Überheblichkeit und ideologischer Befangenheit nicht einsehen konnten, war die Tatsache, daß sie selber sich das gewünschte westdeutsche Wirkungsfeld versperrten durch ihre in der Methode und in der Sache abstoßenden Praktiken.

Tatsächlich trug die SED zu zentrifugalen Tendenzen in den Westzonen bei. Gegen solche Tendenzen anzugehen und darüber hinaus politische und moralische Unterstützung der Westzonen für den eigenen Kurs zu gewinnen, war andererseits für die CDU-Führung in Berlin ebenso notwendig wie schwierig. Diese vielschichtige Situation trug zu persönlichen und sachlichen Gegensätzen in der Gesamtpartei bei; sie gewannen schnell an Deutlichkeit.

Zunächst mußte es der Parteiführung in Berlin allerdings darauf ankommen, die eigene Partei in den neuen regionalen Parlamenten und in den regionalen Parteiführungen auf eine einheitliche Linie zu bringen. Die am 20. Oktober 1946 gewählten CDU-Abgeordneten der Landtage und der Berliner Stadtverordnetenversammlung wurden schon zum 26. Oktober in Berlin zusammengerufen. Jakob Kaiser analysierte die allgemeine Lage und leitete daraus als elementare Forderungen für die künftige parlamentarische Arbeit ab: »Für uns kommt es vor allem darauf an, den Blick für die Notwendigkeiten einer Politik für ein einheitliches Deutschland nicht zu verlieren ... Es bleibt oberstes Gesetz, daß einschneidende Maßnahmen wirtschafts- und sozialpolitischer Natur heilsamerweise erst dann vorgenommen werden sollten, wenn die Einheit Deutschlands geschaffen ist.« In Sachreferaten wurden die neuen Parlamentarier unterrichtet über die Agrarpolitik von Johannes Hummel, einem engen agrarpolitischen Mitarbeiter von Andreas Hermes, über Verfassungs- und Staatsrechtsfragen von Professor Hans Peters und von Dr. Helmut Brandt, über wirtschafts- und gesellschaftspolitische Grundfragen von Otto von der Gablentz, über Finanz- und Währungsfragen von Johann Baptist Gradl und über Wesen und Technik der parlamentarischen Arbeit von dem Alt-Parlamentarier Otto Nuschke.

Um auch in schwierigen Situationen einheitliches Verhalten in den einzelnen Landesparlamenten zu gewährleisten, wurde in der Parteizentrale Jägerstraße in Berlin ein Fraktionsverbindungsbüro für den ständigen Kontakt der regionalen CDU-Fraktionen

untereinander geschaffen. Verantwortlich dafür war Otto Nuschke. Bei der Kandidatenaufstellung zu den Landtagswahlen hatte man für feste Verbundenheit mit Berlin dadurch gesorgt, daß je ein Mitglied der Berliner Parteiführung für jeden Landtag benannt wurde. Für den Landtag Brandenburg z. B. war es Ernst Lemmer, für Sachsen Robert Tillmanns, für Sachsen-Anhalt Otto Nuschke, in der neuen Berliner Stadtverordnetenversammlung Jakob Kaiser selber. Die SED hatte dasselbe Prinzip; in ihrer sächsischen Fraktion z. B. war Otto Grotewohl Mitglied.
In der Parteizentrale Jägerstraße wurde damals auch ein Kreis in festere Form gebracht, der sich schon in der Anfangsphase enger zusammengefunden hatte: Heinrich Krone, Elfriede Nebgen, Robert Tillmanns und Johann Baptist Gradl. Dieser Kreis war ständige Beobachter- und Beratergruppe für die politischen Führungsaufgaben und wurde später als geschäftsführender Vorstand »zur Wahrung der laufenden Geschäfte« konstituiert.
Vor dem Erweiterten Parteivorstand in Berlin wurde alsbald die nunmehrige politische Grundauffassung noch einmal zur verpflichtenden Orientierung gemacht, diesmal gegenüber den regionalen Parteiführungen der CDU. Nach Jakob Kaiser sprachen über Sorgen und Wünsche der Frauen und der Jugend Frau Dr. Elfriede Nebgen und Peter Lorenz. Ernst Lemmer schloß mit einem Dank an Jakob Kaiser für sein Wirken an der Spitze der Union und für »die so starke geistige und moralische Kraft, die von ihm ausgeht«. Die Geschlossenheit, die in beiden Veranstaltungen stark zum Ausdruck kam, war alsbald noch notwendiger, als man damals wissen konnte.
Die neu gewählten Landtage steckten noch im Anfang, als die SED schon wieder einen Vorstoß machte, um mögliche kommende Entwicklungen vorzuprägen. Der Parteivorstand der SED veröffentlichte Mitte November 1946 einen Verfassungsentwurf für eine »Deutsche Demokratische Republik«. Trotz der Namensgleichheit mit der späteren DDR darf man annehmen, daß auch die SED-Kommunisten damals noch an eine Republik Gesamtdeutschland gedacht haben. Der Entwurf wich völlig von den Vorstellungen ab, die man sich außerhalb der SED von einem deutschen demokratischen Staat zu machen pflegte: Einkammersystem, omnipotentes Parlament, keine Gewaltentrennung, keine Verwaltungsgerichtsbarkeit. Demgegenüber hatte die CDU in einem Verfassungsausschuß, der schon auf dem ersten Parteitag im Juni 1946 berichtet hatte, eigene Vorstellungen entwickelt, das Bild eines föderal gegliederten Staates mit Gewaltenteilung und Kompetenzabgrenzung.
Der SED konnte nicht ihre Verfassungsarbeit an sich zum Vorwurf gemacht werden. Aber des eigenen Standpunktes wegen mußte die CDU klar und kritisch Stellung nehmen. Das geschah nach Absprache in der »Neuen Zeit« durch ihren Chefredakteur Wilhelm Gries. Gegen die Konzentration der Staatsmacht auf das

Parlament erklärte Gries: Damit »kann bereits ein wichtiger Tatbestand gegeben sein, aus dem sich durchaus solche Regierungsformen zu entwickeln vermögen, die wir weder in dieser noch in irgendeiner anderen Form jemals erleben wollen«. In der Tat gehörte die Ablehnung eines zentralistischen Einheitsstaates für das neue Deutschland zu den Selbstverständlichkeiten der CDU in der SBZ. Und ebenso selbstverständlich war für die CDU, daß es Sache einer frei gewählten Nationalversammlung sein mußte, in freier Meinungsbildung über die deutsche Verfassung zu entscheiden. Für die SED allerdings stellte sich die Sache so dar, daß das künftige Deutschland nicht anders sein könnte als das sowjetzonale Modell kommunistisch-sowjetischer Prägung.
Zwischen diesen beiden Grundpositionen konnte es im Grunde keine Verständigung geben. Zwischen ihnen konnte nur entschieden werden, so oder so. Voraussetzung war, daß alle politischen Gruppen sich einer freien demokratischen Entscheidung zu fügen bereit waren. Genau dies aber war nicht der Wille der kommunistischen SED, wie sich im folgenden Jahr 1947 bis zur äußersten Konsequenz zeigte.
Neben den grundsatzpolitischen Aufgaben mußte man sich den praktischen Aufgaben des Alltags stellen. Immer stand im Vordergrund die Sorge um bessere Versorgung der Bevölkerung mit Grundnahrungsmitteln, Schuhen und Heizmaterial. Das Lebensmittelkartensystem war gestaffelt nach Arbeitsleistung und Familienstand. Es bot Anreiz zu Leistung, aber es enthielt auch Ungerechtigkeiten. Und die Versorgung war, abgesehen von der obersten Versorgungsstufe, nach wie vor viel zu knapp. Man brauchte sich nur die harte Arbeit der Enttrümmerung zu vergegenwärtigern, die vornehmlich von Frauen geleistet wurde.
Im politischen Alltag ging es auch darum, der rüden Personalpolitik der SED gegenzuhalten, weiterhin die Ungerechtigkeiten der globalen Enteignungen soweit möglich zu korrigieren, in den Führungen der enteigneten und »sozialisierten« Betriebe Sachverstand zu sichern und dergleichen. Eine wichtige Rolle spielten willkürliche Verhaftungen und Verschleppungen. Immer wieder wurden sie berichtet. Meist waren sie Folge von Denunziationen, aber auch allzu freimütiger Kritik an Maßnahmen lokaler Behörden und der SED sowie von Mißfallen sowjetischer Stellen. Besonderes Aufsehen erregten z. B. willkürliche Verhaftungen in studentischen Vertretungen. So wurden Anfang März 1947 die Berliner CDU-Studenten Manfred Klein und Georg Wrazidlo verhaftet und im Geheimverfahren eines sowjetischen Militärtribunals zu vieljähriger Zwangsarbeit verurteilt.
Einsprüche und Proteste hatten wenig Erfolg. Viele Betroffene kamen erst nach Jahren frei, andere starben in der Haft und Verschleppung. Man konnte nur hoffen, daß öffentliche Anprangerung mit Hilfe zumal der Zeitungen der Berliner Westsektoren und der Auslandspresse doch zu mehr Zurückhaltung veranlassen

würden. SMA, SED und Polizei beriefen sich meist auf die Tarnbehauptung, es habe sich um faschistische Personen und Vergehen gehandelt. Selbst wenn »mißliebige« Personen dann doch freigelassen wurden, war die von ihnen bis dahin in einer Verwaltung eingenommene Position bereits von genehmen Leuten anders besetzt. Der SED kam bei alledem immer zugute, daß die Schlüsselpositionen in Verwaltung, Polizei und Justiz durchweg von eigenen Vertrauensleuten wahrgenommen wurden.
Am 2. Dezember 1946 hatten die USA und Großbritannien wegen der festgefahrenen Viermächte-Verhandlungen über eine Regelung für Deutschland den Zusammenschluß ihrer Zonen unter einer »bi-zonalen« Verwaltung beschlossen. Die von Byrnes bereits deutlich gezeichnete Krise der Viermächte-Politik wurde ganz offenbar. Wegen der drohenden weiteren Auseinanderentwicklung der Zonen mußte die CDU des Sowjetbereiches um so mehr zur Stützung ihrer eigenen demokratischen und nationalen Grundlinie Rückhalt und Unterstützung der westzonalen CDU suchen. Aber gerade in dieser Situation war die Parteiführung der CDU des sowjetischen Bereiches von zwei Seiten her bedrängt, von der aggressiven, im Westen abstoßenden kommunistischen Politik in der Sowjetzone und von Rigorosität, Mißtrauen und Entfremdung in nichtkommunistischen Kreisen des Westens.
In einer Betrachtung am Jahresbeginn 1947 (»Neue Zeit« Nr.1/47) spricht Jakob Kaiser offen von »deprimierenden Erfahrungen«. Er wendet sich dagegen, den ohnehin geschlagenen, geplagten und mutlosen Menschen auch durch deutsche Stimmen immer noch neue Demütigungen zuzufügen nach dem Prinzip: »Nur immer wieder in den Staub mit diesem Volk, denn es hat es ja verdient ... Stets negative Haltung ist Öl ins Feuer in unserem politischen Leben.« Er zielte damit auf eine fast selbstzerstörerische Rigorosität mancher politischer Publizisten – als Beispiel nannte er Erik Reger. Aber dann wendet er sich konkret auch bestimmten Voreingenommenheiten in der westlichen CDU zu: »Man weiß bei diesen Strömungen nicht, wieweit das Phantom Preußen nur noch benutzt wird, um größerer Einheit vorzubeugen, oder ob das Ressentiment ... noch so groß ist, daß man die Einheit wirklich fürchtet. Jedenfalls haben bestimmte Affekte gegen den kartoffelbepflanzten Osten des Reiches Haltungen gezeitigt, die jeden um die Gesamtheit des deutschen Volkes und Landes Besorgten mit Staunen erfüllen müssen.«
Mit diesem Satz war besonders Konrad Adenauer gemeint. Bereits am 24. November 1946 hatte Ernst Lemmer mit einem Leitartikel in der »Neuen Zeit« ein »ordnendes Wort« zu den Kölner und anderen »Dissonanzen« geäußert:

> »Gänzlich überflüssig erscheint uns jedoch ... die Art und Weise, wie hier und da in anderen Zonen über die Position Berlins gesprochen wird. Wenn in solchem Zusammenhang ausgeführt wird, daß die künftige deutsche Hauptstadt zwischen Re-

benhängen, nicht aber zwischen Kartoffeläckern liegen dürfte, so muß eine solche snobistisch zu nennende Entgleisung offenen Widerspruch herausfordern ... Wenn dann noch unser Freund Konrad Adenauer, der Vorsitzende der CDU in der britischen Zone, sich auf einer Frankfurter Kundgebung für die gewiß ehrwürdige Stadt am Main als Sitz einer künftigen deutschen Zentralregierung mit dem Bemerken ausgesprochen hat, daß sie nicht auf ›Kolonialboden‹, sondern auf uraltem deutschen Boden liege, dann kann auch solche Äußerung nicht mit parteifreundlichem Schweigen einfach hingenommen werden ... Wir wissen etwas mehr von der nationalen Bedeutung unserer jetzt im Osten liegenden Stadt, in der die Zentralinstanzen der vier Besatzungsmächte für ganz Deutschland Aufnahme gefunden haben.«

Konrad Adenauer hat zwar später unter dem Eindruck der Haltung der Berliner in der Blockade sein Verhältnis zu Berlin korrigiert. Seine Einstellung fand auch in der CDU der Westzonen damals klaren Widerspruch. Aber jedenfalls wurde die schwierige Position der CDU im Sowjetbereich mit solchen Vorbehalten nicht erleichtert. In Berlin brach nun auch Mißtrauen gegen bestimmte westliche Tendenzen auf. So formulierte Kaiser in seinem erwähnten Neujahrsartikel: »In den Bereich unserer Sorge gehört der ausgesprochene Wille zur Bildung der Vereinigten Staaten Westeuropas, denen die Gefahr einer Trennungslinie quer durch Deutschland anhaftet.« Die Angst kam auf, die Spaltung könnte endgültig werden.

Unter diesen Umständen kam den Bemühungen besondere Bedeutung zu, der Ende 1945 in Godesberg beschlossenen Arbeitsgemeinschaft der CDU/CSU festere Form und geordnete Funktionen zu geben. Von Berlin aus war das ganze Jahr 1946 hindurch gedrängt worden, auch vorbereitende Gespräche hatten stattgefunden. Doch erst am 5./6. Februar 1947 kam es in Königstein/Taunus zu der konstituierenden Sitzung. Alle Zonen waren vertreten, die Repräsentanten aus der französischen Zone mußten sich allerdings auf Verlangen ihrer Besatzungsmacht sehr zurückhalten. Leo Wohlleb, der Staatspräsident von Südbaden, kam mit seinem französischen Begleitoffizier, der ihn nicht aus den Augen ließ, sogar erst am späten Abend des ersten Tages an. Die Berliner Delegation bestand aus Jakob Kaiser und Ernst Lemmer, von der Gablentz, Gerigk, Gradl, Hickmann (Dresden), Katzenberger, Landsberg (Landesverband Berlin), Peters und Tillmanns. Die Delegation der britischen Zone führten Adenauer, Holzapfel, Schröter und Steltzer, die Landesverbände aus der US-Zone waren insbesondere repräsentiert durch Josef Müller für Bayern, Köhler und Brentano für Hessen und Vogel, Binder und Steiner aus dem französisch besetzten Teil Württembergs.

Die Tagung begann am 5. Februar vormittags und endete am 6. Februar mittags. Sie entsprach in ihrem Ergebnis insofern den

Berliner Vorstellungen, als beachtliche Fortschritte auf dem Wege zu einer überzonalen Arbeits- und Handlungsgemeinschaft gemacht wurden. Die Arbeitsgemeinschaft, die ihren Namen und den Sitz in Frankfurt a. M. unter der Geschäftsführung von Dörpinghaus beibehielt, erhielt den Auftrag, »die ständige Zusammenarbeit der einzelnen Parteiorganisationen und ihre politische Übereinstimmung zu sichern«. Man wählte einen achtköpfigen Vorstand, in den aus der CDU der Sowjetzone und Berlins drei Vertreter, aus der britischen und der amerikanischen Zone zwei und aus der französischen Zone ein Mitglied entsandt wurden. Zunächst gab es einiges Hin und Her, warum »aus Berlin drei« kommen sollten. Aber der Hinweis, daß man Berlin doch wohl nicht mit der Sowjetzone gleichsetzen wolle, überzeugte. Namentlich bestand der Vorstand nunmehr aus Adenauer, Hickmann (Dresden), Holzapfel, Kaiser, Köhler (Wiesbaden), Lemmer, Josef Müller und Ulrich Steiner (französische Zone, Württemberg).
Einigung wurde ferner erzielt über die Bildung eines Verfassungsausschusses unter dem Vorsitz von Brentano, der allerdings in der Aussprache noch einen überspitzten Föderalismus vertreten hatte. Man einigte sich auch sachlich auf eine gemeinsame Aussage im offiziellen Tagungsbericht, dem die Berliner CDU zustimmen konnte:

> »Zur künftigen Verfassung Deutschlands brachten die Verhandlungen der Arbeitsgemeinschaft übereinstimmend zum Ausdruck, daß so bald wie möglich die Einheit Deutschlands wiederhergestellt werden muß und daß hierzu eine gesamtdeutsche Verfassung notwendig ist ... Nachdem bereits früher grundsätzliche Einmütigkeit über eine föderalistische Gliederung Deutschlands erzielt worden war, soll jetzt das Verhältnis Deutschlands zu seinen Gliedern festgelegt und die gegenseitige Zuständigkeit abgegrenzt werden. Der Grundsatz der Trennung der Gewalten in Gesetzgebung, Rechtsprechung und Verwaltung muß klar durchgeführt werden.«

Man verständigte sich auf einen wirtschafts- und sozialpolitischen Ausschuß unter Vorsitz von Johannes Albers (Köln), einem engen Vertrauten Kaisers aus den ehemaligen christlichen Gewerkschaften. Der Ausschuß wurde jedoch merkwürdigerweise im offiziellen Tagungsbericht nicht erwähnt, obwohl eine prinzipielle Einigung über das sozialwirtschaftliche Thema erzielt worden war, das insbesondere zwischen Köln und Berlin seit einem Jahr zu Reibungen geführt hatte. Zur Einigung hatte beigetragen, daß kurz zuvor, am 3. Februar 1947, ohne Widerspruch Adenauers die CDU der britischen Zone das »Ahlener Programm« – es trug die Überschrift »CDU überwindet Kapitalismus und Marxismus« – angenommen hatte. Dieses Programm vermied zwar die Kennzeichnung »Sozialismus aus christlicher Verantwortung«, die die CDU des sowjetischen Besatzungsbereiches ein Jahr zuvor ihrem Programm gegeben hatte und die Anlaß zu ungewolltem und gewolltem Mißverstehen geworden war. Aber inhaltlich waren die Ahlener Vorstellungen mit denen Berlins im wesentlichen gleich: Gemeinwirtschaftliche Ordnung durch Orientierung an den staatlichen und sozialen Lebensinteressen des ganzen Volkes – weder unbeschränkte Herrschaft des privaten Kapitalismus noch Staatskapitalismus – Kontrolle der Konzerne durch Kartellgesetzgebung – machtverteilendes Prinzip – Mitbestimmungsrecht der Arbeitnehmer, Berufungen in den Vorstand, Mitwirkungsrecht der Betriebsräte, Beteiligung am Unternehmensertrag. Ein rückschauender Drei-Sterne-Artikel in der »Neuen Zeit« (14.2.1947) konnte denn auch befriedigt feststellen: »Aber gerade auf sozialem Gebiet, auf dem Gebiet der Gemeinwirtschaft, des Sozialismus in einem über den Marxismus hinausführenden Sinn zeigte sich, daß trotz verschiedener Ausdrucksweise in der praktischen Programmatik keine großen Unterschiede bestanden.«

Zu teilweise sehr heftigem Streit kam es in Königstein über die Schaffung, die Leitung und den Sitz des außenpolitischen Ausschusses. Nach Lage der Dinge hatte ein solcher Ausschuß mit dem Verhältnis zu den Vier Mächten zu tun, mit der erstrebten Friedensregelung und mit der künftigen Stellung Deutschlands in der Welt. Wiederum gelang es, gemeinsame Grundsätze zu formulieren, so u.a. ein Bekenntnis zu »echter Gemeinschaft der europäischen Völker« und zu den Grundsätzen der Vereinten Nationen als verbindender Norm, zu Demokratisierung und »endgültiger Abkehr von militärischen und nationalistischen Traditionen«, zur »Pflicht zur Wiedergutmachung« unter Sicherung der deutschen Existenz, zum Grundsatz des Selbstbestimmungsrechtes auch bei Grenzveränderungen und schließlich zu »organisch gegliederter Einheit Deutschlands« unter »Ablehnung jeder separatistischen Tendenz«.

Über dies alles, wie gesagt, konnte man sich nach zum Teil intensiver Diskussion verständigen. Mit äußerster Heftigkeit entbrannte der Streit darüber, ob der Ausschuß seinen Sitz in Berlin und Kaiser den Vorsitz haben sollte, wie es von Berlin mit viel Zustimmung aus anderen Verbänden gewünscht worden war. Kaiser, Lemmer und ihre Freunde begründeten ihren Anspruch damit, daß Berlin der Sitz der Vier Mächte sei und einen von allen vier Zonen abgrenzenden besonderen Status habe, daß in Berlin die entscheidenden Stellen der Besatzungsmächte ihre repräsentative Vertretung haben und daß sowohl die internationale Diplomatie als auch die internationale Presse dort präsent seien. Die Berliner hoben auch hervor, daß mit dem Ausschußsitz in Berlin unter dem Vorsitz von Kaiser der dort unter schwierigen Verhältnissen arbeitenden CDU Rückhalt und verstärkte Geltung gegenüber SMA und SED gegeben würde.

Adenauer wollte die deutschlandpolitische Schlüsselposition, die dem Vorsitzenden des außenpolitischen Ausschusses im Rahmen der CDU offenbar beigemessen wurde, nicht einem Rivalen – so schätzte er Kaiser jedenfalls ein – zufallen lassen. Es entstand eine sehr gereizte Atmosphäre. Einige, auch Adenauer, brachten Argumente bei, die gegenüber Berlin und seiner Aufgabe im Ringen um Deutschland als wenig verständnisvoll erscheinen mußten.

Adenauer verdächtigte Kaiser, man spreche in Berlin an einem Stammtisch mit Generalen schon wieder über eine – wie in der Weimarer Republik heimlich formierte – »Schwarze Reichswehr«. Die Quelle Adenauers war ein später als SS-Führer entlarvter rheinischer Kommunalpolitiker.

Kaiser und Lemmer reagierten auf die Haltung des Kreises um Adenauer scharf. Kaiser: »Wer von ihnen weiß denn etwas von dem Kampf, den Berlin mitten in der sowjetischen Zone führen muß, und von den unendlichen Anstrengungen, die dieser Kampf für Deutschland täglich erfordert!« und sehr erregt Lemmer: »Verstehen Sie denn nicht, wie niederreißend für uns, die wir mitten in einem Kampf stehen, jedes Mißtrauen gegen Personen ist, die aus der östlichen Zone stammen!«

Nach heftigen Auseinandersetzungen und persönlichen Aussprachen verständigte man sich schließlich, das Thema »Auswärtiger Ausschuß« zu vertagen, aber in München eine gemeinsame Informationsstelle einzurichten unter Vorsitz des früheren deutschen Botschafters in Washington, von Prittwitz und Gaffron. Den Berlinern war er bereits durch seinen Besuch zusammen mit Josef Müller beim ersten Parteitag in Berlin bekannt. Prittwitz war ebenso wie Nadolny 1934 wegen Ablehnung der nationalsozialistischen Politik aus dem diplomatischen Dienst ausgeschieden.

Nationale Repräsentation – Münchener Konferenz 1947

In den Aussprachen in Königstein war vielfältig deutlich geworden, daß die CDU des Sowjetbereiches und Jakob Kaiser persönlich in den anderen Zonen hohes Ansehen gewonnen hatten. Doch die Berliner täuschten sich nicht darüber, daß die Basis noch nicht gewonnen war, die sie sich für ihre seit dem Herbst 1946 überlegte Initiative einer gesamtdeutschen provisorischen Vertretung gegenüber den Vier Mächten wünschten. Die Absicht wurde aber nicht aufgegeben. Für Beharrlichkeit und Entschlossenheit gab es gewichtige Gründe:

1. Ein Kernsatz des Potsdamer Abkommens, an den sich damals viele deutsche Erwartungen knüpften, lautete: »Der Rat (der Außenminister) wird zur Vorbereitung einer friedlichen Regelung für Deutschland benutzt werden, damit das entsprechende Dokument durch die für diesen Zweck geeignete Regierung Deutschlands angenommen werden kann, nachdem eine solche Regierung gebildet wird.« Daß mit einer Friedensregelung schwerste Opfer verbunden sein würden, war jedem Einsichtigen klar. Aber es würde wieder eine zentrale deutsche Regierung geben und eine demokratische Entwicklung nach deutschen Vorstellungen.

Tatsächlich hatte der Rat der Außenminister nach Potsdam schon viermal getagt:

in London vom 11. September bis 2. Oktober 1945,

in Paris zweimal, vom 25. April bis 15. Mai und vom 15. Juni bis 12. Juli 1946,

in New York vom 4. November bis 12. Dezember 1946.

Aber auf dem Wege zur konstruktiven Gestaltung Deutschlands war nichts gelungen. Die USA, Großbritannien und die Sowjetunion hatten verschiedenartige Vorstellungen von einem geeinten Deutschland, aber wenigstens im Prinzip waren sie für eine Entwicklung zur Einheit. Anders war es mit Frankreich, das seine Abneigung gegen deutsche Einheit verband mit besonderen Ansprüchen hinsichtlich Saar und Ruhrgebiet.

2. Zumal am französischen Einspruch war eine Einrichtung der bereits im Potsdamer Abkommen vorgesehenen fünf deutschen Zentralverwaltungen und so auch die mit ihnen erhoffte deutsche Wirtschaftseinheit bislang gescheitert. Bei einem Aufenthalt von François-Poncet in Berlin – er war dort vor dem Kriege französi-

scher Botschafter gewesen – war die CDU zu einem Gespräch eingeladen worden. Kaiser, Lemmer, Gerigk, Gradl und Nebgen nahmen daran teil. Auf Darlegungen Gradls über die Notwendigkeit deutscher Einheit zur Bewältigung der katastrophalen Wirtschaftslage antwortete François-Poncet: »Der Deutsche Bund ist noch zuviel.« Er meinte den bloßen Fürstenbund nach 1815. Es war eine niederdrückende Begegnung.

3. Das Fehlen jeglicher zentralen deutschen Institutionen und Kompetenzen gab der kommunistisch beherrschten SED und der Sowjetischen Administration die Möglichkeit, unter extrem einseitiger Auslegung der Potsdamer Weisungen zu Entnazifizierung, Verfolgung von Kriegsverbrechern, Auflösung von konzentrierter Wirtschaftsmacht etc. den sowjetischen Besatzungsbereich wirtschaftlich, gesellschaftlich und zunehmend auch politisch nach sowjetisch-kommunistischen Vorstellungen zu verwandeln. Der Schatten der Spaltung wurde immer tiefer.

4. Auf der anderen Seite kam um die Jahreswende 1946/1947 die Zusammenfassung der amerikanischen und der britischen Zone in Gang. Dies war angesichts der ergebnislosen Außenministerkonferenzen, der sowjetischen Eigenmächtigkeit und der wirtschaftlichen Not verständlich. Aber auch damit wurde die Gefahr einer weiteren Auflösung Deutschlands verstärkt.

5. Die Bevölkerung litt anhaltend starke Not, zumal in diesem sehr kalten Winter 1946/1947. In Wellen von Selbstmorden und in Demoralisierung zeigte sich wachsende Verzweiflung.

Diese Situation schrie nach deutscher politischer Initiative. Da man den Siegern ausgeliefert war, sollten ihnen deutsche Vertreter wenigstens die deutschen Vorstellungen nahebringen. Gerade im sowjetischen Besatzungsbereich empfand man diese Notwendigkeit, denn hier kam zu allem anderen die bedrückende totalitäre Entwicklung hinzu. Nun konnte man die Besatzungsmächte weder beiseite drängen noch überspielen. Aber wenigstens eine wenn auch lose Kombination von repräsentativen und legitimierten deutschen Politikern aus den vier Zonen sollte für die Deutschen insgesamt sprechen und den Alliierten ihre Auffassungen darlegen können. In gewisser Weise hatte zu solcher Überlegung auch die Stuttgarter Rede des amerikanischen Außenministers Byrnes am 6. September 1946 Anlaß gegeben. Sie wurde in der Berliner CDU-Führung intensiv diskutiert und führte Ende September 1946 zu einem internen Memorandum »Nationalversammlung und Nationalrat«. Es zielte auf eine Art »Deutscher Rat« aus Vertretern der Parteien aus allen Zonen.

Solche Überlegungen gingen in der CDU weiter und fanden in Erklärungen der Parteiführung sowie in Äußerungen der »Neuen Zeit« ihren Niederschlag. Im November war auf Grund einer alliierten Kontrollratsdirektive vom 12. Oktober 1946 über freie Erörterung deutscher politischer Probleme in der deutschen Presse die Vorzensur in der Sowjetzone aufgehoben worden, allerdings mit Einschränkung. Eine nachträgliche Zensur behielt sich die SMA vor. Damit war in gewisser Weise das Risiko für die Redakteure größer geworden, denn nun lag die Verantwortung gegenüber der SMA nicht wie unter der Vorzensur beim sowjetischen Zensor, sondern bei der Redaktion selbst. Das führte denn auch in der Folge zu stärkeren Konflikten zwischen der SMA und der Redaktion der »Neuen Zeit«. Aber die Redaktion unter Leitung von Wilhelm Gries blieb eine höchst aktive politische Hilfe der CDU-Führung.

Die zum 10. März 1947 in Moskau anberaumte neue Außenministerkonferenz gab der Suche nach deutscher Initiative neuen Anlaß. Die SED hatte seit einiger Zeit für einen Volksentscheid agitiert. Am 1. März 1947 erließ der Parteivorstand der SED einen »Aufruf an das deutsche Volk«. Ein gemeinsamer Ausschuß aus allen Parteien und Gewerkschaften in ganz Deutschland sollte einen »Volksentscheid über die Bildung des Einheitsstaates mit demokratischer Selbstverwaltung der Länder und Gemeinden« durchführen. Die Aktion zielte letztlich auf einen zentralistischen Staat, sie stand damit im Gegensatz zu der christlich-demokratischen Vorstellung eines föderativen Staatsaufbaues. Der Gedanke eines Volksentscheides war außerdem illusorisch, weil die drei Westmächte sich mit Sicherheit so die Entscheidung über den deutschen Staatsaufbau nicht würden nehmen lassen.

Für die CDU schrieb Ernst Lemmer am 4. Januar 1947 in der »Neuen Zeit«, daß »wir Deutsche den begreiflichen Wunsch haben, schließlich auch unsere Stimme in der internationalen Öffentlichkeit zu Gehör zu bringen«, solange noch keine deutsche Regierung vorhanden sei. »Ihr Fehlen bedrückt uns schon deshalb, weil wir als einziges Volk, über dessen Geschick am Konferenztisch entschieden wird, ohne verantwortliche Leitung und nationale Repräsentation dastehen.« Damit hatte Lemmer das Ziel formuliert, auf das die Berliner CDU-Führung bei realistischer Einschätzung der Gegebenheiten glaubte zusteuern zu sollen: »Nationale Repräsentation«. Solche Überlegungen fanden in den alliierten Deutschlandgremien Aufmerksamkeit. Der Außenministerrat hatte Sonderbeauftragte für die Deutschlandfrage eingesetzt; sie diskutierten im Vorstadium der Moskauer Konferenz – Mitte Februar 1947 – die Heranziehung und Legitimation deutscher Vertreter.

Da der SED-Vorschlag eines Volksentscheides keine Chance hatte, sah sich die CDU um so mehr veranlaßt, den Plan eines deutschen repräsentativen Gremiums aus Anlaß der Moskauer Konferenz zu verfolgen. Es fügte sich glücklich, daß in Königstein beschlossen worden war, für März 1947 eine erste Sitzung des neuen Vorstandes der Arbeitsgemeinschaft der CDU/CSU nach Berlin einzuberufen. Der Berliner Parteiführung mußte daran liegen, durch die Zustimmung aller CDU-Regionen einer Initiative verstärktes Gewicht zu verleihen.

Die Sitzung des Vorstandes war auf den 13. bis 15. März 1947 festgesetzt, also kurz nach dem Beginn der Moskauer Konferenz. Wilhelm Gries richtete in der »Neuen Zeit« (13. März 1947) an den Vorstand der Arbeitsgemeinschaft einen leidenschaftlichen Appell: »Alle Tatsachen unseres politischen und wirtschaftlichen Lebens drängen heute danach, daß wir uns über die zufälligen Zonengrenzen hinweg zu einheitlichem Handeln zusammenfinden. Der Auftrag lautet nicht, daß die Union Zonenpolitik und Länderpolitik treiben soll, sondern daß sie als die große und einheitliche Christlich-Demokratische Union Deutschlands ... das Beste leistet zur Gestaltung gesamtdeutschen Schicksals.«
Von den neun Mitgliedern des Vorstandes waren sieben nach Berlin gekommen. Der offizielle Bericht sagt dazu: »Aus der amerikanischen Zone nahmen teil die Vorstandsmitglieder Dr. Josef Müller (München) und Dr. Erich Köhler (Wiesbaden), aus der französischen Zone Ulrich Steiner (Süd-Württemberg), aus der britischen Zone Dr. Friedrich Holzapfel (Herford) und aus der sowjetischen Zone sowie Berlin Jakob Kaiser, Ernst Lemmer und Dr. Hugo Hickmann (Dresden). Peter Altmeier (Koblenz) aus der französischen Zone wird noch erwartet. Mit Bedauern nahm der Vorstand davon Kenntnis, daß Konrad Adenauer infolge Grippeerkrankung nicht teilnehmen kann.« Altmeier kam nicht, seine Besatzungsmacht machte Schwierigkeiten. Adenauers Erkrankung hielten viele für eine politische Grippe. Die Tagung fand starke Aufmerksamkeit. An einem Empfang im Haus des Kulturbundes (dem früheren Haus des sog. Herrenclubs) nahmen Vertreter aller Besatzungsmächte und die Führer der Parteien teil, ferner eine große Anzahl von deutschen und ausländischen Journalisten.
Die Tagung endete mit einer einmütigen Entschließung und einem Brief des Vorstandes der Arbeitsgemeinschaft an die Vorstände der großen deutschen Parteien. Dieser Brief, der auf eine nationale Repräsentation zielt, ist das herausragende Ergebnis der Tagung. Er hat – mit Datum 15. März – folgenden Wortlaut:

»An die Vorstände
1. der Sozialdemokratischen Partei Deutschlands,
   z. Hd. von Herrn Dr. Kurt Schumacher, Hannover;
2. der Arbeitsgemeinschaft der Sozialistischen Einheitspartei und der Kommunistischen Partei Deutschlands,
   z. Hd. der Herren Wilhelm Pieck und Otto Grotewohl, Berlin;
3. der Liberal-Demokratischen Partei Deutschlands,
   z. Hd. von Herrn Dr. Wilhelm Külz, Berlin.

Sehr geehrte Herren!
Sie haben gewiß heute von der Tagung des Vorstandes der Christlich-Demokratischen und Christlich-Sozialen Union Deutschlands in Berlin vom 13. bis 15. März 1947 Kenntnis genommen. In

der Erklärung, die wir zum Abschluß der Tagung der Öffentlichkeit bekanntgeben werden, heißt es:
›Voraussetzung für die Sicherstellung der materiellen Existenz des deutschen Volkes ist die Verwirklichung der wirtschaftlichen Einheit Deutschlands. Grundbedingung ihrer Verwirklichung ist, dem deutschen Volke die Möglichkeit zu geben, seinen politischen Gesamtwillen zum Ausdruck zu bringen. Die politischen Willensträger sind die Parteien. Die Union hält es für erforderlich, daß die für Gesamtdeutschland maßgebenden Parteien in ihren Spitzen zusammentreten, um die Ausdrucksformen des politischen Willens zu klären. Deshalb hat der Vorstand der Union die Führung der deutschen politischen Parteien eingeladen, sich so schnell wie möglich zusammenzufinden, um die erste Stufe einer gesamtdeutschen Vertretung des Volkes vorzubereiten und diese Vertretung bis zu ihrer Verwirklichung zu repräsentieren.‹
Angesichts der Lage unseres Volkes erachten wir es in Übereinstimmung mit dieser Erklärung für unsere Pflicht, an Sie mit der Bitte heranzutreten, sich mit uns so schnell wie möglich zu einer gemeinsamen Besprechung zusammenzufinden. Die technischen Einzelheiten der Zusammenkunft könnten zweckmäßigerweise zwischen Ihnen und den von uns hierfür beauftragten Herren, Jakob Kaiser und Ernst Lemmer in Berlin, sowie Dr. Josef Müller, zur Zeit Berlin, vereinbart werden.

Der Vorstand:

Dr. Friedrich Holzapfel, Herford (Westfalen)
Dr. Erich Köhler, Wiesbaden
Dr. Josef Müller, München
Ulrich Steiner, Laupheim (Südwürttemberg)
D. Hugo Hickmann, Dresden
Ernst Lemmer, Berlin
Jakob Kaiser, Berlin.«

Die Parteien – einschließlich der Kommunistischen Partei der Westzonen – wurden also zu gemeinsamen Besprechungen eingeladen. Sie wurden, obwohl sie formal noch nicht für die Gesamtheit der Zonen lizenziert waren, aufgerufen, die erste Stufe einer gesamtdeutschen Vertretung vorzubereiten und diese Vertretung bis zu ihrer Verwirklichung zu repräsentieren. Schon am nächsten Tag, dem 16. März, stimmte die SED in einer hervorgehobenen Erklärung auf der ersten Seite des »Neuen Deutschland« dem Vorschlag zu: »Wir wünschen nur, daß zu der Beratung der Parteien auch die freien deutschen Gewerkschaften hinzugezogen werden« – ein Wunsch, also keine Bedingung. Auch die Liberaldemokratische Partei akzeptierte alsbald. Entscheidend war nunmehr die Stellungnahme der SPD, ihres Vorsitzenden Kurt Schumacher.
Kurt Schumacher sprach am 18. März abends in der »Neuen

Welt«, einem populären Berliner Etablissement in Berlin-Neukölln. Er sagte dort, die Einladung werde ernst genommen. Die SPD sei grundsätzlich zu einer klärenden Aussprache bereit. Er finde es auch richtig, daß nur die Parteien Träger der Diskussion sein sollten, nicht auch andere Organisationen wie die Gewerkschaften. Jeder Deutsche könne schließlich nur einmal erfaßt werden. Aber Schumacher fügte auch hinzu: Solche Besprechungen verlangten innere Wahrhaftigkeit. Die CDU sage mit Recht, daß diese Besprechungen dazu dienen sollen, den Volkswillen zu bilden. Das geschehe aber so lange nicht, wie die SPD in der Ostzone nicht zugelassen sei. Dieser Vorbehalt war eine Vorbelastung; er war verständlich, aber in der ersten Phase nicht notwendig. Nichts hätte Schumacher gehindert, für die Sozialdemokraten aller Zonen zu sprechen.

Am 19. März fand dann ein erster Meinungsaustausch zwischen je drei Vertretern der Union und der SPD statt. Für die Union nahmen teil Kaiser, Lemmer und Josef Müller, für die SPD Schumacher, Ollenhauer und Brost, damals Schumachers ständiger Repräsentant in Berlin. Von der Berliner SPD war niemand dabei. In einer Verlautbarung in der »Neuen Zeit« heißt es zu dem Gespräch, die Vertreter der SPD hätten erklärt, daß die SPD auf dem Boden der (vorstehend zitierten) Rede Schumachers ständen. Die Vertreter der Union wollten sich durch Fühlungnahmen mit den anderen Parteien um die Schaffung der für erfolgreiche Verhandlungen notwendigen Atmosphäre weiter bemühen.

Diese Aussage verhüllte, daß die Haltung Schumachers in dem Gespräch bereits kaum überbrückbare Meinungsverschiedenheiten erwarten ließ. Die tiefe Abneigung Schumachers gegen die SED und sein von der Zwangsvereinigung geprägtes starkes Mißtrauen gegen die Sowjets machten ihn bis zur Unbeweglichkeit argwöhnisch. Diesen Argwohn übertrug er auch in der Sache – nicht in der Person – auf Kaiser und sein Vorhaben. Es gab auf sozialdemokratischer Seite Andersdenkende, z.B. Paul Löbe in Berlin. Schumacher hätte sich unter dem Gesichtspunkt angestrebter allgemeiner Wahlen – diese hätten ja am Ende herauskommen müssen – zu einem Wagnis auch vom Ergebnis der Berliner Wahlen ermutigen lassen können; die SPD hatte im direkten Wettbewerb mit der SED hervorragend abgeschnitten. Dennoch war bald zu erkennen, daß Schumachers endgültige Antwort ein Nein sein würde, obwohl es sich bei der Repräsentation nicht um Wahlen, sondern um eine allererste Vorstufe handelte.

Doch Kaiser gab nicht auf. Er warb für die »Nationale Repräsentation« in den westlichen Zonen. Er verhandelte mit den anderen Parteien. Es kam auch zu einer von der SED-Führung bestätigten Aussage über die Stellung der Parteien, daß nämlich »in allen Zonen die gleichen Voraussetzungen für freie Entfaltung ihrer politischen Betätigung gegeben« werden müßten. Das bedeutete Gleichstellung für die SPD in der Sowjetzone, aber auch für die

SED in den Westzonen. Kaiser nahm keine Rücksicht auf sein eigenes Prestige und suchte noch einmal die persönliche Aussprache mit Schumacher. Schumacher verweigerte sich lange; erst am 28. Mai 1947 – die Moskauer Konferenz war schon über einen Monat zu Ende – kam das Gespräch in Hannover zustande. Teilnehmer waren für die SPD Kurt Schumacher, Erich Ollenhauer und Fritz Heine, für die CDU Jakob Kaiser, Ernst Lemmer, Josef Müller (US-Zone) und Dr. Holzapfel (britische Zone). Schumacher lehnte ab; seine hauptsächliche Begründung war, daß die SPD sich erst dann zu beteiligen vermöge, wenn sie gemäß der ihr zukommenden Stärke in allen Teilen Deutschlands zustande kommen könne. Vorahnend hatte die »Neue Zeit« noch am Morgen des Treffens in einem Drei-Sterne-Artikel erklärt:

»Wir können nur wünschen, daß Kurt Schumacher bald jeder Anlaß genommen wird, immer wieder festzustellen, daß die SPD im Osten den anderen Parteien gegenüber minderen Rechtes sei, denn wir sind – weiß Gott – für die gleichen demokratischen Voraussetzungen jeder Parteiarbeit in allen Zonen. Wir bleiben aber der Überzeugung, daß man von dieser Frage nicht die Zusammenarbeit der Parteien in den drängenden Lebensfragen unseres Volkes abhängig machen kann. Dieser Grund wäre so wenig stichhaltig wie der andere von Schumacher angeführte: es müsse erst die wirtschaftliche Einheit Deutschlands verwirklicht werden, ehe das Zusammenfinden der Parteien zu einer nationalen Repräsentation möglich ist. Die umgekehrte Haltung scheint uns richtig . . .«

Drei Tage später, am 31. Mai, antwortete Kaiser auf das Nein Schumachers öffentlich auf einer Deutschland-Tagung der Jungen Union. Es sprachen zunächst für die Junge Union der amerikanischen Zone Franz Bokkenhoff (München), der britischen Zone Dr. Six (Köln), der sowjetischen Zone Dr. Bock (Dresden) und aus Berlin Peter Lorenz. In seiner anschließenden Grundsatzrede sagte dann Kaiser:

». . . Nicht die vergeblich aufgewandte Mühe schmerzt uns, und nicht die Peinlichkeit der vergeblichen Fahrt . . . Wir fragen uns nur mit Sorge, ob es möglich sein kann, daß deutsche Politiker aus parteipolitischer Strategie oder auch nur aus Taktik die Stunde des Handelns für unser Volk verpassen könnten.«

In der Tat bleibt die Grundfrage berechtigt, wie die Wirkung auf die deutsche Entwicklung wohl gewesen wäre, wenn in zupackender Entscheidung auch seitens Schumachers noch während der Moskauer Konferenz ein repräsentatives deutsches Gremium aus allen wesentlichen Parteien den Vier Mächten als Gesprächspartner hätte zur Verfügung gestellt werden können. Wenn man ganz zurückhaltend urteilt, darf man doch sagen, daß die Möglichkeit, einen ernsthaften Versuch zu machen, versäumt worden ist. Jedenfalls ging nun die Auseinander-Entwicklung zwischen Sowjetzone und Westzonen unaufhaltsam weiter, ebenso wie zwi-

schen den – man kann das bereits so sagen – ehemaligen Alliierten.
Politiker, die als Demokraten in der Sowjetzone Verantwortung für 20 Millionen Deutsche hatten, durften sich auch durch bittere Erfahrungen nicht zu Resignation, nicht zu Kollaboration und nicht zu Kapitulation entmutigen lassen – dies blieb Überzeugung und fester Vorsatz des Führungskreises der CDU in Berlin. Nun kam eine neue Initiative, diesmal aus dem Westen. Während noch mit Kurt Schumacher um die nationale Repräsentation gerungen worden war, hatte am 7. Mai 1947 der bayerische Ministerpräsident Ehard die Regierungschefs aus allen vier Besatzungszonen zu einer gemeinsamen Konferenz eingeladen. Sie sollte vom 6. bis 8. Juni in München sein, Berlin erhielt die Einladung erst drei Tage später, man hatte es der Sowjetzone zugerechnet...
Die Einladung gab der Konferenz drei Aufgaben: Maßnahmen gegen »ein weiteres Abgleiten in wirtschaftliches und politisches Chaos« – Zusammenarbeit »im Sinne wirtschaftlicher Einheit und künftiger politischer Zusammenfassung« – grundsätzliches Bekenntnis »zur Zusammengehörigkeit und zum gemeinsamen Aufbau einer neuen staatlichen Form«. Akute Not sowie Enttäuschung über das faktische Scheitern der Moskauer Konferenz waren offensichtlich die Hauptanlässe zu dem Vorschlag. Als Ehard sich eine Woche später eingehend über seine Motive äußerte, waren die Kernsätze: »Wir können nicht mehr warten . . . Wir stehen vor einem Abgrund . . . Wie bringen wir unser Volk durch den nächsten Winter . . . Gerade heute (müssen wir) uns zu einer politischen Einheit bekennen und zu einer politischen Aktivität geschlossen den Willen zeigen.«
Dies alles entsprach durchaus dem, was auch die Berliner CDU-Führung im März zu ihrer Initiative »Nationale Repräsentation« veranlaßt hatte. Nur wollte man nicht, daß durch die Münchener Aktion die Berliner Initiative gehemmt würde – die man vor dem entscheidenden Gespräch mit Schumacher noch für realistisch hielt. Aber in einer ersten abgesprochenen Stellungnahme in der »Neuen Zeit« zu dem »Ruf aus München« aus der Feder des Chefredakteurs Gries heißt es ohne Wenn und Aber: »Es ist heute nicht die Alternative gestellt, ob die Länderregierungen auf dem vom bayerischen Ministerpräsidenten vorgeschlagenen Wege oder ob die Parteien gemäß der Initiative der Union zu gemeinsamen Beratungen und über sie zu einer Verkörperung einheitlichen deutschen Willens gelangen sollen, sondern beide sollen es und beide müssen es. Nicht die Ministerpräsidenten oder die Parteiführer, sondern die Parteiführer und die Ministerpräsidenten haben die höchste Pflicht . . .«
Für die Berliner CDU-Führung war die nächstliegende Frage, ob die SED zur Teilnahme bereit ist. Wegen der LDP hatte man in dieser Hinsicht keine Sorge. Die SED äußerte sich zunächst mit Andeutungen von Vorbehalten. Sie gab nach einer SED-Länder-

besprechung einer gesamtdeutschen Beratung der Parteien Vorrang, ließ auch Skepsis erkennen, war polemisch gegen Ehard, aber sie sagte nicht nein. Offenbar wartete sie die am 16. Mai fällige Sitzung des zentralen »Blocks« ab. Das Kommuniqué dieser Sitzung brachte eine sehr karge Aussage. Es wurde festgestellt, daß »die beabsichtigte Münchener Konferenz dazu beitragen kann, Versuche zur Milderung der deutschen Not zu unterstützen«. Aber es habe auch »Übereinstimmung bestanden, daß, mehr als die Ländervertretungen, die großen Parteien berufen« seien, gesamtdeutsche Fragen zu behandeln. Dieser Satz war ein Kompromiß. Tatsächlich war das Thema in der Sitzung lange diskutiert worden. Die CDU-Vertreter argumentierten nachdrücklich im Sinne des Sowohl-Als-auch. Entscheidend war für die CDU-Gruppe, daß München nicht von vornherein abgelehnt wurde. Da das SED-Ja keineswegs gesichert war, Grotewohl sich aber privat positiv geäußert hatte, verabredeten Kaiser und Grotewohl nach der Sitzung, daß Gradl mit Grotewohl Fühlung halten sollte.
Der SED fiel die Entscheidung sicher auch deshalb schwer, weil sie sich von einem gesamtdeutschen Auftreten als Partei, gleichgestellt mit den anderen großen Parteien, mehr Geltung und Wirkung versprach als von der Beteiligung an einer großen Länderversammlung, in der man mit beträchtlicher Mehrheit überstimmt werden konnte. Tatsächlich schrieben die fünf Ministerpräsidenten der Sowjetzone nach einem Vorgespräch, das der sächsische Ministerpräsident Friedrichs mit Ehard in Hof geführt hatte, an Ehard am 28. Mai einen gemeinsamen Brief, der drei »Vorschläge« enthielt, nämlich

1. Vertreter der Parteien und Gewerkschaften hinzuzuziehen,
2. die Schaffung der wirtschaftlichen und politischen Einheit in den Mittelpunkt zu stellen und
3. den Tagungsort nach Berlin zu verlegen.

Nach Lage der Dinge konnte die SED nicht mit einer Annahme dieser Vorschläge rechnen. In dieser Situation erklärte Jakob Kaiser auf der bereits erwähnten Deutschland-Tagung der Jungen Union am 31. Mai noch einmal das Ja der CDU zur Münchener Konferenz und fügte kategorisch hinzu: »Es kommt für uns auch nicht in Frage zu fordern, daß die Konferenz durch Vertreter der Parteien erweitert werden soll.« Ehard hielt in seiner Antwort an den Dispositionen der Konferenz fest, fügte aber hinzu, daß man an einer späteren Konferenz in Berlin gern teilnehmen werde.
In den schließlich täglichen Telefonaten zwischen Grotewohl und Gradl zeigte sich der Widerwille in der SED-Führung, die besonders unter dem Druck Ulbrichts stand, gegen Teilnahme an der Münchener Konferenz. Erst am 2. Juni nachmittags teilte Grotewohl mit, daß man nach München gehen werde. Seine Stimme klang erleichtert, aber er sagte auch nichts von den Verhaltensre-

geln, die den sowjetzonalen Ministerpräsidenten mitgegeben werden sollten.

Daß die SED-Führung trotz der zurückweisenden Antwort Ehards schließlich zusagte, mag auf das starke Drängen der CDU zurückzuführen sein. Aber sicher spielte auch das harte Nein, das Schumacher am 28. Mai endgültig gegen die nationale Repräsentation erklärt hatte, eine gewichtige Rolle. Die SED stand nun vor der Alternative, sich entweder mit Schumacher die Rolle des Neinsagers zu teilen oder zu München ja zu sagen. Sie wählte das letztere und begann in ihrem Zentralorgan mit einer Kampagne gegen »das ewige Nein von Hannover« und gegen dieses »verantwortungslose Spiel mit Deutschlands Not«. Die SED-Fahrt nach München war damit unvermeidlich geworden. Als zusätzliche Rechtfertigung verwies man auf Ehards Zusage, die nächste Konferenz in Berlin abzuhalten.

Die sozialdemokratischen Ministerpräsidenten hatten von Kurt Schumacher strenge Mahnungen für die Münchener Konferenz erhalten. Kennzeichnend ist eine Ansprache Schumachers im Frankfurter Rundfunk am 31. Mai 1947:

> »... Die Münchener Konferenz soll praktische Erfolge bringen. Voraussetzung dazu ist die kluge Selbstbeschränkung auf die Erörterung der Nöte des Tages und ihre Überwindung mit konkreten und möglichen Mitteln ... Jeder denkbare Erfolg wäre aber vereitelt, wenn Themen diskutiert würden, die mit den aktuellen Sorgen des Lebens nichts zu tun haben. Niemand ist in München dazu legitimiert, die Möglichkeiten einer zukünftigen Reichsverfassung auch nur in der Tendenz vorwegzunehmen.«

Feste sozialdemokratische Linie war also, die Konferenz auf die aktuellen wirtschaftlichen Probleme zu beschränken und sie nicht zu einem gesamtdeutschen politischen Gremium – was Ehards Tagesordnung im Einladungsschreiben ermöglicht hätte – werden zu lassen. Damit war aber auch dem Verlangen der SED-Vertreter, an die Spitze das Thema politischer Einheit und deutsche Zentralverwaltung zu setzen, ein Riegel vorgeschoben. Wenn nicht ein Wunder an politischer Geschmeidigkeit und gesamtdeutscher Entschlossenheit geschah, mußte die Konferenz scheitern.

Das Wunder geschah nicht, die Konferenz als gesamtdeutsche Plattform scheiterte, noch ehe sie richtig begonnen hatte. Die sowjetzonalen Ministerpräsidenten verlangten in der Vorbesprechung der Delegationsführer am Vorabend (5. Juni), daß an die Spitze der Tagesordnung die Bildung einer deutschen Zentralverwaltung als Vorstufe eines deutschen Einheitsstaates gestellt werden sollte. Dies wurde abgelehnt, ebenso Kompromißvorschläge, für die einige Vertreter der Sowjetzone Bereitschaft erkennen ließen. Ein Vermittlungsversuch von Ferdinand Friedensburg – Louise Schröder (SPD), Friedensburg (CDU) und Acker (SED)

bildeten die Delegation Berlins auf der Konferenz – am nächsten Vormittag scheiterte ebenfalls, vor allem an der kompromißfeindlichen Haltung von Bürgermeister Brauer (Hamburg) und Ministerpräsident Lüdemann (Schleswig-Holstein). Die Ministerpräsidenten aus der Sowjetzone nahmen an der Vorkonferenz nicht mehr teil, sie reisten am 6. Juni vormittags ab, Paul (Thüringen) und Hübener (Sachsen-Anhalt) sehr niedergeschlagen.
Aufgabe dieser Betrachtung ist nicht die Darstellung und Bewertung der Konferenz im einzelnen. Das Wortprotokoll des Konferenzablaufes ist aufschlußreich genug. Zum Scheitern der Konferenz als gesamtdeutsche Plattform haben beide, SPD-Führung und SED-Führung, beigetragen; dieser schwierigen Konfliktlage ist die Konferenz nicht Herr geworden. Über die Vorbesprechung der Ministerpräsidenten am 5. Juni 1947 abends in der Bayerischen Staatskanzlei in München gibt es ein sorgfältiges Protokoll. Nach dem Auszug der fünf Ministerpräsidenten der Sowjetzone erklärte Ehard zunächst, dieser Vorfall bedeute die Spaltung Deutschlands, setzte aber die Beratung fort über die Gestaltung der Konferenz, offenbar in der Reihe der Wortmeldungen. Nach einiger Zeit fiel das Wort an Ministerialdirektor Dr. Wandersleb, Begleiter von Ministerpräsident Dr. Amelunxen (Nordrhein-Westfalen). Seine Ausführungen genügen, um die dramatische Stunde zu kennzeichnen, atmosphärisch und sachlich.
Nach dem Protokoll äußerte sich Wandersleb – er wurde übrigens in der ersten Bundesregierung Staatssekretär im Bundeswohnungsbauministerium – folgendermaßen:

> »Er habe den ihm seit Jahrzehnten bekannten Ministerpräsidenten Dr. Hübener herunterbegleitet und ihn gefragt, ob gar nichts mehr zu retten sei. Dieser habe erwidert, daß er es den anderen (gemeint sind die anderen Ministerpräsidenten der Ostzone, d. V.) nicht verübeln könne, wenn nicht irgendwie eine Erklärung von den anderen Herren entgegengenommen werde, die man auch in die Resolution hineinflicken könnte. Im übrigen seien sie noch bis morgen im ›Schottenhaml‹. Er habe sich dafür eingesetzt, daß sie überhaupt gekommen seien. Sie könnten nichts tun, ohne eine Erlaubnis zu erhalten. Es liege hier eine Parallele mit der französischen Besatzungsmacht vor. Er glaube, man solle die Hoffnung nicht ganz aufgeben und überlegen, ob man nicht irgendwie einen kleinen Auslauf geben könne.
>
> Zusammen mit Regierungsdirektor v. Herwarth habe er (Wandersleb) sich weiter von Ministerpräsident Dr. Paul verabschiedet; dieser habe gesagt, sie seien doch nicht so taktlos, um die anderen in Schwierigkeiten zu bringen. Sie hätten sonst doch eine ganze Reihe Einzeldinge sagen können zur Ernährungsfrage, Wirtschaftsfrage usw., die eine propagandistische Wirkung gehabt hätten.
>
> Er (Wandersleb) habe nun vorhin die Bedenken gegen den

Kompromißvorschlag von Ministerpräsident Paul so verstanden, daß, wenn von den Vertretern der russischen Zone nach der Begrüßung durch Ministerpräsident Dr. Ehard eine Erklärung abgegeben werde, dies nicht schweigend hingenommen werden könne. Er glaube aber, man könne doch diese Sache auf ihren Brandherd beschränken, wenn man die Vertreter der Ostzone eine politische Erklärung abgeben lasse, worauf dann die Vertreter der französischen Zone erklären könnten, daß sie zu politischen Fragen keine Stellung nehmen könnten. Die Vertreter der britischen und amerikanischen Zone brauchten dann überhaupt keine Erklärung dazu zu geben, und die Sache wäre dann als politischer Vorstoß erkannt. Es sei die Frage, ob man an diesem, letzten Endes rein politischen Punkt die ganze, große Konferenz scheitern lassen müsse und den Weg für künftig ganz versperren. Die russische Zone sei nicht so einheitlich eingestellt, wie es aussehe.«

Erörtert wurde diese Aussage, die einen Weg zeigte, nicht. Ehard hatte nur eine lakonische und erkennbar verlegene Antwort: Er habe Wanderslebs Ausführungen den Anwesenden nicht vorenthalten wollen. Immerhin, am nächsten Morgen, während der ersten Plenarsitzung, war Ehard mit einem Vermittlungsversuch von Friedensburg einverstanden. Doch auch dieser Versuch scheiterte. Die Stellungnahme von Wandersleb paßt zu dem Urteil von Friedensburg nach seiner Rückkehr (»Neue Zeit«, 10. Juni): »Man gestand den Verwaltungschefs der Ostzone nicht das Recht zu, die von ihnen für unerläßlich gehaltene allgemeinpolitische Aussprache herbeizuführen, und bei der Erörterung hierzu erwiesen sich die gegenseitigen Vorbehalte als so scharf und ernst, daß es der an sich zunächst gutwilligen Konferenzleitung nicht gelang, eine der naheliegenden technischen Ausgleichsmöglichkeiten zu verwirklichen.«

Ernst Lemmer sprach am nächsten Tage von der »drohenden Chaotisierung des nationalen Willens«. Das Wort von Jakob Kaiser auf dem brandenburgischen CDU-Landesparteitag in Potsdam am 3. Mai wurde wieder gegenwärtig: »Drohende Schatten zwischen dem westlichen und dem östlichen Deutschland treten hervor.«

In einer Vorstandssitzung am 16. Juni 1947 zog die CDU Bilanz aus der Initiative nationale Repräsentation und dem Bruch der Münchener Konferenz. Mit tiefer Besorgnis habe man das Scheitern der eigenen Initiative hinnehmen müssen. »Mit besonderer Anteilnahme verfolgte deshalb die Union die Initiative des bayerischen Ministerpräsidenten Ehard ...« Die Union habe geglaubt, »darauf vertrauen zu dürfen, daß man sich angesichts des Volksnotstandes über alle Trennungen hinweg ... gefunden hätte ... Die Union muß den Auszug der Ministerpräsidenten der Ostzone bedauern. Bei aller Würdigung der Bedeutung ihrer Stellungnahme kann nicht verhehlt werden, daß der Eindruck entste-

hen konnte, als sei die Ostzone, für die schließlich auch die Union Verantwortungen trägt, nicht bereit, zu einem positiven Ergebnis der Konferenz beizutragen. Das bleibt zu beklagen ...« Bei der Beurteilung des Verlaufes dürfe »allerdings ebensowenig die schon vorher bekannte Tatsache übersehen werden, daß die der Sozialdemokratischen Partei zugehörigen Ministerpräsidenten in bestimmter parteipolitischer Gebundenheit nach München gekommen sind. Dadurch schon war die Gefahr des Konfliktes mit den Ländervertretern der sowjetischen Zone gegeben ...«
Seine abgewogene, dennoch deutliche Stellungnahme schließt der Berliner CDU-Vorstand mit dem Vorsatz, die Union werde sich erst recht »für die Zusammenfassung der verantwortlichen politischen Kräfte in Deutschland einsetzen«. Die CDU-Spitze war bereit, zu ihrem Teil die schwierige Auseinandersetzung mit dem herrschsüchtigen Kommunismus zu führen. Dabei war sie auf sich selbst gestellt; andere Hilfe konnte nach wie vor nur von einem deutschen Willen erhofft werden, der von politischen Kräften aller Zonen getragen war.
Der Kommunismus auf deutschem Boden war Realität. Worauf es ankam, war, ihn in der Gemeinschaft der Zonen zu einem Wettbewerb mit den demokratischen Kräften nach den Regeln freiheitlich-parlamentarischer Demokratie zu zwingen – nach Regeln, zu denen sich die KPD in ihrem Gründungsaufruf selber bekannt hatte. Ob dies überhaupt noch gelingen könnte, konnte bezweifelt werden. Aber es ist ein Unterschied, ob man in politischer Verantwortung oder als freier politischer Kommentator zu urteilen und zu entscheiden hat. Der letztere konnte etwaiger Skepsis nachgeben. Die Verantwortlichen der CDU mußten davon ausgehen – und taten es –, daß alles mit Sicherheit um so schwieriger würde, je mehr Zeit verlorenginge. So durfte man eben einfach nicht voreilig aufgeben.

Marshallplan und Blockpolitik

Noch während der Münchener Konferenz kam aus den USA ein Anstoß, der die deutsche politische Szene wesentlich beeinflußt hat. In der Sowjetzone führte er zu erheblichen Spannungen und belastete schließlich das Verhältnis zwischen der Union und der Besatzungsmacht sehr. Außerdem liefen neue Versuche der SED an, ihre politische Vormacht zu verstärken. Sie wollte die durchweg von ihr beherrschten oder zumindest vorrangig beeinflußten Massenorganisationen in die Blockpolitik einbeziehen. Beide Vorgänge zwangen der CDU des Sowjetbereiches Risiken und Konflikte auf.
Zunächst der amerikanische Anstoß: Am 5. Juni 1947 hatte der amerikanische Außenminister Marshall in einer Rede an der Harvarduniversität seine Vorschläge zu umfassender amerikanischer Hilfeleistung für die europäischen Länder gemacht. Sie führten später als Marshallplan zu dem europäischen Aufbauprogramm ERP. Marshall ging davon aus, »daß das gesamte europäische Wirtschaftssystem aus den Angeln gehoben wurde« und daß man sich zwei Jahre nach Einstellung der Feindseligkeiten noch immer nicht auf eine Friedensregelung mit Deutschland und Österreich geeinigt habe. »Die Gesundung der europäischen Wirtschaftsstruktur (fordert) ganz offensichtlich eine sehr viel längere Zeitspanne und viel größere Anstrengungen, als man anfangs angenommen hatte. In Wahrheit liegt die Sache so, daß Europas Bedarf an ausländischen Nahrungsmitteln und anderen wichtigen Gütern – hauptsächlich aus Amerika – während der nächsten drei oder vier Jahre um so viel höher liegt als seine gegenwärtige Zahlungsfähigkeit, daß beträchtliche zusätzliche Hilfsleistungen notwendig sind, wenn Europa nicht in einen wirtschaftlichen, sozialen und politischen Verfall sehr ernster Art geraten soll.«
Der Circulus vitiosus, so Marshall weiter, müsse durchbrochen werden, denn aus der Verzweiflung der betroffenen Völker könnten sich Unruheherde ergeben. Die USA müßten alles in ihrer Macht Stehende für eine wirtschaftliche Gesundung tun. »Unsere Politik richtet sich nicht gegen irgendein Land oder irgendeine Doktrin, sondern gegen Hunger, Armut, Verzweiflung und Chaos.« Die Hilfen der USA »sollten eine Heilungskur und nicht nur ein Linderungsmittel sein«. Zunächst aber sollten »die Euro-

päer selbst« sich einigen darüber, was am dringendsten erforderlich sei und was die Länder Europas selbst beitragen könnten. Es sollte ein gemeinsames europäisches Programm entworfen werden, »hinter dem, wenn nicht alle, so doch eine Anzahl von europäischen Nationen stehen«. Einige Tage später stellte Marshall ausdrücklich klar, daß der Appell sich auch an Großbritannien und die Sowjetunion richte.

Zwei Gründe gab es für die CDU, sich im engeren Führungskreis sofort intensiv mit dem amerikanischen Plan zu befassen. Der eine: Angesichts der Wirtschaftsnot und des kommenden Winters mußte jede ernste Möglichkeit wirksamer Hilfe ergriffen werden. Der andere: Die Sowjetzone mußte, wenn Deutschland beteiligt werden sollte, daran teilhaben; sie durfte nicht etwa abgehängt werden. Daß die Westzonen im Hinblick auf die Not der Bevölkerung und die desolate Wirtschaftslage teilhaben wollten und würden, war im Urteil der Berliner unbestritten.

Nach außen äußerte sich die Union zurückhaltend, aber erkennbar der Aktion zugeneigt. Ein Leitartikel der »Neuen Zeit« am 24. Juni bezeichnete sie als europäische Chance. Wenige Tage später begrüßte Jakob Kaiser auf einer Großkundgebung in Bremen »den Marshallplan für die Rettung Europas« ausdrücklich. Zweierlei sei »ermutigend: die klare Erkenntnis, daß man die europäische Not nicht lindern kann, ohne auch Deutschland Heilung zu bringen, dann aber auch die Anerkennung, daß neben Großbritannien auch Rußland zu Europa zu rechnen ist«. Das letztere entsprach der Grundüberzeugung, daß ohne russisches Zutun die deutsche und europäische Verkrampfung nicht gelöst würde. Hinzu kam, daß ein Ausschluß oder Fernbleiben der Sowjetunion entsprechende Rückwirkung auf das Verhältnis der sowjetischen Besatzungszone zum Marshallplan haben würde.

In den deutschen Westzonen war die Stimmung von vornherein positiv, sowohl bei der CDU als auch bei der SPD. In der CDU erhoffte man eine Art Starthilfe in Verbindung mit einer Währungsreform, um endlich einen wirtschaftlichen Aufstieg einzuleiten. Kurt Schumacher äußerte auf dem Nürnberger Parteitag der SPD Ende Juni 1947 im selben Sinne: Die Verantwortung für die Millionen Hungernder schreibe vor, »die große Initiative nicht zu entmutigen«.

Die SED beschränkte sich auf mißtrauische und schlechtgelaunte, aber ein Nein vermeidende Kommentare. So fragte sie am 18. Juni im »Neuen Deutschland«, warum die westeuropäische Diplomatie es so eilig habe mit der Verwirklichung des Planes, obwohl sich die Sowjetunion offiziell noch nicht geäußert habe. Und die Sowjetunion wiederum berief sich darauf, daß sie noch keine genügenden Informationen habe. Offenbar war die Sowjetunion eine Zeitlang unschlüssig. Als Molotow einer kurzfristig in Paris angesetzten Außenministerkonferenz zustimmte, begrüßte die SED diese Konferenz. Aber in Paris machte Molotow die Ein-

beziehung Deutschlands von einer Einigung der Vier Mächte abhängig. Nach den inzwischen im Alliierten Kontrollrat gemachten Erfahrungen wäre damit die Verwirklichung des Planes in Deutschland unerträglich verzögert, wenn nicht blockiert gewesen – genau das Gegenteil der schnellen Hilfe, um die es ging. Die Westmächte lehnten deshalb ab. Die Konferenz schloß am 2. Juli mit der gemeinsamen Erklärung von Molotow, Bidault und Bevin, kein Übereinkommen erzielt zu haben.
Alsbald begann die kommunistische Agitation, und am 25. Juli veröffentlichte der Zentralvorstand der SED eine ausführliche negative Stellungnahme. Darin hieß es, Deutschland solle mit dem Marshallplan »seine Zukunft um den Preis einer Anleihe verkaufen«. Der »amerikanische Monopolkapitalismus sei bestrebt, die ihm drohende Wirtschaftskrise durch die Erschließung neuer Märkte ... mittels der Gewährung staatlicher Anleihen zu hindern« usw. Bevin und Bidault luden nach Paris die 22 Länder ein, die für den Europaplan Marshalls in Betracht kamen. Auch an den sowjetischen Botschafter erging ein Einladungsschreiben, in dem es hieß, man hoffe, daß die Ablehnung der Sowjetregierung nicht endgültig sei und eine Mitarbeit möglich werden könne. Im selben Sinne äußerte sich das CDU-Organ »Neue Zeit«, wünschte aber, als dann das sowjetische Fernbleiben bekannt wurde, der Konferenz dennoch Erfolg.
Beim sowjetischen Nein und dem entsprechenden Verhalten der SED blieb es. Ebenso blieb die CDU-Führung bei ihrer grundsätzlichen Bejahung des Marshallplanes. Vor dem erweiterten CDU-Vorstand erklärte Jakob Kaiser, erkennbar bemüht, den eigenen Standpunkt festzuhalten, ohne im Ton die Besatzungsmacht zu verärgern: Wir müßten Verständnis dafür haben, daß der Marshallplan kein reines Unterstützungsprogramm vorsieht, sondern daß er für weitere amerikanische Hilfe gemeinsame europäische Aufbauanstrengungen verlangt. Deshalb sei es schwierig, den Vorschlägen Molotows zu folgen, die lediglich auf die Sammlung der Unterstützungsbedürfnisse souveräner Einzelstaaten hinauslaufen. Wir gäben aber die Hoffnung nicht auf, daß zwischen Ost und West in bezug auf den Wirtschaftsplan doch noch ein Ausgleich gefunden wird. Auch Bevin habe ja erklärt: die Tür muß offen bleiben. Und Kaiser fügte – um der Besatzungsmacht einen Anstoß zu neuen Überlegungen zu geben – hinzu, daß beim jetzigen Stand der europäische Wirtschaftsplan die Gefahr in sich berge, Westdeutschland stärker denn je an die westliche Linie zu binden.
Die sachlichen Meinungsverschiedenheiten zwischen sowjetischer Besatzungsmacht und CDU blieben also bestehen. In den üblichen, meist lange dauernden Gesprächen zwischen den politischen Offizieren der SMA und den einzelnen Mitgliedern des engeren Vorstandes spielte das Thema eine wichtige Rolle. Aber als Konflikt brach es erst später auf, vor und auf dem bevorstehenden

Parteitag. Die erweiterte Vorstandssitzung am 12. Juli, auf der Kaiser die zitierte Stellungnahme zum Marshallplan abgab, war völlig beherrscht von dem parallel laufenden Konflikt mit der SED über den Mißbrauch der Blockpolitik, das andere vorherrschende Thema dieser Monate. Der Konflikt berührte, wie sich schnell zeigte, einen höchst empfindlichen Nerv der kommunistischen Politik.

Nach den Landtagswahlen im Herbst 1946, dem Beginn parlamentarischer Arbeit und der Bildung von Landesregierungen, konnten Widersprüche und Spannungen im Verhältnis zur Politik der sog. gemeinsamen Ausschüsse nicht ausbleiben. Die SED versuchte, Block und Parlament gegeneinander auszuspielen. Was sie im Block wegen des Einstimmigkeitsprinzips gegen CDU und eventuell auch LDP nicht erreichen konnte, versuchte sie im jeweiligen Landtag durchzusetzen, wenn sie dort eine Mehrheit erreichen konnte. Erreichte sie eine Landtagsmehrheit nicht, so versuchte sie über den Block – bevorzugt regional, weil druckempfindlicher – eine günstige Vorentscheidung zu erreichen. Das Block-Prinzip der Einstimmigkeit verlieh jeder der drei Mitgliedsparteien der gemeinsamen Ausschüsse auch eine Vetoposition. Von der Verweigerung der Zustimmung im Block machte in dieser Phase vor allem die CDU Gebrauch. Die Haltung der LDP wurde in wachsendem Maße unschlüssig und eher nachgiebig, zumal im zentralen Block. Dies war auch der Grund, weshalb auf dem Zonenparteitag der LDP in Eisenach am 6. Juli 1947 die Wiederwahl von Dr. Külz zum Parteivorsitzenden auf den Widerspruch des LDP-Landesverbandes Berlin stieß, »weil er sich nicht mit der Politik des Opportunismus einverstanden erklären könne«. Man habe der Politik der SED mehr nachgegeben als im Interesse der Zusammenarbeit notwendig. Dr. Schwennicke, der LDP-Landesvorsitzende Berlin, zog die Berliner Vertreter aus der Parteileitung zurück. Die Redlichkeit gebietet aber festzuhalten, daß in den Ländern viele Funktionäre und Mitglieder der LDP zäh und mit Mut der SED-Politik widerstrebten.

Die öffentlichen Auseinandersetzungen über die Blockpolitik spitzten sich zu. Vorgänge in Thüringen veranlaßten das Zentralorgan der CDU am 4. Juni zu einem harten Kommentar auf der ersten Seite. Zu lesen war u. a.: »Was zuviel ist, ist zuviel, auch in Thüringen. Hier springt nämlich die SED mit der CDU und LDP um, als ob die beiden Parteien das fünfte Rad am Wagen wären.« Der Kommentar kritisiert die Personalpolitik der SED. Er hält ferner fest, daß das Gesetz zu Übernahme der Bodenschätze und der Bergbaubetriebe lediglich mit den Stimmen der SED gegen LDP und CDU angenommen worden sei. »Die einstimmige Annahme scheiterte daran, daß die SED für eine entschädigungslose Enteignung eintrat.« Und der Kommentator schließt scharf: »Blockpolitik kann niemals eine Vergewaltigungspolitik sein.« Dieser Thüringer Vorgang ist kein Einzelfall jener Zeit. In allen

Ländern und bei mannigfachen Gelegenheiten ereignete sich immer wieder Vergleichbares. Das Zentralorgan der SED reagierte schon am nächsten Tage. Das Gesetz sei eine »durchaus fortschrittliche Maßnahme«. CDU und LDP hätten keine sachliche Notwendigkeit gehabt, es abzulehnen. Blockpolitik bedeute Verantwortung.
Mit der kalten Zurückweisung des Protestes nicht genug, begann die SED ihre Offensive zur Erweiterung der gemeinsamen Ausschüsse. Die beiden anderen Parteien sollten zustimmen, daß der Block um die gesellschaftlichen Massenorganisationen erweitert wird. Nach dem vertrauten Prinzip, möglichst präjudizierende Fakten zu schaffen mit Hilfe ad hoc zusammengerufener Veranstaltungen, wurde am 28. Juni ein erster »Länderkongreß der antifaschistisch-demokratischen Blockausschüsse des Landes Sachsen« abgehalten. Er zählte etwa 600 Teilnehmer.
Auf diesem »Kongreß« wurden LDP und CDU unter Berufung auf die von ihnen mitgetragene Blockpolitik mit der Feststellung überrascht, daß sich dieser Zusammenarbeit neben den Gewerkschaften nun auch die Vereinigung der gegenseitigen Bauernhilfe, der Demokratische Frauenbund Deutschlands, der Kulturbund und die FDJ anschlossen. Damit nicht genug, wurde auf Vorschlag von Dieckmann (LDP) beschlossen, alle grundsätzlichen Fragen vor ihrer Entscheidung durch die Selbstverwaltungsorgane zuerst in den Ausschüssen des antifaschistisch-demokratischen Blocks zu beraten. Das mußte bedeuten, daß die »Blöcke« den Parlamenten vorgeordnet werden sollten. Diese Entwicklung mußte – zumal auch angesichts der Praktiken der SED und ihres Zusammenspiels mit der Besatzungsmacht – gebremst werden; sie hätte den Sinn parlamentarischer Arbeit, offene kritische Diskussion der Parteien und danach freie Mehrheitsentscheidung durch Abstimmung, zunichte gemacht. Eile war auch geboten, weil in den lokalen und regionalen Blöcken aus naivem Verständnis des Prinzips Gemeinsamkeit auch manche CDU-Vertreter allzu bereitwillig zuzustimmen pflegten.
Die zentrale CDU-Führung ging von der Überzeugung aus, daß die politischen Entscheidungen, ob grundsätzliche oder alltägliche, in den Händen der politischen Parteien bleiben müssen, und zwar ausschließlich. Im Block bedeutete das, in den Händen von SED, CDU und LDP, was nicht ausschloß, daß man nach Beschluß von Fall zu Fall auch einmal andere anhörte.
Die fünf gesellschaftlichen Massenorganisationen hatten durchweg eine von der SED beherrschte Führung. Entsprechend würden ihre Vertretungen votieren. So hätten sich CDU (und LDP) im Block stets einer übergroßen Mehrheit gegenüber gesehen, in Zahlen etwa eins oder zwei zu sechs. Der SED-Einwand, daß Beschlüsse nur einstimmig zustande kommen könnten, war formal richtig. Aber es wäre eine völlig andere und auf Dauer psychologisch unerträgliche Situation gewesen, bei Beschlüssen ständig ge-

gen eine sechsfache Übermacht und evtl. die Besatzungsmacht angehen zu müssen. Das war wohl im zentralen Block in Berlin durchzustehen, aber es war draußen im Lande höchst problematisch. Denn dort wäre noch der kaum begrenzte sonstige Einfluß der SED hinzugekommen und eine Agitation etwa in dem Stil: CDU (und LDP) stehen erneut gegen die Arbeiterklasse, gegen die Gewerkschaften, Jugend, Kulturschaffenden und die Frauen ... Das Ganze wäre auf weitere Stärkung der SED-Positionen hinausgelaufen. Ein knappes halbes Jahr später geschah es tatsächlich so, bei der Mobilisierung des ersten »Volkskongresses« als Scheinparlament im Dezember 1947.
So beschloß die CDU-Zentrale, den Kampf sofort auszutragen und als Plattform den erweiterten Landesvorstand am 12. Juli zu nehmen. Die Tagung fand im Haus des Kulturbundes in der Jägerstraße statt. Daß sich etwas zusammenbraute, war vorher schon an den häufigen Besuchen der sowjetischen Politoffiziere in der Parteizentrale zu merken. Es ging jetzt sowohl um die Blockpolitik als auch um den Marshallplan. Kaiser erörterte seine Rede im engsten Kreis; völlige Verschwiegenheit war verabredet. Der Redetext sollte erst während des Vortrages an die Teilnehmer der Tagung und an die Presse ausgegeben werden. Diese Zusicherung machte es notwendig, den Text außerhalb der Parteizentrale zu schreiben und zu vervielfältigen. Das letztere geschah bei einem ehemaligen Berufskollegen von Gradl, bei Dr. Erich Trost, in der Schlüterstraße 38 (Charlottenburg).
Fragen aus dem Parteihaus wurden mit Hinweisen abgewehrt, daß die Rede wegen Arbeitsüberlastung wohl erst in letzter Stunde abschließend formuliert werden würde. Unruhe erweckte es, als wenige Tage zuvor, am 8. Juli, aus einem sonst von Gradl benutzten, an diesem Vormittag aber für technische Tagungsvorbereitungen freigegebenen Wagen ein Mitarbeiter von Uniformierten zweier sowjetischer Jeeps herausgeholt und entführt wurde. Am Tag vor der Sitzung kam er frei, er sei »der Falsche gewesen«.
Jedenfalls gelang es, die Rede zu sichern und zu vervielfältigen. Sie brachte alle aktuellen Themen und Ärgernisse zur Sprache. Die Ansichten über den Marshallplan sind oben schon zitiert. Kaiser beklagte erneut das Scheitern einer nationalen Aktion, wies auf die bedrückenden Internierungen in der Sowjetzone hin sowie auf mangelnde Rechtssicherheit. Als Beispiel nannte er anhaltende Enteignungsbestrebungen. Nach Kritik an den Demontagen und der Ungewißheit der Reparationsbelastung äußerte er sich zum künftigen Weg der Union. Die CDU müsse bei aller Zusammenarbeit an einem eigenen Weg festhalten. Er sei dagegen, die Massenorganisationen zu Mitträgern der Politik zu machen: »Diese Einheitsorganisationen, in denen wir uns zur Zusammenarbeit bereit fanden, die Gewerkschaften, die FDJ, machen uns ohnehin Kopfzerbrechen genug.« Kaiser erklärte weiter die »ehr-

liche Bereitschaft zur Zusammenarbeit auch mit dem Osten. Das können wir aber nicht um den Preis unserer politischen Eigenständigkeit ... Es bedarf der Respektierung der Eigenständigkeit der Union in Berlin und der Zone. Ich hoffe, daß man uns hört und den entschiedenen Ernst unseres Willens begreift.«
Die anschließende Diskussion ließ in Einzelfällen den Wunsch nach Behutsamkeit erkennen. Aber die Entschließung, die auch ausführliche Aussagen gegen eine Verfälschung der Blockpolitik enthielt, wurde einstimmig angenommen, obwohl alle Teilnehmer sich bewußt waren, daß der Rede vermutlich eine harte Periode folgen würde.
Zunächst reagierte die SED schulmeisterhaft und von oben herab. Ein Leitaufsatz im »Neuen Deutschland« am Morgen des 13. Juli über »zwei Jahre Blockpolitik« – als Verfasser zeichnete der stellvertretende SED-Vorsitzende Helmut Lehmann – war wohl noch ohne genaue Kenntnis der Kaiser-Rede geschrieben. Er lobte die »kameradschaftliche« Arbeit der Blockausschüsse im Lande, »die nicht so mit Vorbehalten erfüllt (sind) wie die zentralen Beratungen«. Die Meinung, die gemeinsamen Ausschüsse hätten hinter der Parlamentsarbeit zurückzutreten, wurde schlicht als »Irrtum« abgetan. Noch überheblicher war dann diese Aussage: »Leute, die geistige Bequemlichkeit über alles lieben, beklagen sich über einen zu starken Einfluß der SED in der Blockpolitik. Es läßt sich allerdings nicht leugnen, daß das Schwergewicht der starken Partei und ihrer aktiven Funktionäre sich wie ein Naturgesetz auswirkt.«
Zwei Wochen später greift die SED das Thema wieder auf, diesmal mit unverhüllter Schärfe, insbesondere in einem Leitartikel des »Neuen Deutschland« (26. Juli). Man warnt Kaiser vor »fortschrittsfeindlichen Kräften«. Auf Kaisers Verwahrung, die nichtmarxistischen Parteien als Feigenblatt zu mißbrauchen, wird dialektisch geantwortet: »Unsere (SED-)Propaganda hat niemals einen Zweifel darüber gelassen, wie stark wir uns von der ›Union‹-Politik unterscheiden.« Dazu der übliche Hinweis auf das Einstimmigkeitsprinzip – ein Ausweichen durch gewolltes Nichtverstehen. Aber dann, am Schluß des Artikels, wird gegen Kaisers Beharren auf einer »unabhängigen und aufrechten Politik« das schärfste Geschütz aufgefahren: »Wir erinnern uns dabei eines Mannes, der als Parteifreund Kaisers sein Veto gegen die Politik der Bodenreform und der Enteignung der Kriegsverbrecher einlegte. Herrn Hermes ist schnell bedeutet worden, daß die Werktätigen in Stadt und Land mit reaktionären Politikern nichts mehr zu tun haben wollen.« Hier ist die Maske abgenommen. Die Drohung ist offen, eine Drohung mit der Besatzungsmacht.
Auf eine Antwort von Gradl (Leitartikel »Neue Zeit« 30. Juli), der für die Zusammenarbeit der Parteien auf dem CDU-Grundsatz beharrt, »Träger der politischen Willensbildung des Volkes sind die politischen Parteien«, folgen Entgegnungen des SED-Organs.

Damit läuft der öffentliche Streit zunächst aus. Der blockpolitische Vorstoß der SED ist im Augenblick abgewehrt. Am 28. Juli erklärt der Landesverband Brandenburg unter seinem Vorsitzenden Dr. Wolf einstimmig und »mit aller Entschiedenheit, daß er vorbehaltlos zu den Richtlinien Kaisers und des Zonenverbandes steht«. Und am 2. August spricht die Landesversammlung des CDU-Landesverbandes Berlin Jakob Kaiser mit besonderer Betonung und einstimmig ihr Vertrauen aus.
Hinsichtlich des weiteren Verhaltens der SED gab sich die CDU-Führung allerdings keiner Täuschung hin. Man rüstete sich um so mehr für den Anfang September bevorstehenden Gesamt-Parteitag.

Parteitag des Widerstands 1947

Seit dem Frühsommer war geplant, den CDU-Parteitag 1947 des sowjetischen Besatzungsbereichs Anfang September abzuhalten. Der Termin – 4. bis 8. September – rückte jetzt heran, die Vorbereitungen waren seit längerem im Gange. Die erweiterte Vorstandssitzung des 12. Juli mit der überraschenden Rede Kaisers führte dazu, daß sich die Sowjetische Militäradministration sowohl in der Parteizentrale Jägerstraße als auch in den Landesverbänden intensiv um Information und Beeinflussung bemühte. Die politischen Offiziere waren in höflicher Weise aufdringlich. Die stundenlangen Gespräche mit Vorstandsmitgliedern, aber auch mit anderen Mitarbeitern waren nicht zuletzt deshalb schwierig, weil die sowjetischen Partner unermüdlich ihre eigenen Thesen wiederholten – manchmal drei-, viermal in einer Begegnung –, sich aber jeder gegenteiligen Auffassung verschlossen hielten.
Die Gespräche waren also ermüdend. Aber einen Vorzug hatten sie, sie machten die kritischen Positionen der sowjetischen Politik gegenüber der Haltung der CDU deutlich; man wußte, wohin der Hase laufen sollte. Der SMA kam es darauf an,
1. das Bild der Gemeinsamkeit der drei Parteien im Sowjetbereich, mit anderen Worten, die Blockpolitik der gemeinsamen Ausschüsse, zu erhalten –
2. die CDU auf die sowjetische Ablehnung des Marshallplanes festzulegen –
3. auf der im November bevorstehenden Londoner Außenministerkonferenz die sowjetische Verhandlungsposition durch Übereinstimmung aller drei Parteien der eigenen Besatzungszone bestätigen zu lassen – und
4. gegenüber der westlichen Kritik an der sowjetischen Besatzungspolitik auf das Einvernehmen mit den deutschen Zonenparteien verweisen zu können.
Diese sowjetischen Einwirkungsversuche vollzogen sich nicht nur in unmittelbaren Gesprächen – Oberst Tulpanow selber sprach mehrfach auch mit Jakob Kaiser –, sondern die SMA übte auch öffentlich Druck aus. Die Zeitung der sowjetischen Besatzungsmacht, die »Tägliche Rundschau«, äußerte sich am 21. August zum bevorstehenden Parteitag der CDU mit scharfer Kritik: Die

CDU-Führung beuge sich vor der Politik der USA, ihr Eintreten für den Marshallplan führe zum Verzicht auf nationale Selbständigkeit und zur Verwandlung Deutschlands in eine Kolonie des amerikanischen Monopolkapitals, zu dessen Agenten sie sich mache.

Angesicht der Bedeutung und der Härte der sowjetischen Stimme antwortete das CDU-Organ »Neue Zeit« sofort am nächsten Tage. Der Chefredakteur Wilhelm Gries – der überhaupt in der ganzen Zeit ein hervorragender Helfer mit seinen abgewogenen, aber stets eindeutigen Stellungnahmen war – antwortete auf das schwere Geschütz mit spitzer Ironie: Die »Tägliche Rundschau« mache sich überflüssige Sorgen. Die Union habe »rückhaltloses Vertrauen zu der klugen und charaktervollen Führung von Jakob Kaiser«. Gries belehrte die »Tägliche Rundschau«, man solle sich »nicht irreführen lassen durch polemische Auseinandersetzungen der letzten Zeit, die mit faustdicker Tendenz und hauchdünner Intelligenz von einzelnen SED-Zeitungen und ihrer überparteilichen Assistenz, aber auch von Blättern anderer Richtung um die Union und Jakob Kaiser geführt worden sind«. Die Übereinstimmung in der Partei, ihre »geradezu leidenschaftliche Überzeugung«, erstrecke sich besonders auf die Notwendigkeit einer eigenständigen Haltung der Union sowohl den anderen Parteien als auch den Besatzungsmächten gegenüber.

Der Vorhaltung, die Union sei »einseitig eingestellt«, antwortete Gries: »Wir sind überhaupt nicht ›eingestellt‹, sondern machen unter unsäglichen Schwierigkeiten den Versuch einer an den Lebensinteressen unseres Volkes orientierten deutschen Politik.« Die Union »duldet deshalb in ihren Reihen keine antisowjetische Propaganda, die es anderswo gibt, und sie duldet keine antiamerikanische Propaganda, die es auch gibt«.

Das Blatt der Besatzungsmacht hatte in demselben Artikel die »Neue Zeit« massiv angegriffen: sie versuche, die Potsdamer Beschlüsse »durch einen einseitigen Plan der Monopolisierung der deutschen Wirtschaft zu ersetzen«. Dies habe, so konterte Gries, die »Tägliche Rundschau« mit einem unvollständigen Zitat zu erweisen gesucht, in dem der halbe Satz fortgelassen ist.

Diese verschärfte öffentliche Auseinandersetzung der Organe der Besatzungsmacht und der CDU machten deutlich, wie stark das Spannungsfeld für den bevorstehenden Parteitag werden würde. Sie zeigten aber auch den aufrechten Charakter der »Neuen Zeit«, deren Redaktion im sowjetischen Sektor zu arbeiten hatte. Aus den Zeitungen der Westsektoren Berlins, die sehr viel unbekümmerter sein konnten, war nicht immer Verständnis für nichtkommunistische journalistische Arbeit und für die Schwierigkeiten eigenständiger Politik einer demokratischen Partei im Sowjetbereich zu vernehmen. Um so mehr konnte sich die Redaktion in jenen Monaten ermuntert und ermutigt fühlen durch viele zustimmende Briefe aus der Zone.

Die Sowjetische Militäradministration und die SED, die sich der Kampagne zur Beeinflussung des CDU-Parteitages anschloß, konzentrierten sich auch auf die CDU-Verbände aller Ebenen in den fünf Ländern, um uneingeschränkte Bekenntnisse für die Blockpolitik und gegen den Marshallplan zu erreichen. Die Landesvorstände, Kreis- und Ortsverbände suchten sich zu behaupten.

Wie bei anderen Herausforderungen taten sie es auch in diesem Falle mit List, indem sie die Zustimmung mit Bedingungen und Kritik verbanden, so daß die wahre Meinung unverkennbar wurde. Zuweilen gab es schwache Stellen. Solche Entschließungen wurden dann von der SED-Presse gern abgedruckt oder zitiert, wobei Entstellungen durch Verkürzungen nicht selten waren. Im übrigen – immer wieder muß man daran denken – waren die CDU-Repräsentanten im Lande, anders als die Führung in Berlin, recht allein gegenüber den kommunistischen Zudringlingen. Wie sie wirklich dachten, machten die geheimen Abstimmungen des kommenden Parteitages deutlich.

Noch aber war man im Vorfeld. Etwa zehn Tage vor dem Parteitag kam ganz kurzfristig eine Einladung von Oberst Tulpanow zu einem Gespräch. Kaiser war nicht in Berlin. Die erreichbaren Vorstandsmitglieder, darunter auch Landesvorsitzende, nahmen an der Aussprache im Amtssitz von Tulpanow in Ost-Berlin teil. Von der CDU waren etwa zwölf Vertreter anwesend. Tulpanow war nur von einem Adjutanten begleitet. Die Sitzung fand in seinem Arbeitszimmer statt, einem weiten Raum. Ein großer Schreibtisch stand quer, an ihn war längs eine Reihe mehrerer Tische gestellt. Alle Tischplatten waren mit grünem Tuch bedeckt, auf dem Schreibtisch vier oder fünf Telefonapparate. Das Gespräch wurde in deutscher Sprache geführt, der ehemalige Heidelberger Student sprach sie fließend, wenn auch mit Akzent.

Tulpanow setzte sich in die Mitte einer Längsseite und referierte, wie sich die politische Lage und ihre Notwendigkeiten – zumal im Blick auf die Londoner Konferenz, die sehr wichtig sei – vom sowjetischen Standpunkt darstellten. Seine Darlegungen entsprachen dem, was aus den Gesprächen mit den sowjetischen Offizieren und aus den öffentlichen Polemiken schon bekannt war. Anschließend bat er um Stellungnahme. Das Gespräch kam nur zögernd in Gang, wurde aber dann lebhaft. Schwerpunkte waren die Gemeinsamkeit der Parteien und der Marshallplan. Die Vorsitzenden der Landesverbände äußerten sich vornehmlich zur Blockpolitik, in der Linie, wenn auch mit unterschiedlichen Betonungen, des Votums vom 12. Juli. Sie benutzten die Gelegenheit, um Beispiele von SED-Anmaßungen vorzubringen. Beim Marshallplan gab es auch keine wesentlich neuen Gesichtspunkte. Aber Tulpanow – heute ist er in Leningrad Professor für Fragen der Weltwirtschaft – schien an dem Thema zutiefst interessiert. Beredt und hartnäckig vertrat er die in jenen Tagen auch von der

SED-Presse besonders hervorgehobene Auffassung, der Plan solle nur dem amerikanischen Kapital neue Absatzmärkte verschaffen. Die CDU täusche sich, wenn sie an wirkliche Hilfe glaube. Die Sowjetunion sehe in dem Plan den Versuch, in den europäischen Ländern Fuß zu fassen. Im übrigen komme mit Sicherheit bald eine Weltwirtschaftskrise wie nach dem Ersten Weltkrieg; sie werde dem Plan ohnehin die Grundlage entziehen. So etwa in äußerster Kürze Tulpanows Plädoyer.

Im engeren Vorstand war besonders Gradl für das Thema zuständig. So ergab sich eine längere Diskussion zwischen beiden über Fragen der Konjunkturabläufe und der Konjunkturbeherrschung, aber auch über die Notwendigkeiten und Möglichkeiten, die deutsche Wirtschaftsnot zu bewältigen, zumal der dritte Nachkriegswinter heranrückte. Für den Einwand, wenn eine kapitalistische Überproduktionskrise erwartet werde, dann sei der Marshallplan, der gerade auf der Möglichkeit zusätzlicher Lieferungen nach Europa basiere, ein Mittel gegen die Krise, war Tulpanow unzugänglich. Als Gradl nach längerem Hin und Her schließlich fragte: »... und wenn nun die Krise doch nicht kommt?«, antwortete Tulpanow nach kurzem Zögern: »... dann werde ich römisch-katholisch.« Ein Moment der Verlegenheit wurde durch allgemeines Lachen abgelöst, in das Tulpanow einstimmte. Die Standpunkte blieben beiderseitig unverändert. Zum Schluß ließ sich Tulpanow eingehend über den technischen und zeitlichen Ablauf informieren.

Aus den öffentlichen Auseinandersetzungen mit Besatzungsmacht und SED, aus den vielen Gesprächen, aus den Einflußversuchen in der Zone war für die CDU-Führung noch einmal deutlich geworden, was auf dem Spiel stand. Die CDU durfte nicht als kommunistische Mitläuferpartei erscheinen, sondern mußte an ihrer eigenen Mittellinie zwischen West und Ost festhalten und ihren Charakter bewahren. Und die CDU mußte trotz aller Schwierigkeiten versuchen, ihre politische Tätigkeit in der Sowjetzone nicht zu verlieren, aus menschlichen und nationalen Gründen.

In diesem Sinne wurden die Ausschüsse und Plenarsitzungen vorbereitet. Von vornherein stand fest, daß Kaiser das politische Hauptreferat halten würde. Das zweite Hauptreferat galt der sozialen und wirtschaftlichen Situation. Dabei war auch die Auseinandersetzung mit den Enteignungen und zwangswirtschaftlichen Verwandlungen der Sowjetzone zu führen. Frühzeitig kam der Gedanke, gerade für dieses problemgefüllte Referat Karl Arnold zu bitten. Er war mittlerweile Ministerpräsident des volkreichsten Landes Nordrhein-Westfalen geworden, in dem überdies das umstrittene Ruhrrevier lag. Er war alter Gewerkschafter, Freund von Jakob Kaiser aus den ehemaligen christlichen Gewerkschaften und sozial betont fortschrittlich. Vor dem – wohlverstandenen – Begriff des christlichen Sozialismus scheute er nicht zurück. Er war sehr gesamtdeutsch. Hinzu aber kam die Überlegung, es müßte die Sowjets beeindrucken, wenn gerade ein prominenter westdeutscher CDU-Politiker und Gewerkschafter kritisch aussprach, was an der von demokratischen deutschen Vorstellungen so sehr abweichenden Besatzungspolitik in der Zone politisch, wirtschaftlich und gesellschaftlich zu beanstanden war. Arnold sagte ohne Zögern zu. Gradl wurde beauftragt, das Referat zu entwerfen.

Schließlich sollte Kulturpolitik im weitesten Sinne eine wesentliche Rolle spielen; sie war Gegenstand zweier Referate. Frau Many Jost, Meißen, hatte das Thema »Die seelische und sittliche Krise unseres Volkes«, Robert Tillmanns die »geistigen und kulturellen Aufgaben der Union«.

Zu allen Referaten war viel Zeit für Diskussion vorgesehen; man wollte gerade in der Sowjetzone ein Beispiel unbehinderter Diskussion geben. »Keine Regie und keine Inszenierung werden den Willensausdruck der Delegierten zu stören versuchen . . . Wir wollen keinen Parteitag der Parade, wir wollen einen Parteitag der Diskussion«, sagte Ernst Lemmer bei der Eröffnung. Dem Plenum waren außerdem zwei Tage voraus gegeben für öffentliche Ausschußberatungen und Erörterungen der Entschließungen aus dem Lande. Deshalb also volle fünf Tage Parteitag. Tatsächlich tagten zunächst der wirtschaftspolitische Ausschuß, der sozialpolitische Ausschuß, der Flüchtlingsausschuß, der kulturpolitische Ausschuß, der Ausschuß der Frauen, der Jugendausschuß, der Gesellschaftsausschuß und der kommunalpolitische Ausschuß. Die Serie der Ausschüsse und ihre Vielzahl von Themen und Referaten bewiesen, daß sich die Partei seit dem Parteitag 1946 weiter konsolidiert hatte.

Die CDU der Westzonen auf dem Parteitag war gut vertreten. Es kam immer wieder darauf an, daß die CDU der Sowjetzone in einem lebendigen Verbund mit der CDU des Westens und Südens erkennbar war. Auf dem Parteitagsempfang in einem Haus am Großen Wannsee waren neben den Repräsentanten aller Besatzungsmächte und der internationalen Presse und neben Karl Arnold als einem der Hauptredner Minister Joseph Andre, Stuttgart, Heinrich von Brentano, Darmstadt, Dr. Gerd Bucerius, Hamburg, Chefpräsident Christian Blank, Frankfurt, der Vorsitzende der Kölner CDU, Johannes Albers, und Landrat Wolff, Köln, Gustav Heinemann, Essen, Oberbürgermeister Fridolin Heurich, Karlsruhe, Josef Müller, München, und andere anwesend.

Den Fachausschüssen stand auf dem Parteitag genügend Zeit zur Verfügung; so wurde intensiv diskutiert. Dabei ging es um konstruktive Beiträge, aber auch um kritische Beleuchtung der sowjetzonalen Verhältnisse. Im Wirtschaftsausschuß griff man vorausgegangene Eingaben der Berliner Parteiführung an den Alliierten Kontrollrat auf, um eine Steuerordnung zu erreichen, die Leistung nicht bestrafte, sondern begünstigte. Erneut wandte sich ein Referat von Gradl gegen eine Enteignung aus parteidoktrinären

Gründen. Nach sehr lebhafter Diskussion verlangte man, mit Enteignungen Schluß zu machen und strittige Fälle nachzuprüfen.
Im Flüchtlingsausschuß wurde ein Gesetzentwurf für den Lastenausgleich behandelt nach einem Referat von Dr. Helmut Brandt (Berlin). Aus Dresden kam der Vorschlag, bei den CDU-Ortsgruppen Umsiedler-Beratungsstellen einzurichten. Im Gewerkschaftsausschuß unter der Leitung von Eduard Bernoth wurde die marxistische Beeinflussung der FDGB-Mitglieder und die Propagierung von Freidenkerverbänden und religionslosen Schulen durch die Industriegewerkschaften kritisiert. Man bejahte Gewerkschaftseinheit, aber dazu gehöre strenge Überparteilichkeit und weltanschauliche Toleranz. Im Frauenausschuß, in dem Helene Weber, Elfriede Nebgen und Margarethe Ehlert referierten, wurde eine Beteiligung an dem vor allem von der SED getragenen »Demokratischen Frauenbund Deutschlands« abgelehnt. Diesem Einheitsverband gehe es nicht um soziale, sondern um ideologische Arbeit. Natürlich würden die Frauen der CDU auf sozialem Gebiet mitarbeiten.
Im kommunalpolitischen Ausschuß übte Staatssekretär a.D. Frank Schleusener, Potsdam – später starb er in einem Keller der sowjetischen Geheimpolizei –, Kritik daran, daß man unterlassen habe, in der kommunalen Selbstverwaltung die notwendigen Aufsichtsinstanzen einzubauen. Die Bevölkerung sei dadurch der schrankenlosen Willkür der Ortsgewaltigen ausgeliefert. Es verbreite sich ein Gefühl der Rechtlosigkeit. Eine Entschließung verlangte demgemäße Kommunalaufsicht.
Insgesamt boten die Ausschüsse – hier konnten nur Beispiele gegeben werden – das Bild einer Partei, die gewillt war, auf normale demokratische Weise ihre Beiträge zur Gestaltung der Politik und Gesellschaft in der Sowjetzone zu leisten, ohne dabei den Blick für die anderen Zonen zu verlieren. Nicht weniges von dem, was gesagt und verlangt wurde, war der SED ein Greuel. Sie reagierte auch entsprechend. Aber mit ihren Vorherrschaftsansprüchen und ihrem intoleranten Verhalten zumal im Lande hatte sie eben den Widerspruch und das Aufbegehren herausgefordert.
Die öffentliche Aufmerksamkeit konzentrierte sich naturgemäß auf die Plenartagungen und insbesondere auf die Reden von Jakob Kaiser und Karl Arnold. Die vorausgegangenen Auseinandersetzungen hatten publizistische Neugier geweckt, wie es in der Sache weitergehen und wie der Parteitag reagieren würde. Die Teilnahme prominenter Vertreter aller vier Mächte und einer großen Zahl internationaler Journalisten war kennzeichnend. Der als Staatsoper dienende Admiralspalast an der Weidendammer Brücke war überfüllt, als Ernst Lemmer am Sonnabend, dem 6. September 1947, den Parteitag eröffnete. Den zahlreicher erschienenen Vertretern der Christlich-Demokratischen Union aus den anderen Zonen sagte er, ihre Teilnahme sei ein Zeichen unlösbarer Verbundenheit. Was sonst als Höflichkeit vermerkt worden

wäre, bekam in dieser besonderen Umgebung und Atmosphäre seinen tiefen Sinn.
Nach Lemmers Eröffnung sprach sofort Oberst Tulpanow. Er hielt eine beherrschte, in ihrer Art eindrucksvolle Rede. Sie war gekennzeichnet durch den Versuch, die bekannte sowjetische Deutschlandpolitik in einer für deutsche Ohren nicht unfreundlichen Weise darzustellen. Seine Behauptung, die Sowjetische Militäradministration strebe weder in der sowjetischen Zone noch überhaupt in Deutschland etwas gegen die Lebensinteressen an, wurde schweigend angehört. Auch sonst verhielten sich die Delegierten klug. Bereitwillig spendeten sie Beifall, wenn Tulpanow etwas sagte, was für sich genommen gut zu hören war, z. B. der Satz: »Der sowjetische Staat ist daran interessiert, daß sich das deutsche Volk schnellstens erholt, seine politische Einheit wiederherstellt und auf demokratischer Basis gleichberechtigt und unabhängig ist.« Die dem Satz so sehr zustimmten, hatten allerdings eine ganz andere Vorstellung von »demokratisch« als der Redner. Das doppelschichtige Verständnis führte vor ernstem Hintergrund zu einer fast amüsanten Szene. Im Hinblick auf ihre Initiative für eine Einheit Deutschlands sagte Tulpanow wörtlich: »Ich möchte dem ersten und dem zweiten Vorsitzenden der CDU in der sowjetischen Besatzungszone, den Herren Kaiser und Lemmer, keine unnötigen Schwierigkeiten bereiten.« Tulpanow erhielt sofort starken und langen Beifall, so daß er nicht weiterreden konnte. Schließlich unterbrach er mit den Worten: »Da es Ihnen, wie ich sehe, so gut gefällt, will ich es wiederholen«, und wiederholte den Satz. Darauf noch stärkerer Beifall, worauf Tulpanow zum zweiten Mal wiederholte und – im Osten würde man sagen – eine Ovation erhielt. Die Delegierten hatten kundgetan, was sie wirklich wollten. Tulpanow hatte Vorbehalte aufgelockert und sich selbst als souveränen Repräsentanten gezeigt.
Danach kam die mit Spannung erwartete Rede Kaisers. Er hielt exakt an seiner deutschen Linie zwischen West und Ost fest. Weder war die Rede beeinflußt von den Vorwürfen und Drohungen der kommunistisch-sowjetischen Seite noch von abwartenden und verdächtigenden Stimmen aus der SPD-Zentrale Hannover und gleichgestimmten Kreisen. Ernst Lemmer hatte als Tagungspräsident scharf einen anonymen Text der amerikanischen Zeitung in Deutschland zurückgewiesen, in dem es im Zusammenhang mit dem Parteitag hieß:

> »Wieder spielt die anständigste Rolle die deutsche Sozialdemokratie. Sie als einzige hat Charakter genug, zu kämpfen, statt zu kapitulieren, zu leiden, statt zu liebäugeln. Auch wer in Deutschland oder anderswo nicht zu ihr gehört, wird diese Haltung respektieren müssen. Ähnlichen Respekt vor der CDU zu empfinden, fällt bedeutend schwerer. Sie kann, mindestens in Teilgruppen, vielleicht noch an unser Verständnis, kaum mehr an unsere Achtung appellieren.«

Man kann sich vorstellen, wie derartiges auf Menschen wirkt, die fest und mit hohem Risiko an Ort und Stelle die Auseinandersetzung mit der Fremdbestimmung zu führen hatten und führten.

In seiner großangelegten Rede sparte Kaiser kein wesentliches Thema und wich keinem Angriff aus. Gleich zu Beginn griff er den Versuch von SED-Zeitungen auf, ihn mit dem Hinweis auf das Schicksal seines Vorgängers Hermes zu schrecken. »Damit bin ich nun gar nicht zu schrecken.«

Zur Blockpolitik: Man hätte sie besser anders getauft. »Doch bejahen wir sie, solange und sofern sie nicht von einer der Parteien benutzt wird, um sich eine ideologische und praktische Vorherrschaft zu sichern. Daß dafür in der Ostzone immerhin Neigung und Gefahr gegeben ist, bedarf wohl kaum besonderer Betonung ... Wir bejahen Blockpolitik aus der Not der Zeit heraus, möchten aber nicht übersehen wissen, daß es auch in der Blockpolitik eine gesunde, eine regulierende Opposition geben kann und geben muß ... Jede Demokratie braucht Opposition, um nicht an Selbstzufriedenheit zu ersticken oder an menschlicher Unzulänglichkeit zugrunde zu gehen.«

Diffamierung: »Wir müssen zu einer ›Entdiffamierung‹ der politischen Methoden kommen ... Diffamierung ist nicht nur eine Methode der SED. Auch Kurt Schumacher beliebt sie anzuwenden ... Seine Haltung zu unserer Aufgabe in der Ostzone gehört in das Kapitel von Kampfmethoden, die zwischen politischen Verantwortungsträgern in der Demokratie nicht üblich sein sollten.«

Zu gefälschten und aufgezwungenen Entschließungen: Zur Politik der Union »sind in den letzten Wochen mancherlei Entschließungen gefaßt worden, die merkwürdigerweise zumeist nur in der SED-Presse und in ihren Gefolgschaftsblättern veröffentlicht wurden. Was haben solche Presseäußerungen für einen Sinn, wenn man ihnen ansieht, welche Anstrengungen gemacht werden mußten ...«

Reparationen: »Deutschland braucht dringend Hilfe ... Deutschland kann ohne Hilfe von außen nicht gesunden ... Wir erkennen an, daß Rußland für den Wiederaufbau Waren verschiedenster Art braucht. Rußland will einen Teil dieser Waren aus der laufenden deutschen Produktion gewinnen ... Deutschland hat aber nur dann Aussicht auf diese Steigerung seiner Produktion, wenn ihm die Mittel und die Frist verschafft werden, seine Produktion wirklich wieder in Gang zu bringen.«

Ostgrenze: Es muß eine »verantwortungsbewußte Regelung der deutschen Ostgrenze« geben. »Ist es wirklich Nationalismus, wenn Deutschland nach dem Wiederbesitz seines Bodens verlangt, der seinen Menschen viele Jahrhunderte hindurch Heimat war?« »Die der polnischen Verwaltung anvertrauten Gebiete haben früher 16 Millionen Menschen auf dem eigenen Boden und

darüber hinaus Millionen im übrigen Deutschland ernährt... Kompromisse müssen gefunden werden.«
Marshallplan: »Wir haben gewiß Verständnis – und wir haben dieses Verständnis bekundet –, daß sich Westdeutschland in seiner Not der Hilfe erschließt, von der es hofft, daß sie morgen oder übermorgen auch dem übrigen Deutschland Erleichterung bringt. Aber es hieße mit einer sehr unsicheren Karte um das deutsche Gesamtschicksal spielen, wenn der Preis dafür der Beginn des Entstehens von zwei Deutschland wäre. Deshalb beharren wir auf dem Standpunkt, daß noch einmal an die Vernunft der Welt appelliert werden muß . . .«
Damit leitete Kaiser zu dem Vorschlag über, eine Körperschaft zu bilden, die deutsche Gesamtinteressen zu vertreten vermag. Er griff dazu einen Vorschlag auf, der schon im Frühjahr 1947 auf der Moskauer Außenministerkonferenz gemacht worden war, allerdings ohne praktisches Ergebnis. Ein »Deutscher Konsultativrat« sollte zur Beratung der Mächte und als Vorstufe deutscher Zentralverwaltungen geschaffen werden. Auf je eine Million deutscher Einwohner sollte je eine maßgebliche politische Persönlichkeit berufen werden. Aufgabe des Konsultativrates sollte es sein, 1. Vorschläge für die Errichtung einer Zentralverwaltung für die Errichtung aller Zweige der Wirtschaft zu machen, 2. die Wahl einer deutschen Nationalversammlung vorzubereiten, 3. Vorschläge für die Einsetzung einer deutschen Planungs- und Reparationskommission zu entwickeln und 4. gutachtliche Stellungnahmen abzugeben. Kaiser sagte selber, der Vorschlag enthalte im Grunde nichts Neues. Aber es sei für unser Volk entscheidend, daß endlich einmal ein Anfang der Zusammenfassung gemacht werde.
Im letzten Teil seiner Rede ging Kaiser auf den ideologischen Kampf ein. »Die Auseinandersetzungen gehen im wesentlichen zwischen dogmatischem Marxismus mit seinem totalitären Willen einerseits und einer Welt, der die persönliche Freiheit und das Recht der Persönlichkeit oberstes Gesetz sind. Das gilt auf politischem und auf wirtschaftlichem Gebiet . . . Deutschland muß das Recht haben, in freier, geistiger Entscheidung im eigenen Volkskörper diese Auseinandersetzung der Ideenwelten auszutragen . . .« Im Zuge dieser Überlegungen sprach Kaiser für die CDU dann bekenntnishaft jenen vielzitierten Satz, übrigens unter starkem Beifall, aus: »Wir müssen und wir wollen Wellenbrecher des dogmatischen Marxismus und seiner totalitären Tendenzen sein.« Und wenig später präzisierte Kaiser: »Wir können nur wünschen, daß die SED ihre Versuche aufgibt, mit ihrem totalitären und revolutionären Willen die Union zu überspielen. Es wird dann für alle um so leichter sein, sich in wirklicher demokratischer Arbeit zu begegnen.«
Dies alles war in Gegenwart der sowjetischen Besatzungsmacht, aber auch der als Gäste anwesenden Vorsitzenden von SED und

LDP gesagt, freimütig und offen. Die Rede war konzipiert worden aus der Überzeugung, daß, so wie die Dinge um Deutschland und in der Sowjetzone gelaufen waren, nur noch völlige Offenheit und Geradlinigkeit etwas bewirken konnte, sofern im Sinne der CDU noch etwas zu bewirken war. Dies wurde auch von dem großen Zuhörerkreis, Delegierten und Gastteilnehmern, verstanden. Ernst Lemmer konnte als Tagungsleiter feststellen, daß die Rede Kaisers mit stürmischem Beifall beantwortet worden ist.
Die Diskussion am nächsten Tage leitete Ferdinand Friedensburg ein. Auch er machte keine Umschweife: Aus den Worten von Oberst Tulpanow klinge die Sorge, daß wir uns mit einer anderen Macht verbinden könnten. Nach unserer ganzen Geisteshaltung seien wir westliche Menschen. Es wäre gut, wenn die östliche Besatzungsmacht dies erkennen würde, daß schon aus diesem Grunde eine Sowjetisierung Deutschlands niemals möglich sein wird. Zugleich sei es ein Gebot der Selbsterhaltung unseres Volkes, wenn wir uns davor hüten, aus Sorge vor dem östlichen Kollektivismus uns vorbehaltlos dem Westen zu verbinden. Die Verlockungen seien nicht gering . . ., wir müßten aber alles tun, um eine einseitige Option zu vermeiden.
Die Einstellung des Parteitages zum Konsultativrat traf am sichersten der sächsische Landesvorsitzende, Professor Hugo Hickmann: »Die Feststellung, daß der tote Punkt überwunden werden muß, die Ausgabe einer neuen Parole für eine gesamtdeutsche Vertretung, war das größte Ereignis dieser Tagung. Dieses Ziel dürfen wir nicht preisgeben.« Auch in dieser Diskussion zeigt sich, daß sich Hoffnung immer wieder an das deutsche Ganze klammert. Wäre diese Atmosphäre der Münchener Ministerpräsidentenkonferenz zugänglich gewesen, vielleicht . . .
In der Diskussion zu Kaisers Rede sprachen mehr als ein Dutzend Vertreter aus der Sowjetzone. Unter ihnen einige, die sich zuweilen mehr »Elastizität« von der Führung wünschten. Aber auch sie, z. B. Lobedanz (Schwerin), Pfarrer Kirsch (Chemnitz), Herwegen (Halle) bejahten mit geringen Nuancen die Position, die Kaiser bezogen hatte. Dornhofer (Thüringen), Dr. Wolf (Potsdam) und die meisten anderen stimmten mit Entschiedenheit zu. Walther Schreiber schloß diesen Teil der Aussprache mit einem Treuebekenntnis der Partei. Insgesamt machte die Aussprache und ihr Echo im Plenum deutlich, daß Kaiser die politische und die menschliche Zustimmung des Parteitages hatte.
Das zweite große Thema des Parteitages behandelte dann Karl Arnold: Wirtschaftsnot und Wirtschaftsordnung. Gradl hatte in Düsseldorf die Konzeption besprochen und brachte Karl Arnold dann auch das umfangreiche Manuskript. Arnold übernahm den Text unter stilistischen Änderungen und fügte inbesondere zum Thema Ruhrgebiet die aktuell angebrachten Aussagen ein.
Die fast zweistündige Rede wurde mit größter Aufmerksamkeit angenommen. Sie war seinerzeit aus der Sicht der Sowjetzone und

Berlins als deutsche Nachkriegsbilanz konzipiert, heute würde man sagen, als Bestandsaufnahme. Die Rede ist deshalb im Anhang (Seite 177 ff.) im Wortlaut wiedergegeben. Die folgenden Auszüge beschränken sich auf Aussagen, die damals zumal für den Parteitag von unmittelbarem politischem Interesse waren. Der Redner stellte die separate Entwicklung von Wirtschaft und Wirtschaftssystem in der sowjetischen Zone in den größeren deutschen Zusammenhang und setzte sich ohne Polemik, aber sehr kritisch in der Sache mit dem auseinander, was nach Meinung der SED Modell für die anderen Zonen sein sollte. Vorausgeschickt wurde eine nüchterne Darstellung der Lebensnot des deutschen Volkes, der fürchterlichen Ernte des Krieges, des Fehlens von mehr als sechs Millionen Männern, die damals noch in alliierten Kriegsgefangenenlagern waren, der Not der Ausgewiesenen und Flüchtlinge. »Die Bilanz, die gezogen werden muß, ist für unser Volk unsagbar trostlos. Eine erschöpfte und ausgezehrte Arbeiterschaft, eine seit langem überbeanspruchte und doch für die Versorgung völlig unzureichende Landwirtschaft, eine von Kriegsschäden und unerhörten Demontagen dezimierte, von Rohstoffmangel und vielen Produktionseinengungen gehemmte Industrie, ein Verkehrswesen, für das jeden Augenblick der Zusammenbruch befürchtet werden muß, eine schwerkranke Währung – das ist die deutsche Wirtschaft, die siebzig Millionen auf engstem Raum zusammengedrängten Menschen eine Existenz geben soll.« Vor dem Hintergrund dieses schrecklichen Bildes verlangt Karl Arnold: »Man muß uns einen Anfang geben. An dem Willen zur Arbeit und an dem Mut, durch dieses Tal von Tränen und über diesen Berg von Trümmern zu gehen, fehlt es (uns Deutschen) nicht ... Jetzt im dritten Jahr nach dem Ende des Waffenstreites wissen wir noch immer nicht, was aus uns wird. Daß 70 Millionen Menschen im Herzen Europas hilflos dem Spiel der Gegensätze zwischen den Siegermächten ausgesetzt sind ..., das ist es, was wir bedauern.« Man muß »uns den Weg über die Zonengrenzen hinüber und herüber für Menschen und für Güter freigeben und unsere wirtschaftlichen Aufgaben in unsere eigenen Hände zurücklegen. Man gebe uns auf jeden Fall die zentrale Verwaltung wenigstens für jene Wirtschaftsgebiete, die absolut lebenswichtig sind, nämlich für die Landwirtschaft, für den Verkehr und, wenn nicht mehr möglich ist, wenigstens auch ein Zentralamt für Kohle und Energie. Eine gesamtdeutsche Wirtschaft unter deutscher Verantwortung, Herstellung solider und unabhängiger Wirtschaftsbeziehungen zum Ausland und dazu ausländische Kredithilfe zumindest für die Überbrückung der Anlaufjahre, das sind die wichtigsten Bedingungen für ernsthafte Aussichten für einen Wiederaufbau.« Hinzu kommen müsse eine Steuerreform, wie sie dieser Parteitag vorgeschlagen habe, und eine gesamtdeutsche Währungsordnung.
Im letzten Teil seiner Rede behandelte der Redner Fragen der

Wirtschaftsstruktur in der Ostzone und im Westen und das Problem einer neuen Wirtschaftsordnung. Die Menschen seien verwirrt von der Fülle neuer Parolen und Begriffe. Das wäre leichter zu ertragen, wenn mit einem gesamtdeutschen Parlament gerechnet werden könnte, das über die künftige Wirtschaftsordnung und Wirtschaftspolitik entscheide. Bis dahin aber »sollte es selbstverständlich sein, daß nicht vorher schon umstürzende Änderungen zonenmäßig durchgeführt werden«.

Mit diesen Änderungen in der Ostzone befaßte sich Arnold dann mit der sarkastischen Einleitung: »Bodenreform, Industrieenteignung und ähnliche Ratschläge werden uns in großer Zahl gegeben, so daß man fast den Eindruck gewinnen könnte, nichts anderes sei erforderlich, um uns ein Paradies an Rhein und Ruhr zu schaffen. Man hält uns vor, daß wir im Westen in dieser Hinsicht weit hinter der ›progressiven Entwicklung‹ der Ostzone zurückgeblieben seien. Im Westen ist das Verlangen nach einer neuen wirtschaftlichen und sozialen Ordnung nicht weniger lebendig als hier im Osten«, aber sie müsse eine gesamtdeutsche Ordnung sein und deutscher Auffassung und Lebensform entsprechen.

Die Wirtschaftsordnung der Ostzone sehe man im Westen und Süden mit Sorge. Es zeige sich »ein sehr fremdartiges Bild, wenn mehrere tausend Betriebe zu sogenannten landeseigenen Betrieben gemacht« werden. »Das Schwergewicht der ganzen industriellen Wirtschaft in der Ostzone liegt bei den landeseigenen und sonst sozialisierten Unternehmungen.« Die an sich berechtigte Enteignungsaktion nationalsozialistischer Aktivisten ist hier »ausgeweitet worden zu einer bewußten Änderung der gesamten Wirtschaftsstruktur, zu einer Sozialisierung nicht aus sachlicher Notwendigkeit, sondern aus einem Dogmatismus einseitiger marxistischer Vorstellung«.

»Neuordnung darf nicht dazu führen, daß an die Stelle privater Macht nun einfach der Staat als allmächtiger Arbeitgeber gesetzt wird . . . Die lange entbehrte Freiheit, auf die wir in den zwölf Jahren des Nationalsozialismus so sehnsüchtig gewartet haben, wollen wir nicht noch einmal dadurch verlieren, daß wir als einzelne der Übermacht und der absoluten Bevormundung einer in Staatshand geballten Wirtschaft ausgesetzt werden. Nicht irgendein Kollektiv, sondern der einzelne Mensch . . . bleibt für uns auch in der Wirtschaft das entscheidende.« Karl Arnold schloß mit der Feststellung, ein eigenständiges Volk könne nicht die wirtschaftlichen Theorien und Formen in Ost oder West einfach blind und schematisch nachahmen. »Wir müssen den eigenen Weg suchen und finden.«

Auch dieser Vortrag wurde mit starkem Beifall aufgenommen und führte zu einer langen Diskussion. Als erster sprach von der Gablentz. Die Union sei nicht einfach für oder gegen; Sozialisierung und Planung könnten als Mittel zum Zweck einmal angemessen und ein andermal töricht sein. Einige Redner differenzierten das

Urteil über die landeseigenen Betriebe und die Bodenreform. Ablehnend äußerte sich der frühere Oberst Steidle, der dem Nationalkomitee Freies Deutschland angehört hatte und jetzt Vizepräsident der Zentralverwaltung Landwirtschaft war. Die Politik der Partei sei nicht wendig genug. Man könne auch die Arbeit der Ostzone nicht einfach ablehnen.
Das politische Referat von Jakob Kaiser, das wirtschaftspolitische Referat von Karl Arnold, die kulturpolitischen Referate von Frau Jost und Robert Tillmanns zeichneten zusammen mit den Aussprachen und den Sitzungen der Ausschüsse ein klares Profil der CDU des Sowjetbereiches als gesamtdeutsche, demokratische und soziale Partei. Der Widerstand gegen die fremdbestimmten Entwicklungen in der Sowjetzone wurde ganz deutlich. Eine überzeugende Bestätigung brachten die geheim durchgeführten Wahlen zum Hauptvorstand. Nach der Satzung zählte er zwanzig Mitglieder. Von ihnen waren die Vorsitzenden der sechs Landesverbände geborene Mitglieder. So hatten die etwa 250 Delegierten vierzehn Mitglieder zu wählen. Jakob Kaiser erhielt als Erster Vorsitzender 248 von 249 abgegebenen Stimmen. Neben Kaiser stellte der Parteitag mit derselben Eindeutigkeit Ernst Lemmer als zweiten Vorsitzenden (247 von 248 Stimmen). Diese geheime Wahl bewies, daß die Gesamtheit der Delegierten tatsächlich an der Seite der Parteispitze stand. Dritter Vorsitzender wurde Lobedanz (Schwerin), Vierter Vorsitzender Hickmann (Dresden). Die Beisitzer waren in der Reihenfolge der Stimmenzahl Otto Nuschke (223), Ferdinand Friedensburg (222), Elfriede Nebgen (221), Robert Tillmanns (221), Josef Bock (217), Heinrich Krone (205), Fred Sagner (203), Ilse Bubner (191), Erich Fascher (179), Johann Baptist Gradl (174), Georg Schneider (172) und Hillebrand (169). Die »geborenen« Vorstandsmitglieder, nämlich die Vorsitzenden der sechs Landesverbände, waren Leo Herwegen (Sachsen-Anhalt), Hugo Hickmann (Sachsen), Reinhold Lobedanz (Mecklenburg), Walther Schreiber (Berlin), Siegfried Trommsdorff (Thüringen) und Wilhelm Wolf (Brandenburg).
Dies war der Vorstand, der sich schon ein Vierteljahr später einer entscheidenden Herausforderung zu stellen hatte. Zunächst aber gingen die Delegierten ermutigt und zuversichtlich auseinander. Dem Vorstand allerdings wurde noch am letzten Abend des Parteitages deutlich – ebenso wie den westdeutschen Gästen –, daß die Zukunft sehr schwierig werden würde. Die SMA hatte, wie bei Parteitagen üblich, zu einem Abendempfang eingeladen. Bei den Ansprachen machte Jakob Kaiser eine leicht formulierte Bemerkung über die Oder-Neiße-Linie. Darauf reagierte Oberst Tulpanow äußerst gereizt. Die Atmosphäre – vorher schon getrübt, weil die SMA erfahren hatte, daß Gradl die Rede von Arnold verfaßt hatte – war gestört und blieb es.
Wenige Tage später greift die »Tägliche Rundschau«, die Zeitung der SMA, unverhüllt Kaiser hart an. Sie warf ihm Kapitulation

vor dem anglo-amerikanischen Kapital vor. Die »fortschrittlichen« Kräfte der CDU würden sich gegen den reaktionären und antisowjetischen Weg durchsetzen, wenn Kaiser nicht zur Einsicht käme. Dies waren eindeutige Warnungen und Drohungen. Sie mußten noch nicht das letzte Wort sein. Aber im engeren Parteivorstand war man sich einig, daß man es darauf ankommen lassen mußte. Und man war froh, daß der Wille zum politischen Widerstand so offen und klar deutlich gemacht worden war.

Der entscheidende Konflikt: Volkskongreß

Oberflächlich betrachtet ging im letzten Viertel 1947 zunächst der politische Alltag weiter. Unter der Oberfläche nahmen die Einwirkungen der Besatzungsmacht und der SED-beherrschten Organe auf die regionalen und lokalen CDU-Verbände in quälender Weise zu. Mit zermürbenden Gesprächen, entstellenden Deutungen der Parteiaussagen, mehr oder minder deutlichen Drohungen, kurz gesagt, mit den Mitteln einer raffinierten psychischen Bedrückung wurde Einfluß genommen. Resolutionen wurden beeinflußt oder aufgezwungen; die Zeitungen der SED und der Besatzungsmacht sorgten für Verbreitung. Alles war darauf angelegt, die gerade erst gewählte Parteiführung von ihrer Partei im Lande zu isolieren.

Die Mitglieder der zentralen CDU-Führung zeigten sich demgegenüber betont selbstsicher und wurden wirkungsvoll unterstützt von der »Neuen Zeit«, die kein Blatt vor den Mund nahm. Parteiführung und Zeitung bekamen in vielen Zuschriften zu spüren, daß sie verstanden wurden. Die Berliner Mitglieder des Hauptvorstandes benutzten jede Gelegenheit, auf CDU-Veranstaltungen zu sprechen und die Einstellungen zu korrigieren, die über die Haltung der CDU verbreitet wurden. Der starke Zustrom zu den Versammlungen zeigte auch, daß sich die Bevölkerung weit über die Parteikreise hinaus in den Aussagen des CDU-Parteitages verstanden und angesprochen fühlte.

SED und Besatzungsmacht setzten ihre entgegengesetzten Aktivitäten fort. Der SED-Parteitag vom 20. bis 24. September 1947 forderte erneut die Einbeziehung der Massenorganisationen in die politische Willensbildung der Sowjetzone; eine Politik, die sich auf Parlamentsarbeit beschränke, schalte das Volk aus. Ein Manifest verlangte Volksinitiative und Volkskontrolle, ein Stichwort für einen neuen Versuch, das wirtschaftliche Geschehen und individuelle Verhalten durch direkte Aktionen zu kontrollieren und zu beherrschen. In der zunächst unverfänglich klingenden Formel »Auf der Londoner Außenministerkonferenz möge die Stimme des deutschen Volkes gehört werden« kündete sich an, was wenig später mit dem Begriff Volkskongreß das bisherige politische Gefüge der Sowjetzone sprengen sollte. Auch die Besatzungsmacht zeigte sich auf dem SED-Parteitag verhärtet. Tul-

panow zeichnete mit bissiger Schärfe Deutschland als schon gespalten in das »Deutschland der fortschrittlichen Kräfte« und das zweite Deutschland des nationalen Verrats und des amerikanischen Monopolkapitals. Das Mißfallen des CDU-Parteitages wurde spürbar in Tulpanows beleidigtem Satz »nur klägliche bürgerliche Ignoranten nennen die Marxisten Dogmatiker« – seine Antwort auf Kaisers Ruf, die CDU wolle »Wellenbrecher des dogmatischen Marxismus« sein.
Wies man sowjetische Gesprächspartner kritisch auf Entstellungen und deren abstoßende Wirkung in Westdeutschland hin, so konnte man mit abwehrender Geste die Antwort bekommen: ». . . sind Propaganda«. Sowjetische Propaganda und sowjetische Politik müssen nicht unbedingt dasselbe sein, so wollte man beschwichtigen. Aber die Wirklichkeit ließ keine beruhigenden Gefühle aufkommen. Bald wurde dann auch offenbar, daß sich SMA und SED darauf eingestellt hatten, ihren Kurs selbst um den Preis der Spaltung zu verfolgen.
Am 2. November 1947 veröffentlichte das SED-Zentralorgan in großer Aufmachung einen Brief, den die SED mit den Unterschriften von Pieck und Grotewohl unmittelbar an den Alliierten Kontrollrat zur Londoner Konferenz geschrieben hatte. Der Brief trug das Datum 30. September, war also schon unmittelbar nach dem SED-Parteitag abgeschickt. Verlangt wurde eine Volksabstimmung über die Frage Einheitsstaat oder Aufspaltung Deutschlands in selbständige Länder, die sofortige Einstellung aller bizonalen Abmachungen, Kontrollen der Produktion und der Verteilung sowie eine einheitliche Wirtschaftsplanung für ganz Deutschland nach dem Modell der sowjetischen Zone. Wer ihn nüchtern las, konnte dem Eindruck nicht entgehen, daß dieser Brief die Londoner Konferenz blockieren, wenn nicht sprengen sollte. Er zielte mit dem Vokabularium der SED auf Sowjetisierung von ganz Deutschland.
Die CDU reagierte umgehend und auf zweifache Weise. Am 5. November tagte in Berlin der politische und geschäftsführende Ausschuß ihres Hauptvorstandes. Er kündigte eine Kundgebung am 16. November in Berlin an mit Jakob Kaiser und Ernst Lemmer, in der zur Londoner Konferenz Stellung genommen werden würde. Zuvor aber noch – am 10. November – richtete Jakob Kaiser ein Memorandum an die Oberbefehlshaber der vier Kontrollratsmächte:
1. Für die Gesundung der deutschen und europäischen Verhältnisse sei die Herstellung der wirtschaftlichen Einheit Deutschlands eine notwendige Voraussetzung. In London sollte wenigstens ein Mindestmaß wirtschaftlicher Zusammenfassungen und die Bildung von Zentralverwaltungen verwirklicht werden.
2. Allgemeine Organe einer deutschen Selbstregierung sollten geschaffen werden, zumindest eine zentrale deutsche Körperschaft als beratendes Organ der Besatzungsmächte, eine Art Konsulta-

tivrat. Maßstab der Delegiertenzahl könne die Bevölkerungsstärke der einzelnen Zonen sein. Im übrigen könnten die Berufungen zonenweise nach verschiedenen Prinzipien erfolgen. »Schließlich kommt es darauf an, daß sich überhaupt Deutsche aus allen Zonen zu gemeinsamer Beratung zusammenfinden.« Kaiser griff also den Gedanken des Konsultativrates erneut auf, formulierte ihn aber betont elastisch, um trotz der Verschiedenheit der Verhältnisse für jede Zone den Zugang zu öffnen.

Am 13. November gab der Parteivorstand der SED ein »Manifest an das deutsche Volk zur Londoner Konferenz« heraus. »Alle deutschen demokratischen Parteien, Gewerkschaften und andere Massenorganisationen müssen sich zusammenfinden, um der Konferenz die berechtigten Forderungen unseres Volkes zu Gehör zu bringen.« Volksentscheid, zentrale Verwaltungen, gesamtdeutsche demokratische Regierung und eine wirtschaftliche Verwandlung nach sowjetzonalem Muster waren die Forderungen.

Die Entwicklung führte mehr und mehr zu einem Duell zwischen CDU und SED. Die Konfrontation zeigte sich auch »innenpolitisch«. Die von der SED geforderte »Volksinitiative und Volkskontrolle« wurde zu einem streitigen Thema im zentralen Block. In einer Blocksitzung am 30. Oktober kam es darüber zu einer längeren Auseinandersetzung. Die CDU lehnte die Volkskontrollen ab, weil sie eine völlig unkontrollierte Aktivität entfalten würden, und zwar nicht nur in Konkurrenz mit den zuständigen Einrichtungen der Parlamente und der Selbstverwaltungen, sondern auch mit Sicherheit unter sehr einseitig-parteiischen und sachfremden Gesichtspunkten in höchst willkürlicher Weise. Die SED beharrte nachdrücklich auf Volkskontrollen. Es gab heftige Diskussionen, so daß man die Entscheidung vertagte und einen kleinen Unterausschuß bildete, von jeder Partei zwei Mitglieder.

Der Ausschuß tagte alsbald im ehemaligen Luftfahrtministerium. Ulbricht und Gradl hatten die Auseinandersetzung zu bestreiten, die anderen Mitglieder sahen »nur kurz einmal herein«, z. B. Nuschke. Der Sekretär des Blocks, Frau Dr. Geiler, war als Protokollant steter stiller Beobachter. In dreieinhalb Stunden wurde Einigung nicht erzielt, das Ende war ein heftiger Wortwechsel. Ulbricht warf Unnachgiebigkeit vor, er habe bereits viele Zugeständnisse gemacht. Gradl antwortete dem Sinne nach wie schon bei vorausgegangenen Auseinandersetzungen im zentralen Block (Protokolle vom 6. 8. und 31. 10. 1947), daß es nicht um Einzelheiten gehe, sondern »um die politische Linie überhaupt, die die SED verfolgt und die eben einseitig ist«.

Typisch für SED-Praxis war, daß in Brandenburg sozusagen als Vorreiter dennoch Volkskontrollausschüsse gebildet wurden. An dem dazu einberufenen Unterausschuß des brandenburgischen Blocks hatte zwar der FDGB teilgenommen, die Einladung von CDU und LDP aber war »irrtümlich« vergessen worden. Die »Neue Zeit« reagierte mit einem zornigen Leitartikel gegen Volks-

kontrollausschüsse. Nach einer Anprangerung des brandenburgischen Verfahrens schloß Wilhelm Gries mit der Feststellung:
»Es ist die ureigenste Aufgabe der staatlichen Organe, Schieber und Drückeberger, Spekulanten und Preistreiber zu bekämpfen und in Verwaltung und Wirtschaft für Ordnung, Sauberkeit und Gerechtigkeit zu sorgen. Wenn (sie) versagen . . ., dann erwarten wir von dem Parlament, daß es sie davonjagt und bessere Männer an ihre Stelle setzt. Und wenn auch die Parlamente versagen, dann gibt es in neuen Wahlen ein ausgezeichnetes Mittel . . . Es wäre keineswegs schlecht, wenn die Länder der Ostzone einmal diesen demokratischen Weg . . . zu gehen suchten, anstatt ›volksdemokratische‹ Experimente zu machen . . .«
Dieses Wort »volksdemokratisch« traf hellseherisch die nun einsetzende Entwicklung. Die Volkskontrollausschüsse waren das letzte »normale« Thema in der Blockdebatte der drei Zonenparteien. Die große Auseinandersetzung, die jetzt in ihre entscheidende Phase trat, war beherrscht von der konstitutionellen Umschaltung im sowjetischen Besatzungsbereich auf »Volksdemokratie«. Eingeleitet wurde sie mit dem Verlangen der SED, einen »Deutschen Volkskongreß für Einheit und gerechten Frieden« zu starten.
Doch zunächst lief noch etwa zehn Tage die Auseinandersetzung zwischen der CDU einerseits, der SED und der hinter ihr stehenden Besatzungsmacht andererseits in der bisherigen Form. Kaiser und Lemmer antworteten auf das Manifest der SED vom 13. November in der angekündigten Kundgebung im Berliner Friedrichstadtpalast am 16. November. Die Kundgebung war außerordentlich stark besucht.
Der Vorsitzende des CDU-Landesverbandes Berlin, Walther Schreiber, leitete die Veranstaltung: »Das Wort London umschließt Deutschlands Schicksal . . . Deutschland hat als einziges Land der Erde keine Regierung und noch nicht einmal ein anerkanntes Organ, das in seinem Namen sprechen kann.« Er gab einen Brief bekannt, in dem General Clay mitteilte, daß er Kaisers Memorandum der amerikanischen Regierung vorlegen werde. Zuvor hatte sich schon der britische Deutschlandminister, Lord Pakenham, im Gespräch mit Kaiser positiv geäußert. Von Oberst Tulpanow hingegen kam erst am Tage nach der Kundgebung eine mißgelaunte Presseerklärung, das Memorandum sei »nicht der glücklichste aller Vorschläge«, die von vielen Seiten kämen. Der neue Kurs der SMA aber kündigte sich in dem Satz an, »daß die Meinung der Organisationen, hinter denen breite Mitgliedermassen stehen, sich nicht mit den Wünschen einzelner – wenn auch prominenter Personen oder Personengruppen – auf eine Stufe stellen lasse«. Tatsächlich agierte die SMA nunmehr massiv darauf hin, die Verbundenheit zwischen Kaiser und den Berliner Mitgliedern des Hauptvorstandes einerseits, den CDU-Landesverbänden und der Mitgliederschaft andererseits zu zerreißen. Ein

Gespräch zwischen Tulpanow, Kaiser und Lemmer kam zwar am 19. November trotz abfälliger Presseerklärung zustande, führte aber im Grunde nur zur nochmaligen Bestätigung der beiderseitigen gegensätzlichen Positionen. Die selbstbewußte Haltung auf der Kundgebung hatte Tulpanow zusätzlich verstimmt.
Zurück zu dieser Kundgebung. Die Reden von Kaiser und Lemmer waren die letzten, die sie als unbestrittene CDU-Führer im sowjetischen Bereich öffentlich halten konnten. Lemmer konzentrierte sich auf mögliche Vorstufen – Besatzungsstatut und Vorfriedensvertrag – zu dem erstrebten Friedensvertrag als Endlösung. Kaiser leitete ein mit der drastischen Feststellung: »... Die Souveränität Deutschlands liegt nun einmal bei den Besatzungsmächten ... Von den vier Besatzungsmächten hat jede eine andere Auffassung von ihrer Aufgabe. Amerika betreibt eine liberale Demokratie, England eine sozialistische Demokratie und Rußland eine marxistische Demokratie. Frankreichs Erziehungswille aber scheint im wesentlichen darauf gerichtet zu sein, möglichst viel zentrifugale Kräfte in Deutschland zur Entfaltung zu bringen ... Im Zeichen dieser Vielfältigkeit wird Zonenpolitik gemacht.« Kaiser entwickelte dann ein umfassendes und höchst realistisches Bild der Situation in und um Deutschland. Damit verband er erneut seine Konzeption eines repräsentativen deutschen Beratungsorgans aus allen Zonen, das für die Deutschen sprechen könnte und sollte, eine Art permanenter gesamtdeutscher Konferenz der Parteien.
Kaiser kritisierte die sperrige Haltung Schumachers, aber auch der SED, von der er sagte: »Mir ist nicht immer ganz wohl bei der Beschwörung der deutschen Einheit durch die SED. Denn die Linie ihrer praktischen Politik steht reichlich stark im Widerspruch zu den Beschwörungen des deutschen Einheitswillens. Ihre unablässigen Versuche, Erfahrungen und Praxis der sowjetischen Revolution mechanisch auf die Ostzone zu übertragen, stärken im übrigen Deutschland nicht den Einheitswillen, wohl aber den Abwehrwillen.« Dies traf den Nagel auf den Kopf. Aber es hinderte Kaiser nicht, auch in diesem Moment höchster Spannung mit der Besatzungsmacht festzustellen, daß es »keinen über den Tag hinausblickenden Deutschen geben könne, der übersehen wollte, daß die deutsche Bereitwilligkeit zu Völkerverständigung nicht nur nach Westen, sondern auch nach Osten zu gehen hat« – allerdings nicht um den Preis deutscher Spaltung und Sowjetisierung, wie die Rede wiederum deutlich machte.
Es kam über die Kaiser-Rede noch zu einer harten öffentlichen Auseinandersetzung in den Zentralorganen der SED und – antwortend – der CDU. Am Vortage des Beginns der Londoner Konferenz fand auch noch eine Sitzung des zentralen Blocks statt. Auf der Sitzung wurde von der SED ein Appell der Ostzonenparteien vorgeschlagen, der sich »im Namen des deutschen Volkes« an die Welt richten solle. Die CDU erhob durch Jakob Kaiser Bedenken

gegen solche isolierte Aktion einer Zone, erklärte sich aber bereit, den Gedanken noch einmal mit gerade in Berlin anwesenden Repräsentanten der CSU zu besprechen – gemeint war insbesondere Josef Müller. Am 25. November schrieben Kaiser und Lemmer dann an Wilhelm Pieck einen ablehnenden Brief, den die »Neue Zeit« veröffentlichte. In dem Brief wird grundsätzlich ein Ausdruck gesamtdeutschen Willens bejaht. Doch angesichts der Fülle bereits vorliegender Erklärungen »würde in diesem Augenblick eine Erklärung der Parteien unserer Zone dieses Bild der Zerrissenheit nur noch deutlicher hervortreten lassen«.

Am 26. November 1947 beschloß der Vorstand der SED seinen – erkennbar seit längerem sorgfältig und im Einvernehmen mit der Besatzungsmacht vorbereiteten – Aufruf zu einem »Deutschen Volkskongreß für Einheit und gerechten Frieden«. Eine gesamtdeutsche Beratung der Parteien sei nicht zustande gekommen. »Schließlich hat auch noch der Führer der Christlich-Demokratischen Union in der sowjetischen Besatzungszone seine Zustimmung verweigert.« Nunmehr also lade der Parteivorstand der SED zu einem Deutschen Volkskongreß am 6. und 7. Dezember 1947 in Berlin ein. Nach Referaten und Aussprachen über den Willen des deutschen Volkes zu Frieden, Demokratie und Einheit sei als Tagesordnungspunkt 2 »Wahl einer Delegation zur Londoner Außenministerkonferenz« vorgesehen. Für die Zusammensetzung des Volkskongresses »wird allen Parteien, Organisationen und Großbetrieben empfohlen, sofort Stellung zu nehmen und die Vorbereitung für die Entsendung der Delegierten zu diesem Volkskongreß zu treffen. Weitere Verständigung zwischen den zur Teilnahme bereiten Organisationen soll unmittelbar erfolgen.« Für Anmeldungen war ein Büro des Volkskongresses in Berlin genannt.

Auf einer Pressekonferenz erläuterten Pieck und Grotewohl die Aktion. Auf die Frage eines Journalisten, ob bereits vor der Blocksitzung am 24. November der Gedanke des Kongresses erwogen worden sei, wurde geantwortet, »die Entwicklung der allerletzten Zeit habe diesen Gedanken natürlich nahegelegt«, den letzten Anstoß habe aber die »zurückweichende Haltung von Jakob Kaiser gegeben«. Mit anderen Worten besagt das, daß man eigentlich die CDU für dieses pseudodemokratische Unternehmen hatte gewinnen wollen.

Selbstverständlich war es unmöglich, innerhalb von zehn Tagen eine demokratisch legitimierte Gesamtvertretung des deutschen Volkes aller Zonen zustande zu bringen. Es war klar, daß es sich um eine einseitige, in ihrer Zusammensetzung willkürliche Veranstaltung handeln würde. Gewiß war aber auch, daß nunmehr im sowjetischen Besatzungsbereich eine intensive und breite Propaganda, verbunden mit politischem und psychologischem Druck, konzentriert auf alle Organisationen und Bevölkerungsgruppen einwirken würde. Überdies wußte man aus vergleichbaren früheren kommunistischen Aktionen in den anderen Zonen, wie das Ganze vor sich gehen würde, nämlich in zahllosen Versammlungen unterschiedlicher Größe und zufälliger Zusammensetzung, deren Teilnehmer für einfache Parolen wie Frieden, Gerechtigkeit und Einheit natürlich zu gewinnen waren, weil ihnen die Hintergedanken der Veranstalter undurchsichtig blieben. Genauso war denn auch der Ablauf, den die Kader der SED und ihrer Massenorganisationen in der Sowjetzone fest in der Hand hatten.

Der Bruch 1947/48

Die CDU-Führung wußte, welchen Belastungen die Landes-, Kreis- und Ortsverbände in der sowjetischen Besatzungszone nunmehr verstärkt ausgesetzt würden, persönlichem Druck auf die Mitglieder der Vorstände und Erpressung von Resolutionen. Auch auf die Redaktionen der CDU-Zeitungen in den Ländern wurde Druck ausgeübt. Landesvorstände mußten feststellen, daß ihre eigenen Aussagen oder daß Erklärungen der Berliner CDU-Spitze nicht oder unvollständig abgedruckt wurden. Die Auflagen wurden durch geringere Papierzuteilung beschränkt. Im Lande Sachsen zum Beispiel gab es sieben Tageszeitungen der SED, nur je eine der CDU und der LDP. In dem Quartal Oktober/Dezember 1947, um das es jetzt geht, erhielten von 700 t Papier die SED-Zeitungen 92,2 Prozent. Mit ihrer Propaganda und verfälschenden Information wurden auch die CDU-Mitglieder überschwemmt.

Um so mehr kam es darauf an, schnell und deutlich die Haltung der CDU-Führung zum »Volkskongreß« darzustellen. Am 27. November erging die Einladung zu einer außerordentlichen Sitzung des Hauptvorstandes nach Berlin für den 2. Dezember 1947. Die Einladung wurde am 28. November in der »Neuen Zeit« an auffallender Stelle veröffentlicht, verbunden mit einer Vorweg-Aussage der beiden Vorsitzenden Kaiser und Lemmer. Beide bedauern zunächst das Scheitern der eigenen Bemühungen um eine wirklich gesamtdeutsche Vertretung. Sie üben Kritik an der »negativen Haltung von Kurt Schumacher« und an »dem mehr oder weniger passiven Verhalten (anderer) westdeutscher Kreise« – womit auch westliche CDU-Kreise gemeint waren. Dann fügen Kaiser und Lemmer hinzu, daß sie sich »jeder partikularen Aktion einer Zone versagen müssen, die nach Lage der Dinge den Zwiespalt in unserem Volk noch vertiefen müßte«. Für die Eingeweihten bekam diese abweisende Erklärung besonderes Gewicht, weil am 27. November Wilhelm Pieck noch einmal Jakob Kaiser in der Jägerstraße aufgesucht hatte, um ihn umzustimmen.

Intensiv suchen SED und SMA Gegenerklärungen aus der CDU zu gewinnen. Bedenklich war eine Meldung des »Neuen Deutschland« – das jeden Tag den Eindruck einer Flut von allgemeiner Zustimmung zu erwecken suchte –, daß der Landesvorsitzende der CDU Sachsen-Anhalt, Herwegen, einem Aktionskomitee für den Volkskongreß beigetreten sei. Verunsichernd konnte auch der Beschluß des zentralen Parteivorstandes der LDP am 1. Dezember wirken, sich am Volkskongreß zu beteiligen. Demgegenüber vermittelten CDU-Besucher aus den Landesverbänden sowie Zuschriften und Anrufe den Eindruck, daß man draußen die Haltung von Kaiser und Lemmer verstand und billigte. Der CDU-Landesausschuß Berlin beschloß auf Antrag von Walther Schreiber einmütig Ablehnung des Volkskongresses, denn es gebe keine Partei in Deutschland, die zu einem solchen Unternehmen weniger legitimiert sei als die SED. Es könne Deutschland nicht helfen, wenn irgendeine Zone oder in ihr eine bestimmte Gruppe sich in den Vordergrund spiele.

Insgesamt spitzte sich die Situation zu, sie wurde unübersichtlicher. Deshalb bat Gradl Kaiser telegraphisch um vorzeitige Rückkehr von einer kurzen Reise zur gesamtdeutschen Tagung der CDU-Sozialausschüsse in Herne am 29. November. Kaiser hatte ihn mit der Wahrnehmung der Geschäfte während seiner Abwesenheit beauftragt. Vorausgespräche am 1. Dezember zeigten, wie stark der Druck der von der SED und der von ihr beherrschten Verwaltungen, Organisationen und Betriebe war. Die einfachen Formeln der SED-Agitation machten es – so wurde betont – den Mitgliedern auch schwer, sich in aufgezwungenen Diskussionen zu behaupten. Auf die Frage »Sind Sie etwa gegen die deutsche Einheit?« könne nur mit einem umständlich zu erläuternden »Nein, aber ...« geantwortet werden. Gradl war von Kaiser zu den einzelnen persönlichen Vorgesprächen mit den Landesvorsitzenden hinzugezogen worden. Ihnen war der Druck, unter dem sie draußen standen, ins Gesicht geschrieben. Einer weinte ...

An der Vorstandssitzung am 2. Dezember nahm ein Vertreter der SMA, Hauptmann Kratin, teil; wie sein Chef Tulpanow sprach er hervorragend Deutsch. Kratin war zwar ständiger Besucher in der Parteizentrale; er war »zuständig« für die Beobachtung der Union. Aber diese Teilnahme war ungewöhnlich und ein Zeichen, daß sich die Situation verschärfte. Nach einer Lagedarstellung durch Kaiser fand eine intensive Diskussion statt. Das Ergebnis war, verbunden mit einem Bekenntnis zu Kaiser und Lemmer, ein einstimmiger Beschluß, der in seinem entscheidenden Teil sagte:

> »Der Volkskongreß wird nach allen Gegebenheiten keinen wirklich gesamtdeutschen und überparteilichen Charakter tragen. Aus diesem Grunde sieht sich die Union nicht in der Lage, an dem Kongreß teilzunehmen ...
>
> Soweit Mitglieder der Union, insbesondere auch in Ausübung sonstiger Funktionen, der Einladung zu dem Kongreß Folge leisten, geschieht dies aus eigener Entscheidung, deren Motive der Vorstand unter den gegebenen Verhältnissen würdigt.«

Der Beschluß war in der Sache ein klares Nein zum Volkskongreß der SED und wurde so verstanden. Er veranlaßte z. B. die CDU-

Fraktion des Landtages Brandenburg am 4. Dezember 1947 zu einer Zustimmungserklärung mit dem Schlußsatz: »Wir fühlen uns verpflichtet, Jakob Kaiser unser ungeteiltes Vertrauen zu bezeugen.« Jedoch war in der Vorstandssitzung der politische und persönliche Druck auf die CDU-Führungen im Lande so deutlich geworden, daß man nicht glaubte, ihn völlig übergehen zu können. So wurde in dem Beschluß eine gewisse Elastizität zum Ausweichen vermittelt. Jedermann wußte, was unter »gegebenen Verhältnissen« zu verstehen war. Man konnte dem einzelnen auch unter diesen Verhältnissen nicht ersparen, »aus eigener Entscheidung« zu handeln. Aber etwas Spielraum für extreme Fälle war nicht zu vermeiden.

Tatsächlich hielt der Damm. Es gab Ausnahmen; meist wichen solche von der Generallinie ab, von denen man seit längerem wußte, daß sie ein leichteres Verhältnis mit der realen Macht suchten, als es die CDU haben und bieten konnte. Zum Beispiel der Minister Bachem in Thüringen, Luitpold Steidle, ehemaliger Oberst aus dem Nationalkomitee Freies Deutschland und nunmehriger Vizepräsident der Zentralverwaltung Landwirtschaft, und andere. Manche Zustimmungserklärung zum Volkskongreß war auch schlicht gefälscht, z. B. eine, die sogar Ernst Lemmer zugeschrieben war. Im ganzen jedenfalls zeigte die Zusammensetzung des Volkskongresses, der nun am 6. Dezember zusammentrat, einen ganz geringen Anteil aus der CDU. Die vom »Neuen Deutschland« nach drei Tagen veröffentlichte und gewiß nicht unfrisierte Kongreßstatistik gab an, daß von 2215 Delegierten 219 aus der CDU kamen. Selbst wenn diese Zahl gestimmt haben sollte, woran nach allen Erfahrungen zu zweifeln war, waren das auf 1000 CDU-Mitglieder noch nicht eines. Und bei den Teilnehmern handelte es sich jedenfalls nicht um Beauftragte der CDU, sondern um einzelne Ausnahmen »aus eigener Entscheidung« und (oder) »unter den gegebenen Verhältnissen«, wie es im Vorstandsbeschluß heißt.

Was der Kongreß sachlich bringen würde, bestimmte die Aufmerksamkeit, die ihm zugewandt wurde, wesentlich weniger als Anteil und Rolle nichtkommunistischer Gruppen, insbesondere der oppositionellen CDU. Die Reden, Diskussionen und Resolutionen des Kongresses entsprachen dem, was man seitens der SED gewohnt war. Die Rolle von CDU-Mitgliedern, obwohl der Zahl nach gering, wurde in der Berichterstattung der SED-Medien besonders betont. Am meisten trat Otto Nuschke hervor. Er war eines der neun Mitglieder der Kongreßleitung, und er wurde dann auch mit Lobedanz (Schwerin) als Mitglied einer siebzehnköpfigen Delegation gewählt, die »auf der Londoner Außenministerkonferenz die Stimme des deutschen Volkes zu Gehör bringen« sollte. Diese Delegation hatte – wie schon ihre Größe zeigt – in den Augen ihrer Urheber von Anfang an nicht sachliche Bedeutung, sondern propagandistische. Sie gelangte auch nicht nach

London. Aber das verminderte nicht das politische Gewicht der Vorgänge, die mit Vorbereitung und Ablauf des Kongresses verbunden waren, und die über die zwei Kongreßtage hinausreichten.

Es war der CDU-Außenseiter Luitpold Steidle, der gleich zu Beginn der Kongreßaussprache den Antrag stellte, es mit dem Kongreß nicht bewenden zu lassen, sondern ein ständiges und mit einem Sekretariat ausgestattetes Gremium zu bilden. Ein solcher »Ständiger Kongreß-Ausschuß« wurde denn auch beschlossen, mit den CDU-Dissidenten Nuschke, Lobedanz, Bachem und Steidle als Mitglieder. Steidle war zu seinem Antrag von der SMA, die enge Verbindung mit ihm hatte, veranlaßt worden. Tatsächlich wurde mit solcher Verwandlung des Volkskongresses zu einer Einrichtung auf Dauer die institutionelle Voraussetzung geschaffen, mittels deren über einen zweiten (März 1948) und einen dritten (Mai 1949) Volkskongreß eine pseudodemokratische Legitimation für die schließliche Bildung der »Deutschen Demokratischen Republik« konstruiert wurde. Der Volkskongreß des 6./7. Dezember 1947 erwies sich als Teil einer weit ausholenden Strategie für den Fall, daß ein von sowjetisch-kommunistischen Vorstellungen dirigierter Zugriff nach Westdeutschland nicht gelingen sollte. Die zentrale CDU-Führung hatte mit ihrer Ablehnung des Volkskongresses auch unter diesem Gesichtspunkt den rechten Instinkt erwiesen.

Zunächst aber, während und nach diesem ersten Volkskongreß, wurde der Druck auf die Landesvorsitzenden und die Landesvorstände außerordentlich verstärkt. Die »guten« Erfahrungen, die man mit Lobedanz und Nuschke gemacht hatte, waren für die SMA ermunternd. Für die CDU war die veränderte Haltung Nuschkes deshalb besonders unangenehm, weil Nuschke menschlich und auf Grund seiner demokratischen Vergangenheit geschätzt war. Darüber, wie es zu dem Umfall Nuschkes kam – der Ablauf war typisch für Vorgänge dieser Art – hat Wilhelm Gries eine Aufzeichnung gemacht. Beide waren sie als Journalisten seit der Weimarer Zeit kollegial verbunden, seit Herbst 1947 noch zusätzlich, weil Nuschke zum Verlagsdirektor der »Neuen Zeit« bestellt worden war. In den – bisher nicht veröffentlichten – Aufzeichnungen von Gries ist zu lesen:

». . . Es war am 4. Dezember, also zwischen der Absage der CDU an den Volkskongreß und seiner Eröffnung, als Otto Nuschke zu Oberst Tulpanow bestellt wurde und, von ihm zurückkehrend, das Konferenzzimmer der Redaktion der ›Neuen Zeit‹ betrat. Die Konferenz war gerade beendet, und wir waren im Begriff, den Raum zu verlassen. Im Vorbeigehen sprach ich Nuschke an, der mir den Eindruck tiefer Niedergeschlagenheit machte. ›Was war bei Tulpanow?‹ fragte ich ihn, ›ging es um die Zeitung?‹ Er schüttelte verneinend den Kopf. Meine nächste Frage: ›Dann ging es um den Volkskongreß?‹ Er erwiderte: ›Ja! Tulpanow hat mir klargemacht, daß der Volkskongreß auf der Linie der sowjetischen Außenpolitik liegt.‹ Dann folgte das Eingeständnis totaler Resignation mit seiner abschließenden Bemerkung: ›Was wollen Sie da noch machen!‹ Das kurze Gespräch mit Otto Nuschke habe ich wörtlich in Erinnerung. Es hat sich mir unverlierbar eingeprägt als das Eingeständnis eines Opfers jenes psychischen Zwanges, der den freien Willen des Menschen bewegt und – nicht in seinem Denken, aber in seinem Handeln – in das Gegenteil verwandelt.«

Im Hinblick auf die separate Aktivität einiger CDU-Mitglieder während des Kongresses, aber auch wegen des verstärkten Drukkes der sowjetischen Militäradministration auf die Landesverbände und ferner mit Rücksicht auf vereinzelte Überlegungen, dem Konflikt mit der SMA durch Nachgiebigkeit auszuweichen, wurde auf den 11. Dezember eine neue Sitzung des Hauptvorstandes einberufen. Die »Neue Zeit« veröffentlichte folgenden Text »von maßgebender Seite«:

> »Das Hervortreten einiger Mitglieder der Union auf dem Volkskongreß wird gewiß nicht leicht genommen. Die CDU wird sich in ihrer ordentlichen Sitzung am Donnerstag, dem 11. Dezember 47, damit beschäftigen. Wenn jemand glaubt, von einer kritischen Situation in der Union sprechen zu dürfen, kann man demgegenüber nur feststellen, daß die Haltung der breitesten Masse der Mitglieder wahrhaftig keinen Anlaß dazu gibt.«

Dies war die Sprache von Jakob Kaiser. Das Krisengerede kam insbesondere von der SMA. Deren Vertreter Kratin hatte zweimal Kaiser den »persönlichen« Rat gegeben, zuletzt am 9. Dezember, er möge zurücktreten, da er in der Partei isoliert sei und das Vertrauen der Besatzungsmacht nicht mehr habe. Kaiser vertrat demgegenüber den Standpunkt, den er dann unverändert bis zum Bruch beibehalten hat: Er sei erst vor drei Monaten in geheimer Wahl einstimmig gewählt worden; nur ein Parteitag könne dieses Votum korrigieren und ihn vorzeitig abwählen. Und was die Besatzungsmacht angehe, so käme es auf einen Befehl an; freiwillig trete er nicht zurück.

Den direkten Befehl aber wollte die SMA möglichst vermeiden. Deshalb versuchte sie nunmehr ein Mißtrauensvotum gegen Kaiser zustande zu bringen. Die Vorstandssitzung begann am späten Vormittag des 11. Dezember in der Jägerstraße. Am Anfang stand ein Zusammenstoß mit der SMA, die zwei Offiziere zur Sitzung geschickt hatte. Kaiser bat, daß sie den Vorstand allein ließen. Als sie es ablehnten, unterbrach er die Sitzung und beauftragte aus dem engeren Vorstand Krone, die französische Administration, Tillmanns, die amerikanische und Gradl, die britische zu informieren und ebenfalls um Teilnahme zu bitten. Zwei britische Offiziere kamen, aber nun erhob der sowjetische Hauptmann Kratin Einspruch. Es kam außerhalb des Sitzungsraumes zu einem längeren Disput zwischen den beiden alliierten Seiten. Schließlich gin-

gen die Briten unter Protest. Der Vorfall verstärkte die Spannung der Sitzung.
Nach seiner Lagedarstellung, in der nichts verschwiegen oder beschönigt war, lehnte Kaiser eine nachträgliche parteioffizielle Legitimation der Teilnahme am Kongreß ab und betonte, sein Rücktritt könne nur durch Parteitagsbeschluß oder SMA-Befehl erwirkt werden. Lemmer äußerte sich entsprechend. In der Aussprache, die mühsam in Gang kam, rechtfertigte sich Nuschke mit dem Willen der Besatzungsmacht. Kaiser müsse den Zonenvorsitz niederlegen. Hinter dem persönlichen Rat von Kratin stehe in Wirklichkeit ein Befehl.
Die Situation wurde gespenstisch, als Hickmann, der selber nicht auf dem Volkskongreß war, seine Kollegen bat, sich darüber zu äußern, warum sie teilgenommen hatten. Zunächst herrschte Schweigen. Erst auf direkte Frage antwortete ein mecklenburgisches Mitglied, Lobedanz habe als Vizepräsident des Landtages und auf sowjetischen Wunsch teilgenommen. Trommsdorff (Thüringen) berief sich auf Benennung durch eine große Volksversammlung, Herwegen (Sachsen-Anhalt) auf kongreßfreundliche Stimmung im Lande und Wolf auf seine offizielle Position als Präsident des brandenburgischen Landtages. Eindrucksvoll war eine Szene, die grell beleuchtete, wie die Stimmung der CDU-Mitglieder wirklich war. Aus Mecklenburg war für den abwesenden Lobedanz als weiterer Vertreter Werner Jöhren anwesend. Er saß unmittelbar neben Hauptmann Kratin. Auf die Behauptung seines mecklenburgischen Kollegen, der sich auch auf die Meinung der mecklenburgischen Mitgliederschaft berufen hatte, widersprach Jöhren eindringlich, dabei sich dem sowjetischen Hauptmann unmittelbar zuwendend, und beschrieb die wahre Stimmungslage recht drastisch. Jöhren gehörte nicht viel später zu den ersten politischen Flüchtlingen.
Die quälende Aussprache, die ein bedrückendes Bild von Demokratie im sowjetischen Besatzungsbereich zeichnete, fand am späten Nachmittag eine neue Zuspitzung, als Hickmann die Situation zusammenfaßte und danach feststellte: »Es geht über die menschliche Kraft.« Er meinte den Widerstand der Partei im Lande gegen den Druck der SED und der Besatzungsmacht. Hickmann schlug deshalb vor, die Landesvorsitzenden sollten ein Gespräch mit Tulpanow führen, um zu sehen, wie man den Konflikt überwinden könne.
Nunmehr wurde allgemein eine Sitzungspause gewünscht. Sie führte zu mannigfachen wechselnden Gesprächsgruppen, an denen sich auch die beiden Sowjetoffiziere Nassarow und Kratin beteiligten. Als das Ende der Pause herannahte, trafen sich Krone, Gries und Tillmanns noch einmal im Zimmer von Gradl. Sie waren miteinander einig, daß der Konflikt bereits weit über den Anlaß Volkskongreß hinausreiche und infolgedessen um so weniger zurückgewichen werden dürfe. Deshalb sollte noch das taktische

Vorgehen verabredet werden. Aber Oberstleutnant Nassarow kam ungeniert ins Zimmer und blieb. Als wir zur Sitzung gehen mußten, sprach uns aus einem anderen Zimmer Dertinger an: Wir sollten uns nicht täuschen, die Russen blieben noch lange im Lande; wir gingen einen gefährlichen Weg. Das Wort Gefahr führte zu einem kurzen, aber heftigen Disput. Dertinger wird an dieses Gespräch sicher oft zurückgedacht haben, nachdem er nur wenige Jahre später durch ein politisches Tribunal zu einer langjährigen schweren Haft verurteilt worden war.

Lemmer faßte nach Wiederbeginn zusammen: Es solle das Gespräch mit der SMA geführt werden. Die SMA hatte ihr Ziel, einen Beschluß gegen Kaiser, nicht erreicht. Aber man konnte sich auch nicht darüber täuschen, daß die Landesvorsitzenden notfalls unter dem sowjetischen Druck versuchen würden, ihre Landesparteien und sich selbst möglichst von dem Konflikt der CDU-Spitze mit der Besatzungsmacht freizumachen. Den Gedanken wiederum, sich für eine Auflösung der Partei auszusprechen, wenigstens mit ihr zu drohen, konnte sich die CDU-Spitze nicht zu eigen machen, weil damit der Konflikt, in dem eigentlich SED und SMA die Gegner waren, noch mehr auf die eigene Partei verlagert worden wäre. Da aber mit einem Nachgeben der SMA nicht gerechnet werden konnte, blieb im Grunde nur übrig, den Konflikt durchzustehen und die Entscheidung der Besatzungsmacht zuzuweisen.

Die »Neue Zeit« mußte sich am nächsten Tage auf die kurze Mitteilung beschränken, daß die Vorstandssitzung stattgefunden und es gewisse Meinungsverschiedenheiten gegeben habe: »Zur weiteren Klärung der in der Vorstandssitzung erörterten Fragen ist eine Aussprache zwischen den sechs Landesverbandsvorsitzenden der Zone und Berlins mit der Sowjetischen Militär-Verwaltung in allernächster Zeit für erforderlich gehalten worden.« – Von außen wurden dazu zweckbestimmte Fehlinformationen verbreitet, gegen die die »Neue Zeit« erst vier Tage später Stellung nehmen durfte.

Das Gespräch mit der SMA verzögerte sich, vermutlich sollte sie die Entwicklung in London abwarten. Aber die Konferenz wurde am 15. Dezember 1947 auf Antrag des amerikanischen Außenministers Marshall und gegen den Willen Molotows ohne neuen Termin abgebrochen. Der Konflikt wurde nun auch zwischen den Siegermächten offenbar. Am selben Tage formulierte Gries in einem Leitartikel die Frage, um die es zwischen SMA und CDU-Führung letztlich ging, nämlich um die staatsbürgerliche Meinungs- und Entscheidungsfreiheit: »Die Siegermächte haben von uns Deutschen demokratische Erneuerung gefordert; so haben wir nicht nur das Recht, sondern sogar die Pflicht, die innere Entscheidungsfreiheit zu behaupten.« Daraus aber, so heißt es weiter, ergebe sich die konkrete Frage, »ob der Union von irgendeiner Stelle die freie Entscheidung genommen werden kann, einer Einladung jener Partei (der SED) zu irgendeiner Aktion *nicht* zu folgen . . ., wenn sie nach ihrer besten Einsicht die Mittel oder den Zweck dieser Aktion für falsch hält«. Sehr zugespitzt fährt Gries dann fort: »Wir wollen dabei die Frage offenlassen, ob die Gründe der Union gut, richtig und überzeugend sind oder ob etwa Herr Ulbricht, der verborgene Stratege einer kaum noch verborgenen Revolution, die Gründe für falsch hält.«

Gries, der in diesen Tagen ständig in engstem Kontakt mit der Führungsgruppe um Kaiser stand, hatte mit der Deutlichkeit der Aussage zum Ausdruck gebracht, daß einer Konfrontation und äußerster Zuspitzung entgegengesehen und nicht ausgewichen wird. Dies war auch notwendig, weil in der Spannung der Tage vor dem SMA-Gespräch unkontrollierbare Gerüchte um Vermittlungen, aber auch Eingriffe der SMA sich häuften. In Weimar z. B. wurde der Landesgeschäftsführer Georg Schneider, der vor drei Monaten erst in den Hauptvorstand in geheimer Wahl gewählt worden war, von der SMA nicht nur seines Amtes enthoben, sondern auch aus dem Land Thüringen ausgewiesen.

Inzwischen wurde das Gespräch der Sowjetischen Militäradministration mit den sechs Landesverbandsvorsitzenden auf Freitag, den 19. Dezember 1947, nachmittags festgesetzt. Für den Vormittag war ein internes Vorgespräch zwischen Kaiser/Lemmer und den sechs Landesverbandsvorsitzenden vorgesehen. Am selben Morgen hatte die SMA öffentlich signalisiert, daß es nunmehr ums Ganze ginge. Ein großer Aufsatz über »Kaiser und die CDU« – der sowjetische Verfasser verbarg sich unter dem treudeutschen Namen R. Schmidt – stellte gleich einleitend fest: »Die Krise in der CDU hat sich bis zum äußersten zugespitzt.« Die Schuld liege »einzig und allein bei Kaiser und seiner Gruppe«. Zum Beweis hierfür wird auch auf die Zustimmung hingewiesen, die die Gruppe Kaiser in der Presse der Westsektoren Berlins gefunden habe. Das Sündenregister wird aufgezählt – Blockpolitik, Marshallplan, Opposition gegen die »Reformen« in der Ostzone, »Kampf gegen den ›Bolschewismus‹ und überhaupt gegen den sogenannten ›Osten‹«, »antikommunistischer Feldzug«, »Hetze gegen Polen« (womit der Oder-Neiße-Streit umschrieben ist) und schließlich die Ablehnung des Volkskongresses.

Anerkennend genannt wurden in dem SMA-Artikel Otto Nuschke, Lobedanz, Herwegen und Hickmann. Im Schluß des Artikels wird bereits vor dem Gespräch die Trennung vollzogen: »Die letzte Vorstandssitzung (11. Dezember) hat klar gezeigt, daß die Partei auf ihrem demokratischen Entwicklungswege weiter vorausgegangen ist und Kaiser seine Rolle ausgespielt hat.« Um auch den geringsten Zweifel an der sowjetischen Entschlossenheit zum Bruch zu verhindern, heißt es im letzten Satz: »Die amerikanische Reaktion verliert ihren Agenten in der Ostzone«.

Vor diesem Hintergrund also fand am Vormittag des 19. Dezember 1947 das Gespräch der Landesverbandsvorsitzenden mit Kai-

ser und Lemmer statt. Kaiser gab einleitend eine Erklärung ab, kurz (drei Schreibmaschinenseiten) und eindeutig. Zunächst stellte er klar, daß es sich um eine von außen der Union auferlegte Krise handelt und daß »sich die Erschwernisse gerade in den letzten Wochen bis zur Unerträglichkeit gesteigert haben. Auf der anderen Seite ist bekannt, daß der weitaus größte Teil der Mitglieder die eigenständige Linie der Union voll und ganz bejaht, ja diese Linie sogar verlangt ... Unter den zahllosen Kundgebungen, die uns zugegangen sind, ist nicht eine einzige, die Kritik an der eigenständigen Unionspolitik übt.
Der von der Union bezüglich des Volkskongresses gefaßte Beschluß liegt im Rahmen (des) Rechtes der freien Meinungsbildung und der freien Meinungsäußerung ... Nach allem, was vorausgegangen, nach den Mißdeutungen unserer eigenen Initiative (– Gemeint sind nationale Repräsentation und Konsultativrat –), nach den Vorbehalten anderer Zonen gegen übersteigerte Strukturwandlungen in der Ostzone mußten wir besorgt sein, daß dieser zonal und einseitig bestimmte Kongreß nicht fördernd, sondern trennend zwischen dem Osten und dem Westen unseres Landes wirken mußte. Das Geschehen um den Volkskongreß hat uns recht gegeben.«
Abschließend stellte Kaiser klar: »Was mich angeht, so stehe und falle ich mit der Möglichkeit dieser eigenständigen Politik. Und ich glaube sagen zu dürfen, daß das nicht minder für Ernst Lemmer, aber auch für weitere Freunde gilt. Liegt es aber so, daß die Besatzungsmacht ihr Mißtrauen gegen mich nicht zu überwinden vermag, so mag sie den Stab über mich brechen.« Kaiser fügte dann die demokratische Alternative hinzu, daß »nach demokratischem Gesetz (nur) ein rasch einzuberufender Parteitag, dem ich Rede und Antwort stehe, in aller Freiheit entscheide«.
Daß allerdings der Lauf des Tages schon feststand und es nur noch um das Wie des Bruches ging, war zumindest Kaiser und seinen engeren Freunden klar. Auf die Frage der Landesvorsitzenden, ob er nicht zeitweise anstelle Kaisers den Vorsitz übernehmen wolle, antwortete Lemmer in der Sitzung dann auch mit Nein, und er blieb auch dabei, als die Frage einige Tage später wiederholt wurde.
In der Nachmittagssitzung bei Tulpanow vertrat dieser zwar entschieden die Auffassung, daß die Union sich von Kaiser und seiner Gruppe trennen solle, die Entscheidung jedoch sollten die Landesvorsitzenden treffen. Dabei berief sich Tulpanow, um den Befehl zu vermeiden, auf die Regeln der Demokratie! Da die Landesvorsitzenden aber nicht auf diese zynische Weise die Führungsspitze fallenlassen wollten, hielten sie anschließend eine interne Sitzung in der Jägerstraße ab. Hier einigte man sich auf eine kurzfristige Zwischenlösung. Die Vereinbarung lautete:

> »Die Landesverbände der sowjetischen Zone beabsichtigen, sich so lange von der Zonenleitung zu trennen, bis die Basis ei-

ner vertrauensvollen Zusammenarbeit zwischen dieser und der Sowjetischen Militär-Administration in Deutschland wiederhergestellt ist. Diese Regelung soll trotz des Vertrauens zu Jakob Kaiser erfolgen, weil sonst eine vertrauensvolle Zusammenarbeit in den Landesverbänden mit der SMA nicht möglich, (aber) die Fortsetzung einer eigenständigen Unionsarbeit in der Zone notwendig ist.«

So hielt man am Vertrauen zu Kaiser fest, zeigte die eigentliche Ursache des Konflikts und tröstete sich und die Partei mit einer alsbaldigen Überbrückung. Die Art, wie Kaiser am nächsten Morgen informiert wurde, zeigte, daß die Landesvorsitzenden sich mit ihrem Ergebnis dennoch unbehaglich fühlten, verständlicherweise. Als Kaiser in der Frühe des 20. Dezember in die Jägerstraße kam, fand er auf seinem Schreibtisch ein Blatt, auf dem der Text notiert war; Dertinger hatte ihn dort hingelegt.

Am selben Tage wurde von der SMA auch Wilhelm Gries abgesetzt, der aufrechte Chefredakteur der »Neuen Zeit« in jenen schwierigen Jahren. Er verließ nach einer kurzen Erklärung sofort die Redaktionskonferenz und das Verlagshaus. Auf der Stelle folgten ihm der stellvertretende Chefredakteur Karl Brammer, Bernhard Kroesing, Hans Sonnenschein und Renate Lengnick-Marbach, alsbald danach Dorothea Dovifat, Christian am Ende, Jens Feddersen, Heinz Mudrich und Edmund Kleinschmitt. Die Verblüffung des anwesenden sowjetischen Presseoffiziers über Haltung und Verhalten der Redaktion war groß. Die »Neue Zeit« aber trieb von nun an unaufhaltsam der Gleichschaltung zu. Sofort wurde von der SMA ein neuer Chefredakteur eingesetzt.

Noch ein weiterer Eingriff der SMA erfolgte. Sie erklärte unter eigener Auslegung des Beschlusses der Landesvorsitzenden, daß sie »bis auf weiteres die Vorsitzenden der sechs Landesverbände als oberste Vertretung der Partei unter dem Vorsitz Lobedanz/Hickmann betrachtet«. Damit war der gesamte Hauptvorstand als solcher de facto beseitigt und der eben getroffenen Vereinbarung der Landesvorsitzenden der Charakter einer kurzen Zwischenlösung genommen. Dertinger, von der SMA als Hauptgeschäftsführer bestätigt, wurde von ihr überdies beauftragt, die Landesverbandsvorsitzenden zu ersuchen, sie sollten sofort Beauftragte in Berlin zur Sicherung der laufenden Geschäfte benennen. Durch diese Weisung, die sich gegen den geschäftsführenden engeren Vorstand richtete, war noch einmal der Wille der SMA zu einer generellen und tiefgreifenden Veränderung erwiesen.

Mit dem 20. Dezember verhinderte die sowjetische Besatzungsmacht also endgültig die Fortsetzung der Arbeit des eben erst im September 1947 geheim gewählten Hauptvorstandes der Union im sowjetischen Besatzungsbereich. Die Art, in der diese antidemokratische Entscheidung schließlich vollzogen worden war, strahlte alles andere als Würde der Siegermacht aus; sie bediente sich verschlungener Wege und trüber Methoden. Offenbar fühlte

man sich im Hauptquartier Karlshorst nicht ganz wohl damit, zumal man schließlich doch als der eigentlich Verantwortliche hatte hervortreten müssen. In dem intelligenten Polit-Stab der SMA haben gewiß auch Zweifel an der politischen Zweckmäßigkeit des eingeschlagenen Weges bestanden. Jahre später haben Politoffiziere im persönlichen Gespräch zugegeben, daß man »Fehler gemacht habe«. Schnell hatte sich überdies herausgestellt, daß die legale CDU-Führung unter Kaiser starkes Ansehen gewonnen hatte. Das Echo der »Kaiser-Krise«, wie das Geschehen allgemein genannt wurde, war groß, in Deutschland und international. Aus den Parteiverbänden und der Mitgliederschaft aber kamen auf allen Wegen zahllose Erklärungen der Zustimmung und Verbundenheit mit der vertrauten Führung.
Kaiser und Lemmer reagierten auf die sowjetische Entscheidung des 20. Dezember am gleichen Tage mit der Erklärung, sie seien nunmehr praktisch an der Wahrnehmung der ihnen vom Parteitag im September 1947 übertragenen Ämter gehindert. Die SMA habe den demokratischen Entscheidungen der Parteiorgane vorgegriffen. Kaiser gab am 23. Dezember zugleich im Namen von Lemmer in einer Pressekonferenz der in- und ausländischen Presse eine ausführliche Darstellung der politischen Grundsätze der von ihm geführten CDU sowie des Ablaufs des Konflikts um den Volkskongreß. Er beschrieb die Verständigung der SMA mit »Otto Nuschke und dem Referenten der Hauptgeschäftsstelle Dertinger« und stellte fest, daß dies ein Eingriff in Satzungsrecht und demokratische Ordnung gewesen sei. »Diese Einsicht und das Wissen um die unablässigen Beeinflussungsversuche, denen unsere Menschen ausgesetzt sind, sobald sie der von der SED verfolgten Politik widerstreben, zwingt uns leider die ernste Erkenntnis auf, daß in der Ostzone die Möglichkeit, in aufrechter Haltung den demokratischen Weg selbständiger Unionspolitik zu gehen, praktisch nicht mehr gegeben erscheint.«
Mit einem etwas verlegenen Kommentar druckte übrigens auch die »Neue Zeit« die Erklärung wenig gekürzt ab. Es handele sich, so wird unter Berufung auf Hickmann noch einmal erklärt, bei der Regelung »nur um eine Zwischenlösung«. In einer eigenen Presseerklärung beharrte Hickmann auf Vorläufigkeit. Die Zwischenlösung sei erforderlich gewesen, weil sowohl Jakob Kaiser und Ernst Lemmer als Vorsitzende wie auch der Zonenvorstand als funktionsunfähig angesehen werden. Die endgültige Regelung der Zonenleitung werde zu gegebener Zeit durch die Partei beschlossen werden. Diese erneute Berufung auf ein von der Partei aufzulösendes Provisorium mißfiel abermals der SMA. Offenbar mißtraute sie geheimen Wahlen der Parteigremien, insbesondere eines Zonenparteitages. So verbot die SMA die Veröffentlichung der Erklärung von Hickmann. Und auch das verdeutlicht die Wirklichkeit: Freimütig bekennt Nuschke einige Wochen später – am 22. Januar 1948 – in der »Neuen Zeit«, daß Kaiser als Vorsit-

zender »am 11. Dezember 1947 noch des Glaubens sein konnte, daß er das Vertrauen der Union der Ostzone besitze. Aber das Amt eines Zonenvorsitzenden verlangt auch das Vertrauen der Besatzungsmacht«.
In der »Neuen Zeit« konnte am Morgen des 20. Dezember 1947 noch einmal die wahre Meinung deutlich werden. Die kurze, von Karl Brammer verfaßte Glosse »Das verlorene Gesicht« war prophetisch:

> »... Wie verliert man sein Gesicht? Wenn man sich selbst untreu wird ... Dann gibt es keine Freunde mehr, die dem, der vorangeht, folgen, denn wer würde sich einem Menschen, der sein Gesicht verlor, anvertrauen? Wer sein Gesicht nicht verlor, der meint, was er sagt ... Wenn man heute Einheit sagt, muß man Einheit ohne alle Nebengedanken, ohne alle Nebenabsichten meinen; wenn man Freiheit sagt, muß es Freiheit ohne alle Einschränkungen sein ...
> Der Mann ohne Gesicht ist ein erledigter Mann. Gewiß gibt es Zugeständnisse, die ein Politiker machen kann, es gibt aber auch Zugeständnisse, die dazu führen, daß man sein Gesicht verliert. Das muß jeder wissen, der heute schwere Entscheidungen zu fällen hat. So müssen auch schwere Entscheidungen verstanden werden ... Fehler kann jeder Politiker und jeder Mensch machen, das ist zu ändern und auszubessern, aber das Gesicht, das darf man nicht verlieren.«

So haben auch jene in der CDU-Führung empfunden, die damals gegen die drohende Gleichschaltung gestanden haben: den Charakter mußte man bewahren, ohne ihn kann auf Dauer keine Politik durchgehalten und kein Vertrauen beansprucht werden, zumal nicht unter den besonderen Verhältnissen fremder Besatzung.
Mitte Dezember 1947, als die Krise schon sehr zugespitzt war, war die Arbeitsgemeinschaft der CDU/CSU nach Berlin eingeladen worden. Sie sollte über den Volkskongreß und die Konsequenzen schnell und unmittelbar informiert werden. Außerdem sollte die SMA erkennen, daß der CDU/CSU im Westen die weitere Entwicklung nicht gleichgültig sein würde. Zwar waren dann am Sitzungstermin, am 28./29. Dezember, die Entscheidungen schon gefallen. Aber da die Sitzungen noch in der Jägerstraße stattfanden und die sowjetischen Offiziere sich nicht abhalten ließen teilzunehmen, wurde der SMA immerhin ein Exempel kritischer westdeutscher Reaktion vermittelt. Nuschke und Hickmann versuchten, ihr Verhalten zu erklären, aber die Westdeutschen machten ihre Zustimmung zum Kurs der legalen Führung sehr deutlich. Wieder waren Karl Arnold, Heinrich von Brentano, Gustav Heinemann, Fridolin Heurich, Friedrich Holzapfel, Josef Müller und andere CDU/CSU-Politiker aus den Westzonen anwesend, neben ihnen die Landesvorsitzenden der Ostzone und Berlins. Die freimütige Aussprache konzentrierte sich schließlich auf die Aktivierung einer gesamtdeutschen CDU. Gradl hatte die Unzulänglich-

keit der losen Arbeitsgemeinschaft heftig kritisiert und die Vorbereitung eines gesamtdeutschen Parteitages verlangt; gegenwärtig sei die Union gesamtdeutsch eine Fiktion. Den CDU-Anhängern in der Ostzone müsse die Überzeugung vermittelt und verdeutlicht werden, daß die gesamte CDU zu ihnen stehe. Dies sei auch gegenüber der sowjetischen Besatzungsmacht erforderlich.
Die Arbeitsgemeinschaft konnte an dem sowjetischen Kurs nichts ändern. Aber sie sprach gerade auch gegenüber den Vertretern der Besatzungsmacht deutlich aus, daß nur ein Zonenparteitag der legalen Führung das Vertrauen entziehen könnte. In der Arbeitsgemeinschaft seien unverändert Kaiser, Lemmer und Hickmann die legitimierten Vertreter der Sowjetzone und Berlins. Für die nächste Sitzung der Arbeitsgemeinschaft wurde der Antrag gestellt, »eine festgefügte gesamtdeutsche Organisation der Union zu schaffen und dazu einen gesamtdeutschen konstituierenden Parteitag einzuberufen«.
Die Ausschaltung des legalen Hauptvorstandes hatte noch ein kennzeichnendes Nachspiel. In der Parteizentrale Jägerstraße war unter den Mitarbeitern naturgemäß große Unruhe entstanden. Die meisten dachten wie die legale Führung, die Referenten bekundeten sich offen zu deren Kurs. So wurde für den 13. Januar 1948 eine Belegschaftsversammlung einberufen. Da im Geschäftsführenden Vorstand die Parteizentrale zu seinem Aufgabenbereich gehörte, ging Gradl in diese Sitzung und legte gegenüber Entstellungen die Haltung von Kaiser klar. Daraufhin schrieb Hickmann noch am selben Tage den folgenden Brief:

»Sehr geehrter Herr Dr. Gradl!
Wie Ihnen bekannt ist, ist der bisherige Zonenvorstand im Rahmen der Ausschaltung der Herren Vorsitzenden Jakob Kaiser und Ernst Lemmer für funktionsunfähig erklärt worden. Nach meiner Auffassung hat sich damit auch das Mandat des im Rahmen der Geschäftsordnung für den Hauptvorstand gebildeten geschäftsführenden Ausschusses nach § 4 der Geschäftsordnung für den Hauptvorstand erledigt.
Ich war daher zunächst sehr überrascht, daß Sie sich unter Berufung dieses Mandats aktiv an der heutigen Sitzung der Gefolgschaft der Hauptgeschäftsstelle beteiligten.
Ich bin gern bereit, mich mit Ihnen über die aufgebrochenen verschiedenen Auffassungen über die rechtlichen Auswirkungen der Interimsordnung vom 20. Dezember zu beraten, und werde eine solche Beratung so bald wie irgend möglich mit Ihnen vereinbaren.
Bis dahin bitte ich Sie, sich der Ausübung Ihrer Funktionen als Mitglied dieses Ausschusses zu enthalten.
Mit Unionsgruß

D. Hickmann.«

Als Gradl am nächsten Tag (14. Januar 1948) zu Besprechungen mit den Referenten und dem Betriebsrat in die Jägerstraße kam, fand er diesen Brief Hickmanns vor. Alsbald erschien auch Otto Nuschke und erteilte den »freundschaftlichen Rat, das Parteihaus nicht mehr zu betreten«. Andernfalls müßte »die neue Geschäftsführung korrekterweise der Besatzungsmacht davon Mitteilung machen«. Es entwickelte sich – unter Hinzuziehung von Heinrich Krone, der im Nebenzimmer seine Sachen aufräumte – eine Auseinandersetzung darüber, ob das nun ein Rat oder ein sowjetischer Befehl sei. Schließlich räumte Nuschke das letztere ein.
In einem von Gradl und Nuschke anschließend mit dem Betriebsrat geführten Gespräch teilten beide nach vorheriger Abrede dem Betriebsrat mit, daß »jeder Mitarbeiter, der aus politischer Überzeugung unter den gegebenen Umständen ausscheiden will, davon ausgehen kann, daß er für drei Monate mit Gehalt und Lebensmittelkarten-Bescheinigung beurlaubt wird«. Der nachfolgend wiedergegebene Brief vom selben Tage an den Betriebsrat schloß die Angelegenheit ab:

»An den Betriebsrat der Hauptgeschäftsstelle der Christlich-Demokratischen Union Deutschlands
Berlin W8
Jägerstr. 59/60

Im Zuge der bekannten Eingriffe in die Führungsverhältnisse der Union wird nunmehr behauptet, daß auch der geschäftsführende Ausschuß, der im Auftrage des Hauptvorstandes die Hauptgeschäftsstelle zu leiten hat, in der Ausübung seiner Funktion behindert sei. Über meine entgegengesetzte Auffassung brauche ich nach meinen Erklärungen in der Betriebsversammlung am 13. d.M. keine weiteren Ausführungen zu machen.
Nachdem mir allerdings heute unter Bezugnahme auf die sowjetische Besatzungsmacht das Betreten der Hauptgeschäftsstelle verboten worden ist, bin ich faktisch b.a.w. nicht in der Lage, meine Obliegenheiten in der Leitung und Geschäftsführung der Hauptgeschäftsstelle wahrzunehmen. Um so mehr ist es mir Bedürfnis, Ihnen und allen Mitarbeitern in der Hauptgeschäftsstelle wenigstens auf diesem Wege meinen aufrichtigen und herzlichen Dank zu sagen für die gute Zusammenarbeit und Kameradschaft, die sich gerade auch in diesen schweren Wochen unseres Ringens um eine aufrechte Haltung der Union und um die Grundsätze deutscher Demokratie gezeigt und bewährt haben. Wenn es Ihnen möglich ist, bitte ich, diesen meinen Dank den Angehörigen der Hauptgeschäftsstelle zur Kenntnis zu bringen.

Mit Händedruck Gradl.«

Der Brief ist eine Art Schlußpunkt unter diese dramatische Phase, aber auch unter zweieinhalb Nachkriegsjahre CDU-Versuchs demokratischer deutscher Politik unter sowjetischer Besatzungsmacht.

Neuer Anfang im Westen

Die Behauptung des eigenen Standpunktes gegenüber kommunistischem und sowjetischem Druck und die bewiesene Entschlossenheit, die demokratische Eigenständigkeit auch nicht auf das Risiko von Konflikt und Bruch hin aufzugeben, hatte das politische Ansehen der CDU-Führung unter Kaiser und Lemmer in der Bevölkerung der Sowjetzone noch gesteigert. Dies konnte nicht die nüchterne Einsicht verhindern, daß die entscheidende Basis, die Partei der Sowjetzone mit ihrer Mitgliederschaft und ihrer Organisation nicht mehr verfügbar war. Sogar das zentrale Büro war verloren, technisch-organisatorisch war alles wie am Anfang 1945. Kaiser richtete sich ein Büro in seiner Wohnung am Rüdesheimer Platz ein, alle anderen behalfen sich ähnlich, Gradl konnte sein in der Schlüterstraße 39 (britischer Sektor) aufrechterhaltenes Büro benutzen. Es wurde zum festen Treffpunkt für Besucher und Flüchtlinge aus der Zone. Da das sehr große Bürohaus viele Büros und entsprechend regen Publikumsverkehr hatte, fühlten die Besucher sich vor östlichen Beobachtern einigermaßen sicher. Publizistisch halfen die West-Berliner Tageszeitungen »Abend«, »Kurier« und »Tagesspiegel«. Letzterer hatte das zähe Festhalten der CDU in den Jahren 1945/1947 an der politischen Arbeit in der Sowjetzone zuweilen maßlos kritisiert; so mußte manche Auseinandersetzung mit ihm ausgetragen werden. Aber in letzter Zeit hatte auch Erik Reger, der Chefredakteur des »Tagesspiegel«, eine andere Einsicht gewonnen. Er stellte das Blatt für Stellungnahmen zur Verfügung.

Als politische Basis war nach wie vor Berlin, der CDU-Landesverband unter Walther Schreiber, gegeben. Er hatte von Anfang an den Kurs der Zonenführung voll gestützt. Die in Berlin ansässigen Mitglieder des Hauptvorstandes waren aktive Mitglieder des Landesverbandes, so daß ständiger enger Kontakt gesichert war. Kaiser war ohnehin CDU-Mitglied der Berliner Stadtverordnetenversammlung. Das Verhältnis wurde, wenn möglich, noch enger, nachdem Walther Schreiber am 12. Februar 1948 aus der gemeinsamen Sitzung der sechs Landesvorsitzenden, zu denen Schreiber als Vorsitzender Berlins gehört hatte, durch den anwesenden Politoffizier Kratin wegen antisowjetischer Haltung ausgewiesen worden war. In einer gemeinsamen Sitzung in Anwesenheit von Jakob Kaiser beschlossen Landesausschuß und Stadtverordne-

tenfraktion der CDU einstimmig die Trennung, denn organische Verbindung mit den fünf Landesverbänden der Sowjetzone sei durch den Eingriff der SMA unmöglich gemacht. Der wirkliche Anlaß für den Eingriff war gewiß die sowjetische Sorge, daß bei ständiger Anwesenheit des Vertreters aus der Viermächtestadt die von SED und SMA beabsichtigte politische Linie in dem Rat der CDU-Vorsitzenden mühsamer durchzusetzen gewesen wäre.
Die Arbeitsmöglichkeiten wurden wesentlich besser, nachdem die britische Besatzungsmacht in ihrem Sektor Räume für ein politisches Büro und die Lizenz für eine eigene Tageszeitung gegeben hatte. Die Reichsstraße 4 in Berlin-Charlottenburg, nunmehr offizieller Sitz, wurde in der Sowjetzone für die politischen Flüchtlinge ein Begriff. Viele Tausende von CDU-Mitgliedern, die sich des Druckes der SED und auch der sowjetischen Stellen nicht mehr erwehren konnten, kamen in den folgenden Jahren in die Reichsstraße, um sich von hier aus als politische Flüchtlinge im eigenen Land eine neue Heimat – provisorisch, wie sie hofften – zu suchen. Die »Reichsstraße«, das »Ostbüro« wurde von der kommunistischen Propaganda ständig als Agenten- und Spionagebüro angegriffen. Natürlich brachten die Flüchtlinge Informationen aus ihren eigenen Erlebnissen mit.
Es schadete der legalen CDU-Führung nicht, im Gegenteil, daß die SMA heftige und giftige Vorwürfe gegen die »Kaiser-Clique« richtete. Bezeichnend war ein langer Artikel der SMA-Zeitung »Tägliche Rundschau«; er erschien sinnigerweise am 8. Februar 1948, zum 60. Geburtstag von Jakob Kaiser. Der Inhalt ist schon durch die Anfangssätze gekennzeichnet: »Der Geheimdienst des amerikanischen Monopolkapitals hat eine seiner schwersten Niederlagen erlitten. Die Verschwörung gegen den demokratischen Kurs der CDU wurde aufgedeckt und entlarvt.« In diesem Sinne wird die sowjetisch-kommunistische Version des Konflikts zwischen legaler CDU-Führung und SMA geschrieben, nicht ohne jene beim Namen zu nennen, gegen die sich der besondere Zorn der SMA richtete. Neben den bekannten Namen der zentralen CDU-Führung wurden dabei auch einige aus der Sowjetzone genannt, so Georg Grosse in Thüringen, Bock und Siebrecht in Sachsen, Geissler und Wittelsbach in Sachsen-Anhalt und andere. Schließlich wurde die politische Arbeit der legalen Führung diffamiert als »Fortsetzung der Wühlarbeit« und der »Verschwörung«, dies eine indirekte Bestätigung der Zustimmung aus der Sowjetzone für die »Kaiser-Clique«. Wenn es noch eines Beweises der Härte des Konfliktes bedurft hätte, so war er mit diesem Artikel der SMA gegeben.
Der ausgewiesenen CDU-Führung mußte sehr daran liegen, den Menschen in der Sowjetzone, die nur noch die Flucht als Ausweg sahen, mit Rat und wegweisender Hilfe beizustehen. Sie waren bedrückt und verfolgt, weil sie den eigenständigen Kurs der legalen CDU-Führung nicht aufgeben wollten. Was sich tatsächlich ab-

spielte, sei beispielhaft gezeigt an den Meldungen der westlichen Nachrichtenbüros eines einzigen Tages, des 8. Januar 1948: Der Leiter der »Jungen Union« Frankfurt/Oder, Bernd Becker, wurde auf der Kommandantur verhaftet. Der Studentenreferent der CDU, Dr. Hermann Rau, ist von Leipzig nach Westdeutschland geflüchtet. Der CDU-Kreistagsabgeordnete Johannes Bohlmann aus Döbeln ist nach einem Gespräch auf der Kommandantur geflüchtet, ebenso der stellvertretende Landrat (CDU) des Kreises Neustrelitz. Der Chefredakteur der mecklenburgischen CDU-Zeitung, Arthur Janssen, setzte sich ab, weil die Kommandantur den Abdruck eines Artikels der »Täglichen Rundschau« gegen Kaiser verlangt hatte.

Die legale CDU-Führung mußte sich zunächst politisch darstellen, Motive, Ziele und Ansätze der beabsichtigten politischen Arbeit einsichtig machen. Daß sie sich intensiv mit dem Konflikt mit SMA und SED auseinandersetzte, verlangte auch die Öffentlichkeit. Entsprechend war die erste Rede von Kaiser nach dem Bruch angelegt. Sie fand am 10. Januar 1948 in der »Neuen Welt« vor mehr als 3000 Berlinern statt. Die Bevölkerung war durch das Scheitern der Londoner Konferenz und durch den CDU-Konflikt hellhörig geworden. Kein Problem war es, die eigene Grundposition deutlich zu machen. Man hielt an den in den Zonenjahren fixierten Grundgedanken fest:

Vorrangiges Ziel bleibt die Einheit Deutschlands in einer demokratischen Ordnung nach selbstbestimmten deutschen Vorstellungen –

Angesichts des sowjetisch-kommunistischen De-facto-Separatismus Bejahung eines deutschen politischen und wirtschaftlichen Aufbaus durch Zusammenfassung der drei Westzonen. Dies auch in der Hoffnung und mit dem Willen, eine Basis politischen Wirkens für die deutsche Einheit zu gewinnen –

Zusammenarbeit mit den Westmächten und entschiedene Kritik am sowjetischen Verhalten, jedoch kein Antisowjetismus –

Entschiedene politische Abwehr des deutschen Kommunismus, aber als Realität anerkennen und in einer gesamtdeutschen Demokratie politisch überwinden –

Aufbau eines Bundesstaates mit betont sozialem Charakter; Abbau des Klassenkampfdenkens durch volle und verantwortliche Eingliederung der Arbeitnehmerschaft in die Gesellschaft –

Schaffung einer funktionsfähigen gesamtdeutschen CDU unter Einbringung der eigenen Motive und Zielvorstellungen.

Dies etwa waren – in äußerster Kürze formuliert – die Grundpositionen, die den Mitgliedern des legalen Hauptvorstandes auch weiterhin Leitlinie waren. Dabei war selbstverständlich, daß die Politik der Ost-CDU – so wurde die getrennte CDU der Sowjetzone alsbald allgemein genannt – und die Entwicklung der Sowjetzone überhaupt ständig sorgfältig beobachtet und kritisch begleitet werden mußten. Bei aller kritischen Schärfe hatte aber bewußtzubleiben, daß »drüben« alles unter Druck geschah und daß die Mitglieder der sowjetzonalen CDU nicht mit den Funktionären der Gleichschaltung gleichzusetzen waren.

Übrigens gelang unter dem Eindruck des sowjetzonalen Geschehens im Februar 1948 ein Schritt vorwärts zu einer festgefügten gesamtdeutschen Organisation der CDU. Die am Jahresende 1947 in Berlin beschlossene nächste Sitzung der Arbeitsgemeinschaft der CDU/CSU fand am 3./4. Februar 1948 in Köln statt. Dort wurde ein gesamtdeutscher Parteitag beschlossen; ein Ausschuß sollte ihn vorbereiten. Tatsächlich vergingen aber noch mehr als zwei Jahre.

Schnell mußte sich die legale Führung auch neuen Entwicklungen und Herausforderungen zuwenden. Es wurde offenbar, daß die massiven sowjetischen Eingriffe in den politischen Kurs der Sowjetzone der Auftakt zu umfassenden Aktionen waren. Ende 1947 wurde Rumänien in eine Volksrepublik verwandelt, im Februar 1948 fand unter dramatischen Umständen der kommunistische Umsturz in Prag statt. An Übergängen der Zonengrenze wurden erste Sperren gebaut. Zunehmend waren sowjetische Eingriffe in den alliierten Zugverkehr mit Berlin zu verzeichnen. Am 22. März 1948 verließ der oberste Chef der SMA, Marschall Sokolowski, den Alliierten Kontrollrat in Berlin. Der Schritt beendete, wie das weitere Geschehen zeigte, die Tätigkeit des Kontrollrates als Viermächtegremium. Begründet wurde dieser Bruch mit der Vereinbarung der drei Mächte vom 6. März 1948, die drei Westzonen zusammenzuschließen und eine deutsche Regierung zu bilden; dies sei ein Verstoß gegen das Potsdamer Abkommen. Im Juni 1948 begann schließlich die sowjetische Blockade gegen Berlin.

Am 23. März 1948, unmittelbar nach dem sowjetischen Auszug aus dem Alliierten Kontrollrat, erschien die erste Ausgabe der neuen Zeitung, die der legalen CDU-Führung durch britische Lizenz genehmigt worden war. Lizenzträger waren Kaiser, Schreiber, Tillmanns, Nebgen und Gradl. »Der Tag«, so der Name der Zeitung, hatte den Untertitel »Unabhängige Zeitung für Deutschland«. Dieser betont gesamtdeutsche Bezug war in den der Lizenz vorausgegangenen Erörterungen der drei Westmächte zunächst umstritten. Chefredakteur wurde Wilhelm Gries; in die Redaktion traten insbesondere auch jene ein, die aus Solidarität die »Neue Zeit« verlassen hatten.

Kaiser hatte seinem Leitaufsatz in der Erstausgabe die Überschrift »Neuer Anfang« gegeben. Damit war nicht – was nahegelegen hätte – der Start der aus der Ostzone gekommenen CDU-Führung gemeint, sondern die sich abzeichnende westliche Reaktion auf den sowjetischen Ausbruch aus den Abmachungen von Teheran, Jalta und Potsdam: »Jede der Weltmächte war bei allen diesen Abmachungen von anderen Voraussetzungen ausgegangen ... Es waren nicht nur interessenpolitische Gründe, an denen sich die vermeintliche Einigkeit der Alliierten als Fiktion erwies.

Es war die ideologische Kluft . . . Die Welt litt drei Jahre daran, daß man glaubte, durch Zureden, Abwarten und Nachgeben die Starrheit der (sowjetischen) Doktrin auflockern zu können.« Dann der Zukunft zugewandt: »Die (amerikanische) Europahilfe ist ein Neuanfang vor allem dann, wenn der Hilfsplan nicht nur Aushilfsmaßnahme bleibt, sondern wenn er nach dem Tasten der vergangenen drei Jahre die Wendung zum Handeln bringt. Das setzt voraus, daß auch Deutschland seine Rolle im europäischen Neubau übernehmen kann. Es ist nicht deutsche Schuld, daß eine gesamtdeutsche Mitwirkung nicht möglich ist.« Aber »der Neubau Deutschlands, auch wenn er heute nur in Teilen des Landes in Angriff genommen werden kann, wird nur dann überzeugend auf alle Deutschen wirken, wenn er von Kräften getragen wird, denen Gesamtdeutschland ein unantastbarer Begriff ist. Freie Entfaltung ist solchen politischen Kräften heute nur in Westdeutschland und Berlin möglich. Darum muß von diesen Teilen Deutschlands die Initiative ausgehen . . .«
Blick nach vorn also, konstruktive Arbeit dort, wo sie jetzt möglich war, in deutschem und westlichem Zusammenwirken – dies bestimmte von nun an auch Verhalten und Tätigkeit der meist in West-Berlin gebliebenen Mitglieder des legalen Hauptvorstandes – legal, weil die Mitglieder in geheimen Wahlen gewählt waren, legal auch, weil sich kein deutscher Politiker gegen sie auf den absolut undemokratischen sowjetischen Eingriff berufen konnte, legal schließlich, weil von den vierzehn direkt und geheim gewählten Vorstandsmitgliedern die große Mehrheit sich Kaiser und Lemmer angeschlossen hatte. Neben Kaiser und Lemmer waren es Josef Bock, Ferdinand Friedensburg, Johann B. Gradl, Heinrich Krone, Elfriede Nebgen, Alfred Sagner, Georg Schneider und Robert Tillmanns, zehn also von vierzehn. Außerdem mußte ihnen der Vorsitzende des Landesverbandes Berlin, Dr. Schreiber, zugerechnet werden. Kaiser und Lemmer blieben auch die von der Arbeitsgemeinschaft der CDU/CSU anerkannten Sprecher der CDU der Ostzone. Zunächst galt das ebenso für Hickmann, der z. B. an der erwähnten Kölner Sitzung der Arbeitsgemeinschaft teilnehmen konnte.
Der engere – früher geschäftsführende – Kreis des Vorstands kam regelmäßig zusammen, meist in der Reichsstraße. Er hatte eine gewisse Arbeitsteilung. Kaiser und Lemmer konzentrierten sich auf aktuelle wichtige Fragen und Veranstaltungen, Tillmanns nahm sich der kirchlichen Verbindungen an und hielt kirchliche und kulturelle Kontake in die Ostzone, aber auch politische Kontakte mit den westalliierten Dienststellen in Berlin. Heinrich Krone hielt Verbindung mit der CDU in den Westzonen, und Gradl hielt neben der politischen Verantwortung für die Zeitung den ständigen Kontakt mit der Arbeitsgemeinschaft und ihren Ausschüssen für Wirtschaft und für Vertriebenen- und Flüchtlingsfragen. Alle miteinander aber benutzten Veranstaltungen der Partei in Berlin

und in Westdeutschland, um Aufmerksamkeit auf die Sowjetzone zu konzentrieren und gesamtdeutsches Bewußtsein lebendig zu machen. Von allen Mitgliedern des legalen Hauptvorstandes wurde im übrigen erwartet, daß sie die persönlichen Verbindungen mit Freunden und CDU-Mitgliedern in der Sowjetzone wachhielten.

Sehr stark konzentrierte sich Aufmerksamkeit und Arbeit auf Berlin, nachdem – angeblich als Protest gegen die im Westen proklamierte Währungsreform – die sowjetische Blockade begonnen worden war. Gerade für Politiker, die in der Sowjetzone einmal ihr Haupttätigkeitsgebiet hatten, war Berlin eine Frage des nationalen Überlebens. Ihnen war von Anfang an klar, daß der sowjetische Zugriff nicht nur auf Berlin als solches zielte, sondern weit darüber hinaus auf die – damals noch in keiner Weise in Frage gestellte – Hauptstadt Deutschlands. Durch Liquidierung der antikommunistischen Insel inmitten der Ostzone sollte diese stabilisiert werden, und zugleich sollte mit dem Rang der deutschen Hauptstadt von Berlin aus eine »nationale« Politik auf ein geeintes Deutschland kommunistischen Zuschnitts hin betrieben werden.

Fast von selbst ergaben sich enge Kontakte mit den westalliierten Stellen, die durch die Blockade vor äußerst schwierige Fragen gestellt waren. Dieses Zusammenwirken, das natürlich auch im Verhältnis zu SPD und LDP in Berlin galt, trug entscheidend dazu bei, daß zwischen den westlichen Besatzungsmächten und der schwer geplagten West-Berliner Bevölkerung eine praktisch ungetrübte Willenseinheit entstand, die das Durchstehen der Blokkade, zumal des Blockadewinters, möglich machte. Die West-Berliner Zeitungen, in deren Kreis der »Tag« schnell Ansehen und politisches Gewicht gewonnen hatte, leisteten dazu einen wichtigen Beitrag.

Der Kampf um Berlin verlangte auch viele Veranstaltungen in Westdeutschland. Bei ihnen handelte es sich häufig um überparteiliche Großkundgebungen. So sprachen in Hamburg am 2. Juli 1948 – die Blockade hatte die Menschen endlich aufgerüttelt – vor zehntausend Teilnehmern neben Jakob Kaiser Otto Suhr (SPD) und Hubert Schwennicke (LDP) aus Berlin. In München sprachen Ernst Reuter, Hubert Schwennicke und Jakob Kaiser vor zwölftausend Teilnehmern, am 11. August sprachen sie vor dem Schöneberger Rathaus vor achtzigtausend Teilnehmern, hier übrigens auch zusammen mit dem damaligen Oberbürgermeister von Essen, Gustav Heinemann, der das »bitter umkämpfte Berlin« als das letzte nationale Symbol sah, in dem sich die Deutschen noch als Einheit erleben.

Alle diese Veranstaltungen wirkten, da sie ein starkes Echo im Rundfunk hatten, auch auf die Menschen in der Sowjetzone zurück, denen Kaiser über Parteigrenzen hinweg ein Begriff war und die begreiflicherweise ebenfalls um Berlin, um den Zugang mit dem Westen, bangten. Die Arbeit des legalen Hauptvorstandes wiederum durfte trotz des sich aufdrängenden Themas Berlin die Sowjetzone nicht aus dem kritischen Blick lassen. Durch den »Tag«, dessen Äußerungen und Berichte wie die der anderen Westberliner Zeitungen über Rundfunkberichte und über Berlin-Besucher in die Zone gelangten, kamen die Kommentare aus der legalen CDU-Führung und die kritischen Beobachtungen den Menschen in der Sowjetzone zur Kenntnis. Es wurde ihnen erleichtert, die Diffamierungs- und Propagandanebel zu durchschauen.

In Westdeutschland ging die Entwicklung weiter zu einer vorbereitenden Institution für die Schaffung einer staatlichen Ordnung auf der Basis zunächst der drei westlichen Zonen. Dabei war wichtig, daß Berlin mitwirken konnte und daß – im Blick auf die ferngehaltene Sowjetzone – die neue Ordnung provisorischen Charakter bekam. Der »Parlamentarische Rat«, für die Vorarbeit bestellt, erhielt tatsächlich fünf Vertreter aus Berlin, allerdings nur mit beratender Stimme. Der Vertreter des CDU-Landesverbandes wurde dabei Jakob Kaiser. Nachdem von der SED die Stadtverordnetenversammlung, die bis dahin für ganz Berlin im Ostsektor getagt hatte, mit Tumult und Gewalt und unter Schutz der Sowjets und der Ostpolizei am 6. September 1948 endgültig gesprengt worden war, konnte Jakob Kaiser im Namen Berlins dem Parlamentarischen Rat für eine Entschließung für Berlin danken. Die volle Einbeziehung Berlins in die neue politische Ordnung gelang allerdings nicht. Sie wurde von den Alliierten suspendiert. Ob das nur mit Rücksicht auf den Viermächtestatus geschah, den man während des Blockadekampfes besonders sorgfältig zu wahren suchte, oder auch wegen französischer Vorbehalte, muß hier dahingestellt bleiben.

Am 8. Mai 1949 nahm der Parlamentarische Rat das erarbeitete »Grundgesetz« – somit keine definitive »Verfassung« – an. Am 23. Mai wurde es rechtskräftig und damit die Bundesrepublik Deutschland konstituiert. Von nun an mußten diejenigen, die einstmals im sowjetischen Besatzungsbereich für nationale Einheit in demokratischer Freiheit politisch zu arbeiten begonnen hatten, auf neuer Grundlage zu wirken versuchen. Grundgesetz, überstandene Berlin-Blockade und jenseits der Zonengrenze die den sowjetzonalen Teilstaat vorbereitenden »Wahlen« zum III. Volkskongreß am 15. und 16. Mai 1949 waren die neuen Realitäten, von denen freiheitliche Politik für die Deutschen in der Sowjetzone auszugehen hatte.

Für den legalen Hauptvorstand kam es darauf an, in den neuen Gremien des Staates und der eigenen Partei politische Positionen zu gewinnen, die eine wirksame Vertretung der eigenen Grundvorstellungen erhoffen ließen. Dies gelang mit Erfolg. In der im Herbst 1949 gegründeten ersten Bundesregierung unter Konrad Adenauer übernahm Jakob Kaiser – das Bundestagsmandat gab ihm Essen, sein alter Wahlkreis aus der Weimarer Zeit – das Bundesministerium für Gesamtdeutsche Fragen. Mit dem Bundesministerium für Vertriebene und Flüchtlinge wurde Hans Lukaschek betraut, der aus Weimar – wo er zuvor CDU-Mitglied der Landesregierung Thüringen gewesen war – hatte flüchten müssen. Ernst Lemmer, Heinrich Krone, Robert Tillmanns, Ferdinand Friedensburg – später auch Gradl, der zunächst für die Gruppe und ihr politisches Büro in Berlin blieb – gingen für die CDU Berlin in den Bundestag. Das fehlende Stimmrecht hinderte nicht, als Abgeordnete, als Bundesminister, als Ausschußvorsitzende oder wie Heinrich Krone auch als langjähriger Vorsitzender der CDU/CSU-Bundestagsfraktion ihren politischen und moralischen Auftrag aus der sowjetisch besetzten Zone geltend zu machen. In die Bundestagsfraktion kamen später auch Ernst Eichelbaum, nach dem Kriege einige Jahre Bürgermeister von Leipzig, Hermann Lindrath (früher Halle), der spätere Bundesschatzminister, Anton Miller (Halle), Liselotte Pieser (Dresden), Clemens Riedel (Erfurt) und Dr. Erika Wolf (Potsdam).

In der Partei dauerte es noch ein Jahr, ehe die CDU Deutschlands als funktionsfähige Organisation zusammengefügt werden konnte. Vorher bereits wurden die ehemaligen Funktionsträger und anderen politischen CDU-Flüchtlinge aus der Ostzone erfaßt und nach einem Plan von Gradl als Exil-CDU der sowjetisch besetzten Zone in einem ersten Exil-Parteitag am 24./25. September 1950 in Berlin konstituiert. Dies geschah in sinngemäßer Anwendung des auf dem letzten freien Parteitag in Ostberlin im September 1947 zugrunde gelegten Parteistatuts.

Druck und Zwang, die seit 1947 in der Ostzone ausgeübt worden waren und einen politischen Flüchtlingsstrom ausgelöst hatten, zeigten sich erschreckend deutlich in der Zusammensetzung dieses Exil-Parteitages. 160 Delegierte des Parteitages 1947 nahmen an dem Exil-Parteitag teil, weit mehr als die Hälfte der Parteitagsdelegierten 1947 hatten also inzwischen fliehen müssen. Die abwesenden Delegierten konnten durch andere geflüchtete Funktionsträger, die durch vertraulichen Auftrag aus den Heimatgliederungen legitimiert waren, ersetzt werden. Unter den geflüchteten Delegierten waren zwei ehemalige Minister, 21 ehemalige Mitglieder von Landesvorständen, 37 ehemalige Kreisvorstände, sechs Fraktionsführer, 19 Landtagsabgeordnete, 26 Landräte und Bürgermeister sowie 36 Kreistagsabgeordnete. Die Delegierten schlossen sich in fünf Landsmannschaften zusammen, so daß auch die Gliederung der Landesverbände erhalten war.

Der Parteitag, der mit einer Großkundgebung im Titaniapalast eröffnet und dann im Studentenhaus am Steinplatz fortgesetzt worden war – beide in den ersten Nachkriegsjahren West-Berlins sozusagen klassische Versammlungsstätten –, war bestimmt von der Kritik an der kommunistischen Verwandlung der Sowjetzone, an Gewissenszwang, Terror und Anpassungserscheinungen, aber auch von dem Willen zur Abwehr kommunistischer Aggressionen, wie sie damals in der Gleichschaltung der Sowjetzone, in der Blockade Berlins und im Koreakrieg jedermann offenbar waren. Kaiser, Lemmer, Schreiber, Friedensburg, Professor Gerhard Möbus (früher Halle) und Gradl waren die Redner. Als Gast sprach der Vorsitzende des Gesamtdeutschen Ausschusses des Bundestages, Herbert Wehner.

In geheimer Wahl bzw. in geheimer Bestätigung der 1947 gewählten, danach durch den sowjetischen Eingriff aus der Jägerstraße ausgewiesenen Vorstandsmitglieder bestellte der Exil-Parteitag den nunmehrigen legalen Hauptvorstand, dabei Kaiser und Lemmer fast einstimmig als ersten und zweiten Vorsitzenden. Wilhelm Gries stellte in einer abschließenden Betrachtung im »Tag« fest: Der Parteitag »bedeutet, daß die CDU der sowjetischen Besatzungszone durch die legale Exilpartei wieder aktiven Anteil nimmt an der gesamtdeutschen Politik. Er bedeutet, daß die Mitglieder und früheren Wähler wieder eine legitimierte Vertretung haben, die mit deutschen Worten dem Willen der Zone Ausdruck gibt und ihn nicht in der sowjetischen Sprache der Hörigkeit in sein Gegenteil umkehrt.«

Die CDU der sowjetisch besetzten Zone (im Exil) war nunmehr konstituiert. Damit war sie auch gerüstet für den gerade von ihr schon viel früher so dringend gewünschten Gesamtparteitag der CDU Deutschlands. Er fand wenig später, am 20. und 21. Oktober 1950, in Goslar statt. Die Vorbereitungen und insbesondere das Statut hatten das Jahr hindurch die Arbeitsgemeinschaft und die verschiedenen Gruppen und Regionen der Union beschäftigt. In gründlichen Verhandlungen mit Dr. Alois Zimmer – früher Landrat in Ostpreußen, 1950 noch Landrat in Montabaur, später Innenminister in Rheinland-Pfalz – führte Gradl die Verhandlungen über die statuarische Behandlung der CDU aus der Sowjetzone. Zimmer, ein Mann von betont gesamtdeutscher Gesinnung, war verantwortlich zuständig für die rechtlich-politische Organisation der Gesamt-Union. Die Verhandlungen hatten das Ergebnis, daß die Exil-CDU der sowjetisch besetzten Zone mit gleichen Rechten und Pflichten Mitglied der Gesamt-Union wurde.

§2 des Statuts formulierte den Grundsatz: »Die CDU gliedert sich in Landesverbände. Den Landesverbänden gleichgestellt sind jene Gebietsteile Deutschlands, in denen freie Wahlen zur Zeit nicht abgehalten werden ...« §4 bestimmte: »Die Vertreter der sowjetisch besetzten Zone werden bis zur Wiederherstellung der demokratischen Freiheiten durch einen vom legitimen Hauptvorstand der CDU der sowjetisch besetzten Zone einberufenen Zonenparteitag gewählt.«

Sinngemäß galten diese Bestimmungen auch für die anderen Gremien der Gesamtpartei. Das Statut unterzeichnete neben den anderen Landesverbänden Jakob Kaiser für die Exil-CDU der sowjetisch besetzten Zone. Er wurde in Goslar als einer der beiden

Stellvertreter des Vorsitzenden Konrad Adenauer gewählt. An dem Parteitag in Goslar nahmen gemäß dem Zonen-Wahlergebnis von 1946 nach dem gültigen Schlüssel 96 Delegierte teil, die der Exil-Parteitag gewählt hatte. Die Delegiertenzahlen und das Stimmrecht wurden später dem Parteiengesetz angepaßt. An der Mitgliedschaft als solcher und an der Mitarbeit hat sich seit Goslar nichts geändert – leider, muß man sagen, denn demokratische Freiheiten gibt es in der einstigen sowjetischen Besatzungszone und späteren DDR auch nach dreißig Jahren noch nicht. Aufgabe der Exil-CDU in der Union war und bleibt es, zu sein, was Ernst Lemmer ganz im Anfang einmal so formulierte: »gesamtdeutsche Unruhe«.

Ost-CDU

Es ist kaum möglich, sich nachträglich die Verwirrung und die Betroffenheit vorzustellen, die in Mitgliederkreisen und Anhängerschaft der CDU nach dem Eingriff der SMA herrschten. Man hatte schon vorher viel an kommunistisch-sowjetischem Machtmißbrauch erlebt. Aber immer gab es noch für die CDU eine Führung, die aussprach, was jeden bewegte. Immer auch hatte man noch Hoffnung auf eine Einigung der Siegermächte. Nun aber war beides nicht mehr gegeben. Statt dessen erlebte man eine rasch fortschreitende Gleichschaltung der Parteiführung auf einen spalterischen und antidemokratischen Kurs.
Gliederungen und Mitgliedschaft der CDU innerhalb der Sowjetzone versuchten dennoch zu widerstehen. In den Orts- und Kreisverbänden gab es offenen Widerspruch und viele Beispiele riskanter Offenheit. Die Machthaber reagierten hart. Am Beispiel der CDU-Thüringen sei es kurz demonstriert. Hugo Dornhofer, alter christlicher Gewerkschafter, KZ-Häftling in der NS-Zeit, Gründer der CDU 1945 im thüringischen Eichsfeld, wurde aller Ämter enthoben und zu langjähriger Zuchthausstrafe verurteilt. Der Landrat Dr. Alois Schäfer von Heiligenstadt wurde wegen kritischer Haltung verhaftet und ebenfalls mit Zuchthaus bestraft, ebenso der Führer einer CDU-Studentengruppe in Jena, Hans Beitz. Als Hermann Becker, Fraktionsvorsitzender der LDP-Landtagsfraktion – aus einer Landtagssitzung heraus zur SMA bestellt –, festgenommen und für viele Jahre verschleppt wurde, gab das einen Schock bei den nichtkommunistischen Parteien. Aus Thüringen mußten nach dem CDU-Landesminister Georg Grosse und dem CDU-Landesgeschäftsführer Georg Schneider nun auch Esther von Coelln, Heinrich Degenhardt, Karl Magen und Gertrud Voigt fliehen. Ihr »Fehler« war, daß sie an einer anderen Auffassung von Demokratie festhielten, als sie der SMA und der SED genehm war. Das Ganze zeigt, wie nach dem Bruch Widerspruch und Widerstand der CDU-Gremien so lebendig waren, daß durch Einschüchterung und Gewaltjustiz zu zermürben versucht wurde.
Ein Zonenparteitag, der nach der Absetzung der legalen Führung fällig gewesen wäre, wurde verschoben bis zum September 1948. In der Zwischenzeit wurde überall »gesäubert«, um die Parteiglie-

derungen für einen reibungslosen Zonenparteitag der Gleichschaltung zu präparieren und »reaktionäre« und »fortschrittsfeindliche« Kräfte auszumanövrieren. Nach der Kaiser-Krise mußten in Sachsen-Anhalt 10, in Sachsen 20 und in Thüringen 15 CDU-Kreisvorsitzende gehen. Der Zonenparteitag fand vom 18. bis 20. September 1948 in Erfurt statt; die Viermächtestadt Berlin wurde gemieden. Die Listen der vorgeschlagenen Delegierten mußten der SMA eingereicht werden. Bis zu einem Drittel der Delegierten, die von den Kreisverbänden gewählt waren, wurden abgelehnt. Eröffnet wurde der Parteitag – zu dem die Westpresse nicht zugelassen war – von Lobedanz. Dertinger erstattete den Geschäftsbericht und Nuschke das politische Referat. Personell war die neue Linie gesichert. Nuschke beschrieb die Situation: »Für die Deutschen in der Ostzone gibt es nur drei Möglichkeiten: entweder sie verüben Selbstmord oder sie flüchten in den Westen oder sie versuchen, mit der sowjetischen Besatzungsmacht zu einer Verständigung zu kommen.« Er vergaß die Möglichkeit, die viele als Ausweg wählten, nämlich sich auf einen Kreis Gleichgesinnter zurückzuziehen.
Oberst Tulpanow trat als Hauptredner in einer herausfordernden Rede mit der Arroganz der Macht hervor. In fünf Punkten gab er der CDU des Sowjetbereiches Richtlinien:
1. Die sowjetischen Reformen haben die sozialökonomische Struktur der Zone entscheidend und für alle Zukunft verändert. Jeder Anschlag auf die neuen Grundlagen schadet dem Ansehen der CDU.
2. Die Ostgrenzen Deutschlands sind durch das Potsdamer Abkommen festgelegt und unveränderlich. Jede Erweckung von unerfüllbaren Hoffnungen ist ideologische Vorbereitung eines neuen Krieges.
3. Die Tatsache müsse anerkannt werden, daß die Rolle der Arbeiterklasse, der neuen Intelligenz und der Bauernschaft in allen Machtorganen stark an Bedeutung gewonnen hat.
4. Keine Partei könne auf Erfolg rechnen, wenn sie einen antisowjetischen Kurs einschlage.
5. Zu verlangen sei ein Bekenntnis zum Zweijahresplan und Absage an Wirtschaftshilfe vom Westen. Die CDU der Ostzone könne sich nicht so entwickeln wie die CDU/CSU in den westlichen Besatzungszonen, »deren Führung offenkundig zu Agenten des amerikanischen Imperialismus und Sammelpunkt der deutschen Reaktion geworden ist«.
Trotz der vorausgegangenen Disziplinierung des Parteitages wurde Mißfallen bekundet, so gegen die Oder-Neiße-Linie. Als jemand die Übertreibungen der »Volkskontrollen« kritisierte, »weil sonst schließlich neben jedem Bürger ein Polizist steht«, kam ein Zwischenruf: »Und neben jedem Polizisten noch ein Aufpasser«. Darauf lauter Beifall.
In den Wahlen erhielt Nuschke als erster Vorsitzender von 251

Stimmen 186; 61 stimmten offen gegen ihn. Hickmann (Dresden), Grobbel (Potsdam) und Lobedanz (Schwerin) wurden Stellvertreter. Formal hatte die Ost-CDU nunmehr wieder einen Zonenvorstand.

Daß der Parteitag die Mitgliederschaft der CDU nicht zufriedenstellte, ist verständlich. So wurde der Druck verstärkt. In einem persönlichen Bericht aus jener Zeit wird die Verschärfung konkret so beschrieben: »Die SED-Presse greift CDU-Mitglieder an, die Leitungen von CDU-Betriebsgruppen in den Betrieben werden unter fadenscheinigen Vorwürfen entlassen. Als CDU und LDP im brandenburgischen Landtag wagen, etwas gegen den Zweijahresplan einzuwenden, weist der SED-Landesvorstand Brandenburg alle Kreisvorstände, Orts- und Betriebsgruppen an: ›Sofort in allen Betrieben, Städten und Dörfern Belegschaftsversammlungen durchführen lassen und Entschließungen durchbringen, die das reaktionäre Verhalten der CDU- und LDP-Landtagsfraktion verurteilen.‹ Bauern, die Mitglieder der CDU sind, werden in die ersten Strafverfahren wegen Nichtablieferung des Solls verwikkelt« usw.

Aufschlußreich ist das persönliche Schicksal der fünf Landesvorsitzenden, die die Leitung der durch die sowjetische Ausschaltung des legalen Hauptvorstandes führungslos gewordenen Partei hatten übernehmen müssen.

Der Landesvorsitzende von Brandenburg, Dr. Wilhelm Wolf (Potsdam), gehörte zu den Verläßlichen, die während des entscheidenden Konflikts die legale Führung und ihren Kurs in seinem Landesverband zu stützen suchten. Man wußte, daß er mit einem bestimmten Kreis enger Parteifreunde (Frank Schleusener, Ludwig Baues, Dr. Hans Egidi, Willy Heller, Dr. Fritz Schwob, Germanus Theiss, Gerhard Webersinn) auch nach dem Bruch die ursprünglichen Vorstellungen festzuhalten suchte. Er tat dies, obwohl auch in seinem Landesverband – so wie in den anderen – einige bis dahin mehr oder minder verdeckte Befürworter des SMA-Kurses schnell aktiv wurden. Kurz nach dem brandenburgischen Landesparteitag wurde Dr. Wolf bei nächtlicher Heimfahrt über die Avus von Berlin nach Potsdam in einem Autounfall tödlich verletzt, er starb am 14. Mai 1948.

Der Landesvorsitzende von Mecklenburg, Dr. Reinhold Lobedanz (Schwerin), hatte sich schon frühzeitig den sowjetischen Besatzungsverhältnissen angepaßt. Es war bekannt, daß er das Vertrauen der SMA besaß und deshalb immer zu Nachgiebigkeit bereit war, so auch in der Kaiser-Krise. Die Gleichschaltung machte ihm persönlich keine Schwierigkeiten, wohl aber seinen bekannten Kritikern, die alsbald in erheblicher Zahl die Sowjetzone verließen. Lobedanz blieb Landesvorsitzender.

Der Landesvorsitzende von Sachsen-Anhalt, Dr. Leo Herwegen (Halle), ließ schon 1946 bemerkenswertes Verständnis gegenüber sowjetischen Vorstellungen erkennen. Entsprechend war seine

Haltung in den Auseinandersetzungen 1947. Am 28. Oktober 1949 wurde er verhaftet. Als Minister sollte er Sabotage an der Sozialisierung und am Volksvermögen geübt haben, weil auf sein Anraten hin Beteiligungsaktien der »Kontinentalen Gasgesellschaft Dessau« nach West-Berlin gebracht worden seien. Derartige Vorwürfe waren in jener Zeit üblich, um politisch Mißliebige zu beseitigen. In einem der damals häufigen Schauprozesse unter der berüchtigten Hilde Benjamin wurde Herwegen zu 15 Jahren Haft verurteilt und erst am 27. September 1956 entlassen. Mitgefangene im Zuchthaus sagten später aus, daß Herwegen während der schweren Haft in Charakter und Kameradschaft vorbildlich gewesen sei.

Der Landesvorsitzende von Thüringen, Siegfried Trommsdorff (Weimar/Erfurt), war Anhänger des legalen Kurses. In der Krise 1947 war er jedoch dem starken Druck und der Aktivität einiger Kollaboranten, die mit der SMA eng zusammenwirkten, nicht gewachsen. So fügte er sich dem SMA-Kurs, aber mehr als Statist, denn als Vorkämpfer. 1950 schied er aus dem Landesvorsitz aus und floh, als Verbindungen nach West-Berlin offenbar wurden.

Der Landesvorsitzende von Sachsen, Professor D. Dr. Hugo Hickmann (Dresden), war die herausragende Persönlichkeit im Kreis der fünf. Er hat den legalen Kurs bis zur Dezemberkrise voll vertreten, dann aber angesichts der Wirkung des sowjetischen Druckes auf die Landesverbände der Zone mit dem berühmt gewordenen Wort »Es geht über die menschliche Kraft« am 11. Dezember 1947 das Zeichen für ein korrigierendes Verhalten in Richtung SMA-Kurs gegeben. Er meinte, wenn das Opfer der Partei in Form des Verzichts auf Kaiser gebracht sei, die Partei einigermaßen eigenständig in der Sowjetzone durchhalten zu können. Dabei hoffte er auf einen Wandel im Ost-West-Verhältnis. Hickmann benutzte auch nach dem Bruch seine Berlin-Aufenthalte zu persönlichen Aussprachen mit Kaiser, Lemmer und Gradl. Das Gleichgewicht, das Hickmann – persönlich redlich – zu halten suchte, mißlang. SMA und SED leiteten um die Jahreswende 1949/1950 eine heftige Kampagne gegen Hickmann und gegen andere nicht genügend nachgiebige Mitglieder (Dr. Ruhland, Dr. Rohner, Hentschel, Dr. Singer u. a.) der sächsischen CDU-Führung ein. Hickmann wurde von SMA und SED zur Feindperson gemacht. Die Chemnitzer SED-Zeitung brachte am 11. Februar 1950 die Schlagzeile: »Das Maß der Hickmanns ist voll.«

Die sächsische SED mobilisierte damals Betriebsgruppen aus Dresden und Umgebung, die am 23. Januar 1950 mit 20 Delegationen zum Dresdener Parteihaus der sächsischen CDU marschierten und ein Gespräch mit Hickmann erzwangen, von dem sie seinen Rücktritt als Landesvorsitzender verlangten. Kennzeichnend war, daß über diesen Vorgang und die ganze Angelegenheit die Zeitung der Besatzungsmacht, die »Tägliche Rundschau«, besonders ausführlich und mit Behagen berichtete. Hick-

mann weigerte sich zunächst, mußte aber schließlich der offenen Nötigung nachgeben. Er gab am 30. Januar 1950 vor dem politischen Ausschuß des gleichgeschalteten Vorstandes die durchsichtige Erklärung ab: »Obwohl ich mich mit meinem Landesverband aufs engste verbunden fühle und gebeten worden bin, nicht von mir aus von meinem Amt zurückzutreten, hat sich in der gegebenen Situation erwiesen, daß meine Weiterarbeit als Landesvorsitzender unmöglich geworden ist.« Statt seiner berief man als provisorischen sächsischen Vorsitzenden Georg Dertinger – später DDR-Außenminister, der dann am 15. Januar 1953 vom Staatssicherheitsdienst wegen »Tätigkeit gegen die DDR« verhaftet und zu langjähriger schwerer Haft verurteilt worden ist.
Was sich an den Persönlichkeiten, die nach dem Bruch in dieser oder jener Weise Parteiführung zu übernehmen und Gleichschaltung durchzuführen oder zumindest abzudecken hatten, für die Öffentlichkeit sichtbar vollzog, geschah mit vielen Amtsträgern aus der CDU im Lande in gleicher Weise, aber von der Öffentlichkeit abgeschieden. Die Betroffenen konnten von Glück sagen, wenn sie sich der Verfolgung durch Flucht entziehen konnten. Politisch zwielichtige Gestalten bekamen das Heft in die Hand, die Gleichschaltung war nicht nur politisch ein antidemokratischer Vorgang, sie war auch im Verfahren schäbig und bis zum äußersten inhuman. Von alledem wurde Otto Nuschke nicht unmittelbar getroffen. Doch wäre es wohl falsch, anzunehmen, daß dieser überzeugte Demokrat der Weimarer Zeit von dem Geschehen innerlich völlig unberührt war. Sein Umfall Anfang Dezember 1947, als er nicht die Kraft hatte, dem sowjetischen Druck zu widerstehen und sich von Haus und Garten im sowjetzonalen Randgebiet Berlins zu trennen, hat dem damals Fünfundsechzigjährigen das politische Rückgrat gebrochen; schließlich deckte er mit seinem Namen alles. Nicht verschwiegen soll sein, daß Nuschke sich oft und nachhaltig des Schicksals von Verhafteten in der Sowjetzone angenommen und den Kirchen zu helfen versucht hat.
Es gab Widerstand in der Mitgliederschaft, es gab eigenständiges Verhalten von Landtagsfraktionen, und es gab Auflehnung gegen den Machtmißbrauch der SED. Am 31. Dezember 1947 bekannte man sich noch in der »Neuen Zeit«, deren Redaktion schon umgebildet war, zur »Auseinandersetzung mit der geistigen Welt des Kommunismus . . . Es könne kein Zweifel bestehen, daß das deutsche Volk in seiner Mehrheit nicht kommunistisch, auch nicht marxistisch ist.« Der Beitrag – er trug die Überschrift »Zuerst die Einheit« – schloß mit dem Satz, es sei »klar, daß die Auseinandersetzungen auf gesamtdeutscher Ebene sinnvoller wären als in der Zonenisolierung«. Ende Januar 1948 zogen CDU und LDP ihre Vertreter aus dem FDJ-Zentralrat zurück, weil er völlig von den überparteilichen Zielsetzungen abgewichen sei. Als am 14. Februar 1948 der Berliner CDU-Landesvorsitzende Walther Schreiber aus der Tagung der Landesvorsitzenden durch Hauptmann

Kratin ausgewiesen wurde, erklärte die neue CDU-Führung der Sowjetzone drei Tage später in der »Neuen Zeit« offen, daß sie »für den Vorgang nicht die geringste Verantwortung trägt«.
Bemerkenswert auch dies: Nachdem sich der CDU-Landesverband Berlin vom Zonenverband unter Hinweis auf die Ausweisung Schreibers getrennt hatte, wurde am 24. April 1948 auf Betreiben der SMA ein CDU-Arbeitskreis Groß-Berlin gebildet. Doch nur eine geringe Zahl von Mitgliedern der CDU-Kreisverbände des Ostsektors beteiligte sich; die große Mehrheit blieb in Verbindung mit der Landesleitung in West-Berlin. Auf dem Erfurter Parteitag wurde dann die Mandatsprüfungskommission aufsässig, weil dem schwachen Arbeitskreis Groß-Berlin 18 Delegierte zugestanden worden waren. Ein anderes Beispiel kritischen Beharrens: Ende Februar 1948 wandte sich die »Neue Zeit« wie schon im Herbst 1947 der legale Hauptvorstand gegen die Übergriffe der »Volkskontrollausschüsse«, die mit ihren außerordentlich weitgehenden Vollmachten Mißbrauch trieben.
Trotz alledem bewegte sich die Parteiführung auf dem Kurs, den die SMA wünschte und die SED betrieb. Mitte März 1948 wurde in Ost-Berlin der zweite Volkskongreß abgehalten. Diesmal nahm die (Ost-)CDU offiziell teil; Nuschke hielt die Eröffnungsrede. Einstimmig wählte der ebenso wie der erste willkürlich zusammengesetzte Volkskongreß einen »Deutschen Volksrat« aus 300 Delegierten. Der mit gesamtdeutschem Anspruch gebildete Volksrat gab sich ein Präsidium, dem neben Pieck (SED) und Külz (LDP) nun auch Nuschke für die Ost-CDU angehörte.
Der schon geschilderte Zonenparteitag in Erfurt war eine weitere Etappe auf dem Wege der Gleichschaltung. Die Hoffnung in der Bevölkerung aber richtete sich darauf, daß irgendwann in absehbarer Zeit »echte« Wahlen abgehalten werden müßten. Die zu erwartenden Gemeindewahlen wurden jedoch verschoben. Statt dessen wurden für den 15./16. Mai 1949 in der Sowjetzone allgemeine Delegiertenwahlen zum 3. Volkskongreß angesetzt. Der hernach aus diesem Volkskongreß hervorgegangene »Deutsche Volksrat« war es, der sich am 7. Oktober 1948 als »provisorische Volkskammer der Deutschen Demokratischen Republik« konstituierte, die schon früher ausgearbeitete DDR-Verfassung beschloß und so den Gründungsakt der DDR vollzog. Damit wären in absehbarer Zeit Wahlen zur Volkskammer fällig geworden, und zwar nach Artikel 51 dieser DDR-Verfassung »allgemeine, gleiche, unmittelbare und geheime Wahlen nach den Grundsätzen des Verhältniswahlrechtes«.
Doch zunächst die Wahlen am 15./16. Mai 1948 zum Volkskongreß: Sie waren eine Sammelwahl. Die Wahlliste war vorher einheitlich festgelegt auf vorbestimmte Anteile, und zwar nicht nur für SED, CDU und LDP, sondern auch für die gesellschaftlichen Massenorganisationen FDGB, FDJ usw. Es gab also – da die Teilnahme an der Wahl de facto obligatorisch war – nur die Möglich-

keit des Ja, des Nein oder der Ungültigkeit. Um so mehr verwunderte es schon, daß für den technisch einfachen Vorgang zwei Wahltage angesetzt worden waren. Die Erklärung lag in der Möglichkeit, nach Abschluß des ersten Tages und den Erkenntnissen von Zwischenzählungen noch am zweiten Tag Ergebnis-Korrekturen vorzunehmen. Dies geschah in reichem Maße. Die Innenminister (durchweg SED) der fünf Länder gaben im Schnellverfahren Anweisung für das Auszählen; alle ungültigen und Nein-Stimmzettel des ersten Wahltages waren nochmals zu prüfen und – wenn nicht ausdrücklich als »feindlich« erkennbar – als Ja-Stimmen zu zählen. Unbeschriebene Zettel oder im ganzen durchgestrichene Zettel hatten ebenfalls als Ja-Stimmen zu gelten.
Trotz allen Druckes und aller Manipulation zeigte das bekanntgegebene Wahlergebnis 33,9 Prozent Nein-Stimmen. Im Sowjetsektor von Berlin erreichten die Nein-Stimmen sogar 48,4 Prozent, fast die Hälfte. Überhaupt war in den Städten das Wahlergebnis sehr viel stärker nein-bestimmt als auf dem Lande, wo der Druck zu offener Stimmabgabe wirksamer war.
Es gab Widersprüche in den Wahlvorständen, es gab Proteste vor und nach der Wahl, der Landesvorstand der brandenburgischen CDU z. B. hatte noch am 18. Mai 1949 schriftlich protestiert, aber am bekanntgegebenen Ergebnis war nichts zu ändern. Hingegen war schnell zu spüren, daß SED und SMA von dem Ergebnis tief beunruhigt waren. Es häuften sich Vorwürfe und Verdächtigungen gegen Amtsträger und Mitarbeiter der CDU und der LDP. Auch dabei hielt sich das Blatt der SMA, die »Tägliche Rundschau«, nicht zurück. Am 28. Mai 1948 richtete es Beschuldigungen gegen namentlich genannte LDP-Vorstände in Sachsen-Anhalt, Sachsen und Mecklenburg. Am folgenden Tage wandte sich die Zeitung gegen »leitende Persönlichkeiten der CDU und LDP«, weil sie angeblich die Autorität der SED untergraben, die Idee des Volkskongresses kompromittiert und offene Gegenpropaganda und Sabotage betrieben hätten. Und um keinen Zweifel zu lassen, lieferte das Blatt gleich das Gegenrezept: »Zur Zeit wird in vielen Gemeinden die Einberufung von Versammlungen gefordert, in denen die CDU- und LDP-Funktionäre . . . sich für ihre Tätigkeit verantworten müssen.« Neue Einschüchterungsaktionen kündigten sich damit an. Einer ihrer Höhepunkte im CDU-Bereich war die bereits erwähnte Kampagne gegen Hickmann im Januar 1950.
Aber noch eine andere Wirkung hatte die Volkskammerwahl. Die im Herbst 1949 fälligen Kreis- und Gemeindewahlen wurden verschoben. Für sie wurde zusammen mit der ersten Wahl der Volkskammer der 25. Oktober 1950 festgesetzt. Noch einmal gab es damit einen Ansatz für Hoffnung auf normale geheime Wahlen mit getrennten Wahlvorschlägen. Inzwischen allerdings wurde erst einmal die DDR etabliert und die DDR-Regierung gebildet.
Im Herbst 1949 war, ein Jahr nach Erfurt, wieder ein Zonenpartei-

tag der CDU fällig. Zunächst versuchte man ihn zu verhindern. Von »Bereinigungsaktionen« wurde berichtet. Sie zielten auf Drängen der SED gegen Orts- und Kreisverbände in Kommunen, mit deren Ergebnissen bei der Volkskongreßwahl man besonders unzufrieden war. Nun aber nahm der Druck aus dem Lande auf die Führung der Ost-CDU so zu, daß sie schließlich am 11. November 1949 doch einen Zonenparteitag abhalten mußte. Diesmal fand er in Leipzig statt. Wiederum manipulierte man die Zusammensetzung. Trotzdem war der Parteitag ausgesprochen kritisch. In einem Teilnehmerbericht über den Parteitag heißt es u. a.:

> »Otto Nuschke erschien zu diesem Parteitag zum erstenmal mit dem Abzeichen der deutsch-sowjetischen Gesellschaft am Rockaufschlag. Sein Referat ›Union in der Entscheidung‹ fand keinen Beifall. Man unterbrach ihn mehrfach mit Gelächter. Am Schluß seiner Rede herrschte eisiges Schweigen. Auch andere Redner, die sich im Sinne der SED-Politik äußerten, wurden ausgelacht. Seither bezeichnen die Mitglieder diesen Parteitag als den ›Parteitag des Gelächters‹. Professor Hickmann (Sachsen) bekam lauten Beifall, als er die Aufschiebung der Wahlen um ein Jahr als ›gleichbedeutend mit einem weiteren Jahr SED-Herrschaft‹ bezeichnete. Trotz der straffen Regie beschwerten sich Delegierte offiziell über den SED-Terror gegen die CDU-Mitglieder in der Sowjetzone. Zum Referat des ›Außenministers‹ Georg Dertinger wurde jede Diskussion verboten.
>
> Westpresse wurde nicht zugelassen. Die Stimmung im Tagungsraum war so gespannt, daß man auf die Abstimmung über wichtige Fragen, so z. B. über die neuen Satzungen, verzichtete. Auch auf die Wahl eines neuen Vorstandes wurde verzichtet mit der Begründung, die neuen Parteisatzungen (die von der Mitgliedschaft überhaupt noch nicht angenommen waren) setzten ja eine zweijährige Amtszeit der Vorstände fest.
>
> Dem Parteitag wurde eine Entschließung vorgelegt, in der sich die Ost-CDU zur Ost-Regierung bekannte und dem Vorstand das Vertrauen aussprach. Als über diese Entschließung abgestimmt wurde, waren nur noch etwa 60 bis 70 Prozent der Delegierten anwesend. Geheime Abstimmung wurde von Otto Nuschke abgelehnt mit der Begründung, das sei ›unnötig‹; man wünsche, daß ›niemand mit seiner Meinung hinter dem Berg hält‹.«

Der Verlauf des Parteitages war wie üblich von SMA und SED genau beobachtet worden. Die bis zur Aufsässigkeit gereizte Stimmung der CDU-Basis war offenbar. Nunmehr begann also verschärft, was in der »Täglichen Rundschau« schon Ende Mai nach der Volkskongreßwahl angekündigt worden war. Ende November 1949 eröffneten SED-Presse und »Tägliche Rundschau« eine Kampagne gegen CDU-Funktionäre in den Ländern. Das Ziel war unverhüllt eine nochmalige Säuberung der Partei von Kriti-

kern und Gegnern des neuen Kurses. Die Partei sollte wie eine Kaderpartei in gehorsame Gefolgschaft der zentralen Parteiführung verwandelt werden, in der Nuschke und Dertinger die Führung hatten.
Zugleich wurde die politische Umschaltung betrieben, die auf dem Leipziger Zonenparteitag noch erkennbar Widerstand gefunden hatte. Am 31. Januar 1950 berichtete das Blatt der Besatzungsmacht zusammen mit der Meldung, daß Hickmann zurückgetreten sei, groß aufgemacht über eine »bedeutsame Erklärung« des »Politischen Ausschusses der CDU der DDR, die er in Übereinstimmung mit den der Union angehörenden Ministern und Staatssekretären der Republik und der Länder« abgegeben habe. Sie »soll in der eigenen Parteimitgliedschaft und in der Öffentlichkeit alle Zweifel über Ziele und Haltung der CDU beseitigen«.
Tatsächlich war diese Erklärung als bindende Kursbestimmung der (Ost-)CDU durch Besatzung und kommunistische Staatsführung zu verstehen und wurde auch so verstanden. Die CDU-Minister wurden noch einmal auf ihre Zustimmung zu einem Ministerium für Staatssicherheit festgelegt. Und um die Aufgabe und Härte dieser politischen Polizei völlig außer Zweifel zu halten, heißt es gleich anschließend in der Erklärung: »Mithilfe an den Anschlägen gegen die Demokratie beginnt nicht erst mit der aktiven Mittäterschaft, sondern schon mit jeder stillen Ablehnung der Republik.« Es war de facto das sowjetzonale Strafgesetzbuch für die CDU und andere kritische Gruppen. Folgerichtig schließt sich in der Erklärung die Verpflichtung an »für alle verantwortungsbewußten demokratischen Kräfte, sich von feindseligen oder auch nur passiven Elementen freizuhalten ... Die CDU ist entschlossen, diesen Weg ehrlich und folgerichtig zu gehen.« Sachlich wiederholte dann die Erklärung in anderen Worten die Auflagen, die Oberst Tulpanow schon auf dem Erfurter Parteitag gemacht hatte: Freundschaft mit der Sowjetunion, Ablehnung aller spalterischen, ausbeuterischen und aggressiven Kräfte und Mächte des Westens: »Der christliche Demokrat muß ihr Feind sein«, Wachsamkeit, Absage an Adenauer, Bekenntnis zur Oder-Neiße-Grenze usw.
So ging es zonenweit in Denunziationen, persönlichen Angriffen, Presseattacken, aber auch mit physischer Gewalt. Eine neue Fluchtwelle beginnt. Im Februar 1950 fliehen innerhalb von zwei Wochen 128 führende Mitglieder der Ost-CDU nach West-Berlin, neben drei Ministern auch zahlreiche Kommunalvertreter.
In manchen parlamentarischen Gremien geht die CDU/LDP-Mehrheit verloren, weil die »Nachrücker« nicht mehr ausreichen. Wiederum werden führende CDU-Mitglieder verhaftet und eingesperrt, und viele von ihnen verlieren in der Haft oder Verschleppung das Leben. Nur wenige Beispiele: der frühere Staatssekretär im preußischen Finanzministerium Frank Schleusener, Vorsitzen-

der der CDU-Landtagsfraktion Brandenburg, in Potsdam am 30. März 1950 verhaftet, am 3. April 1950 in der Haft »tot aufgefunden«; Musikdirektor Ludwig Baues, CDU-Ortsgruppenvorsitzender in Potsdam, am 29. März 1950 verhaftet, in der Haft in Cottbus verstorben; Pfarrer Reinhard Guettner, Fürstenberg (Oder), im August 1950 verhaftet, in der Haft verstorben; Walter Kolberg, Bäckermeister in Wolgast, Kreisvorstandsmitglied Greifswald, am 20. September 1950 verhaftet, in Workuta verstorben; Werner Ihmels, Leipzig, Junge Union, verhaftet und in der Haft verstorben; R. Walter Möhring, früher Inhaber der bekannten Glockengießerei Apolda, in Workuta verstorben.
In den Jahren 1948 bis 1950 wurden 597 CDU-Mitglieder wegen Auseinandersetzungen innerhalb der (Ost-)CDU inhaftiert und vielfach verschleppt. Diese Zahl enthält nur die Fälle, die präzise bekanntgeworden sind. Die Zahl der Dunkelfälle ist viel höher.
Aber noch stand eine Probe und – wie viele nicht nur in der CDU hofften – eine Chance bevor, die am 15. Oktober 1950 fälligen Wahlen zur Volkskammer. Die DDR-Verfassung schrieb Verhältniswahlrecht und freie geheime Wahl vor, Wahlen also nach dem Verfahren der Landtagswahlen 1946. Eine Einheitsliste wie bei den Volkskongreßwahlen war somit nicht zulässig. Nuschke bekannte sich gegen eine Einheitsliste. Mehrfach äußerte er, daß eine Einheitsliste für die CDU nicht in Frage kommen könne (Oktober 1949), daß er »mit den Listenwahlen stehe und falle« (November 1949), daß ihm Wilhelm Pieck freie Wahlen versprochen habe (Februar 1950). Die Pressestelle der CDU (Jägerstraße) erklärte am 10. März 1950: »Wir lehnen nach wie vor den Gedanken einer Einheitsliste ab.« Ähnlich entschieden waren Stimmen aus der LDP. Offenbar hofften beide Parteien, auf diese Weise andere Überlegungen der SED im voraus abfangen zu können.
Tatsächlich schlug die SED auf der Sitzung des Zentralen Blocks am 15. März 1950 eine »Liste der demokratischen Einheit« vor. In der CDU wie in der LDP äußerte sich offen Widerspruch. Aber die Äußerungen aus den Parteiführungen von CDU und LDP wurden rasch elastisch, die aus der SED fordernder. Am 7. Juli 1950 war es soweit: Der zentrale Block beschloß die Einheitsliste und den Schlüssel der Mandatsverteilung. Beides mußte ausgerechnet Otto Nuschke bekanntgeben, der in dieser Tagung den Vorsitz hatte. Der Schlüssel gab der SED 25 Prozent der Mandate; CDU und LDP erhielten je 15 Prozent, also wesentlich weniger als nach dem Wahlergebnis 1946, das beiden Parteien zusammen etwa 50 Prozent der Stimmen für die Landtagswahlen gebracht hatte. Zu der Liste gehörten außerdem die acht SED-beherrschten Massenorganisationen und die NDP (eine später zugelassene Partei ehemaliger Nationalsozialisten). Auf sie verteilten sich die übrigen 45 Prozent der Mandatsliste. Damit hatte die SED immer eine gesicherte Zweidrittelmehrheit. Diese Wahlregelung schuf keine Verhältniswahl, denn man konnte nicht zwischen

verschiedenen Vorschlägen auswählen. Sie war auch keine allgemeine Wahl, denn für die Opposition, die sich nur in den Nein-Stimmen ausdrücken konnte, gab es keine Mandate. Die Wahl war auch nicht geheim, denn das Wahlergebnis Einheitsliste stand schon vorher öffentlich fest. Der Wahlausgang – die Wahl stand unter der üblichen Propagandaflut und Disziplinierungsdruck – war unter diesen Umständen nicht einmal mehr interessant. Offiziell hieß es, daß 99,7 Prozent Wahlberechtigte für die Einheitsliste gestimmt haben. Zur Volkskongreßwahl des Vorjahres konnte das Regime nur 66,1 Prozent Ja-Stimmen bekanntgeben.

Äußerlich war die Umschaltung auf kommunistische »Volksdemokratie« gelungen. Das zeigte sich bei der CDU schon vor der Volkskammerwahl auf dem Zonenparteitag 15./17. September 1950 in Ost-Berlin. In dem Bericht eines Teilnehmers heißt es dazu:

> »Dieser Parteitag wurde mit bisher bei der CDU ungewöhnlichem Aufwand durchgeführt. Die Geldmittel stellte zum größeren Teil die staatlich gelenkte Nationale Front. Dieser Parteitag hatte auch äußerlich das Gepräge eines SED-Parteitages. Im Plenum saßen zahlreiche Delegierte in FDJ-Uniform, Delegationen wurden nach bolschewistischem Muster während der Tagung hereingeführt und brachten dem Vorstand Ovationen. Sogar das rhythmische Klatschen nach sowjetischem Muster wurde eingeführt. Alte CDU-Mitglieder traf man kaum. Die wenigen, die noch anwesend waren, standen resignierend beiseite. Um die Delegierten zum Bleiben bis zum Ende des Parteitages zu zwingen, erhielt niemand vor Ende der Tagung seine Rückfahrkarte in den Heimatort. An den Eingängen waren dreifache Kontrollen eingerichtet worden. Die Delegierten waren meist nicht von den Kreisverbänden gewählt, sondern von den Kreissekretariaten bestimmt worden.
>
> Die Neuwahl des Vorstandes wurde trotz offensichtlicher Gleichschaltung der Delegierten wiederum unter Vorsichtsmaßregeln durchgeführt. Die Namen des Vorstandes wurden in aller Eile verlesen, dann mußte sofort durch Akklamation gewählt werden. Nuschke wurde so durch ›einstimmige Wahl‹ wieder erster Vorsitzender.«

Die politische Orientierung erhielt die Ost-CDU, die nunmehr in der Tat zu einer ganz anderen CDU geworden war, von der »Partei der Arbeiterklasse«, deren Führungsrolle sie sich voll unterwarf, sie dann sogar anerkannte. In der DDR-Regierung stellte sie zwar mit Otto Nuschke einen stellvertretenden Ministerpräsidenten; sie erhielt auch vier der achtzehn Ministerposten, aber wirklichen, selbstbestimmten Einfluß hatte sie nicht. Programmatisch hing sie in der Luft. Das Programm von früher paßte nicht mehr. Auf dem nächsten Zonenparteitag, im Oktober 1952, bestimmte sie ihren programmatischen Kurs als »christlichen Realismus«.

Die Frage drängt sich auf: Was konnte eine solche ihrer Persönlichkeit beraubte Partei für das Regime an Wert haben? Es gibt keinerlei Anhalt, daß im Innenverhältnis der »kleinbürgerlichen« Parteien zur SED so etwas wie ein gestaltender politischer Dialog möglich ist. Ost-CDU und LDP als Parteien und ihre Parteizeitungen passen sich in ihren Aussagen der herrschenden Partei an. Aber noch haben sich bis zu einem gewissen Grade auch wirtschaftlich und geistig eigenständige Gruppen erhalten wie z.B. Handwerk, Kleingewerbe, Freiberufe, christliche Bevölkerung. Sie sind nicht ohne weiteres für die herrschende Partei ansprechbar. Auch ist noch Erinnerung an Freiheit der Meinungsbildung und des Meinungsaustausches lebendig, wird sogar vom mittel- und westeuropäischen Bild noch bestärkt, das durch Rundfunk und Fernsehen vermittelt wird. So gibt es taktische Gründe, den SED-Staat pluralistisch zu frisieren und mit CDU und LDP sozusagen Transmissionsriemen für die SED-Ansprache der Kirchen, der christlichen Bevölkerung und der eigenständigen Berufsgruppen zu gewinnen. Die Rolle der Sekundärparteien ist die eines Helfers, nicht eines Mitbestimmenden, sie ist geschaltet auf SED-Programm, nicht selbstprogrammiert. Die wesentliche Gestaltung der Beziehungen zwischen Kirchen und Staat liegt auf DDR-Seite nach wie vor bei der SED.

Wie aber ist es mit den Mitgliedern der CDU? Ihre Zahl hat vom Höchststand während der Kaiser-Krise (210000) stark abgenommen, soll aber in den letzten Jahren sich etwas erholt haben. Es ist nicht einfach und wohl auch nicht angängig, ein Urteil über die Mitgliedschaft abzugeben. In einem von einer Einheitslehre bestimmten Staat, der auf politisch-gesellschaftliches Engagement drängt, darf man jedoch zuverlässig vermuten, daß diejenigen, die nicht in die SED gehen, sondern in eine Sekundärpartei, dies tun, weil sie sich innerlich in Distanz zu Lehre, Haltung und Aktionismus der Herrschaftspartei fühlen. Sie demonstrieren auf ihre Weise das verlangte Soll an Engagement, aber sie können sich zugleich in Abstand halten. Die Spitzenfunktionäre sind das eine, die Mitglieder das andere. Es gibt keinen Grund, über die Mitglieder der abgeschalteten Ost-CDU abfällig zu denken, die sich bis heute weder ihren Staat noch ihre Ordnung hatten frei wählen können.

Nachwort 1980

Die nun schon mehr als drei Jahrzehnte zurückliegenden ersten Jahre nach dem nationalsozialistischen Zusammenbruch waren im sowjetischen Besatzungsbereich Deutschlands eine Zeit totaler Ungewißheit; jeder konnte irren. Nur daß die Sowjetmacht einen sehr eigenen Willen zeigen und ihr Verhalten unberechenbar sein würde, stand schnell außer Zweifel. Die Isolierung, Willkür und Gewaltsamkeit in der ersten Phase verstärkten noch die Unsicherheit der Besiegten. Die hohe Zahl der Selbstmorde von einzelnen, von Familien und Hausgemeinschaften bezeugte tiefe Hoffnungslosigkeit. Es ist schwer, heute nahezubringen, wie den Menschen damals zumute war. Nur wer sich vorstellen kann, wie ihm wäre, wenn er selber fremder Gewalt und völliger Ungewißheit ausgeliefert würde – mit seinem persönlichen Schicksal und dem seines Volkes –, der kommt vielleicht der damaligen Wirklichkeit nahe. Dem polnischen Volk muß so zumute gewesen sein, als es sich nach der Niederlage im Herbst 1939 auseinandergerissen und der Gewalt zweier totalitärer Mächte überlassen sah.

Wer im sowjetisch besetzten Deutschland im Mai 1945 nicht politisch verzweifeln wollte, dem blieb gar nichts anderes übrig, als jede sich bietende Möglichkeit der Selbstbehauptung zu ergreifen; kommen konnte sie zunächst nur von der Besatzungsmacht. Japan hatte eine eigene Regierung behalten, Österreich alsbald eine eigene Regierung wiedergewonnen. Aber eine deutsche politische Autorität gab es nicht mehr. Zwischen der Macht der Sieger und dem besiegten Volk gab es keine Instanz. Im sowjetisch besetzten Bereich war das besonders hart. Hier kam zu allem anderen noch die Ideologie der Besatzungsmacht hinzu. Mit den Sowjets war eine andere Welt gekommen.

Doch dann gab es Anzeichen, daß die Sowjetmacht vielleicht doch deutsche Eigenheit und Ganzheit respektieren würde. Mich und viele meiner Freunde beeindruckten jene Schilder, die unmittelbar nach der sowjetischen Eroberung in den Straßen Berlins in großer Zahl aufgestellt worden waren. Auf ihnen stand zu lesen: »Die Hitler kommen und gehen, aber das deutsche Volk, der deutsche Staat bleibt bestehen« – ein Satz Stalins nach dem Sieg von Stalingrad. In der ersten Stadtverwaltung Berlins tauchten Persönlichkeiten auf, die als Nichtkommunisten bekannt waren. Verlautbarungen vermittelten den Eindruck, demokratische Regeln sollten den politischen Wiederbeginn bestimmen, nicht eine Partei sollte herrschen, sondern mehrere nebeneinander wirken. Auch schienen die deutschen Kommunisten nach ihren Aussagen von dem Untergang der Weimarer Republik gelernt zu haben. Schließlich gab es Gerüchte, daß die zahl- und wahllosen Verschleppungen der ersten Nachkriegswochen korrigiert werden würden.

Was in solcher Weise sich kundtat, weckte Hoffnung. Anfang Juni 1945 wurde Berlin Sitz des Alliierten Kontrollrates der Siegermächte, also der obersten Gewalt über Deutschland, und damit aus der Sowjetzone als Viermächtestadt ausgegliedert. Daß dabei die sowjetische Besatzungsmacht, die über das Gebiet rund um Berlin verfügte, für die Stadt bestimmend bleiben würde, blieb gewiß, nur mußte man nicht völlige Isolierung befürchten. Daß später alles ganz anders und viel schlimmer kommen sollte bis zur Gewaltgrenze durch Deutschland und Berlin, das wissen wir heute. Damals überstieg es unsere Vorstellungskraft.

So ist es zu verstehen, daß deutsche Demokraten, mit ihnen auch die Gründer der Christlich-Demokratischen Union Deutschlands, sich politisch formierten, als die sowjetische Besatzungsmacht Parteien und Gewerkschaften zuließ. Wer Nationalsozialismus und Katastrophe durchlebt und überlebt hatte, mußte sich einfach vom Gewissen her der neuen Wirklichkeit stellen, mußte auch unter sowjetischen Besatzungsverhältnissen demokratischen Neubeginn versuchen. Jeder von uns, die wir damals irgendwo zwischen Elbe und Oder als Demokraten begonnen haben, war von dieser Überzeugung getragen. Was denn auch hätte sonst sein sollen?

Die vorstehenden Kapitel dieser Aufzeichnungen beschreiben den Weg, der zu gehen war. Hier soll nichts wiederholt werden. Jedoch drängen sich einige Fragen und Feststellungen auf. Der Rückblick geschieht ja aus der Sicht eines Deutschland, das in zwei Staaten geteilt und deren einer kommunistisch-totalitär ist. Jene ersten Jahre nach dem Kriege brachten diese Teilung, und das Gebiet, das vom übrigen und ganzen Deutschland getrennt ist, war gerade das sowjetische Besatzungsgebiet.

Dieses Unglück haben jene nicht verhüten können, die nach 1945 in diesem Gebiet deutsche und demokratische Politik versucht haben. Sie selber waren zutiefst überzeugt, daß die abgründige Not unseres Volkes nur bewältigt werden konnte, wenn alles, was aus der Katastrophe an Volk und Land übriggeblieben war, sich zu einem echten demokratischen Neubeginn und zu einer großen Anstrengung zusammenfand. Am Willen hat es nicht gefehlt. Der Gang durch die Jahre 1945/48 zeigt, daß das Denken und Handeln der CDU des sowjetischen Besatzungsbereiches von diesem Willen bestimmt war, von der Überzeugung, daß Einheit und Freiheit unseres Volkes nur in eins zu gewinnen waren.

Ist das nicht geglückt, weil es über die deutsche Möglichkeit und Kraft jener Jahre ging? Oder haben wir Deutsche Fehler gemacht, nicht genügend gewagt, zu wenig Selbstvertrauen gehabt? Das sind auch nachträglich quälende Fragen, zumal für die, die damals deutsche Politik unter sowjetischen Bedingungen versucht haben und den eigenen Anhängern für solche Politik viel Schweres haben zumuten müssen.
Auch 1980 ist nicht mit Sicherheit zu sagen, ob – nachdem die Sieger Deutschland eine eigene Autorität verweigert und das Land in eigenständige Besatzungszonen aufgeteilt hatten – die Einheit hätte gerettet werden können. Die Oberbefehlshaber der Zonen waren de facto allmächtig. Deutschland als Ganzes hatte keine Stimme, es war Objekt.
Die vier Mächte, die die oberste Autorität waren, hatten mit Deutschland nicht dasselbe im Sinn. Die Sowjetunion erstrebte unverkennbar ein Deutschland, das weitgehend nach kommunistischen Vorstellungen geordnet sein sollte; die sowjetische Militärverwaltung ließ die deutschen Kommunisten nicht nur in diesem Sinne reden und agieren, sondern unterstützte sie auch sehr aktiv. Frankreich war im Grunde gegen deutsche Einheit; an seinem Einspruch ist der erste Ansatz zur Einheit, die Errichtung der im Potsdamer Abkommen vorgesehenen fünf deutschen Zentralverwaltungen (Staatssekretariate), gescheitert. Briten und Amerikaner hätten der Zusammenfassung nicht im Wege gestanden. Aber sie waren geradezu passiv im Verhältnis zur sowjetischen Politik vollendeter Tatsachen im ersten Besatzungsjahr. Jeder Monat, der ins Land ging, bedeutete mehr als Zeitverlust, denn die ursprüngliche Anti-Hitler-Koalition geriet zunehmend in Gegensatz zu ihren Grundgedanken und Interessen. Der negative Verlauf der damaligen Viermächtekonferenzen über Deutschland ist kennzeichnend.
Die Deutschen blieben politisch im Abseits, beschränkt darauf, zonenweise die dringendste Not zu bewältigen und Verwaltung ohne eine zentrale politische Autorität aufzubauen. Die westlichen Zonen standen wenigstens nicht wie die sowjetische unter dem Zwang kommunistischer Umformung. Die Sowjetzone aber verlor zunehmend die Kongruenz, die strukturelle Gemeinschaft mit den anderen Zonen. Das aufgezwungene System entfernte sich immer mehr von normalen deutschen Vorstellungen politischer, wirtschaftlicher und sozialer Ordnung. Die Sorge, darüber könnte Entfremdung zwischen der Sowjetzone und den anderen Zonen wachsen und so die Einheit verloren werden, wurde unabweislich. Die CDU-Führung hat frühzeitig und eindringlich warnend die sowjetische Administration, die deutschen Kommunisten, aber auch die westlichen Besatzungsstäbe in Berlin darauf hingewiesen.
So versteht es sich auch, daß die CDU seit Ende 1946 immer stärker darauf drängte, in das festgefahrene Verhältnis der vier

Mächte wieder Bewegung zu bringen. Wenn überhaupt, dann konnte das nur eine überzeugende deutsche Initiative, von legitimierten Vertretern aller Zonen getragen, zuwege bringen. Die Hauptverantwortung dafür lag bei den beiden Parteien, die sich in allen Zonen in den kommunalen und regionalen Wahlen insgesamt als die stärksten erwiesen hatten, bei den Christlichen Demokraten und den Sozialdemokraten. Aber auch die Kommunisten standen in der Verantwortung angesichts ihrer Machtposition in der Sowjetzone und mit Rücksicht auf die Sowjetunion als Besatzungsmacht. Keine politische Gruppe hat sich in dieser ersten und entscheidenden Nachkriegsphase argumentierend, fordernd und handelnd mehr um solche Initiativen bemüht als die CDU des Sowjetbereiches. Deutlichster Ausdruck sind die Appelle seit 1946, die Initiative der nationalen Repräsentation im Frühjahr und die vorbehaltlose Unterstützung der Münchener Ministerpräsidentenkonferenz Mitte 1947. Dazu gehört und daneben steht der unentwegte Widerstand gegen die kommunistische Verwandlung von Wirtschaft und Gesellschaft. Manches konnte korrigiert, abgewandelt werden. Im ganzen allerdings konnte die separate Entwicklung in der Sowjetzone nur behindert, nicht verhindert werden. Immerhin war der hinhaltende Widerstand ein Warnsignal für den Westen. Und geschichtlich hat es Sinn und Wert für die Selbstachtung der Deutschen, daß in der sowjetischen Zone nicht kapituliert wurde und die Sowjetmacht mit Gewalt die Gleichschaltung herbeiführen mußte.

Tatsächlich war es nicht leicht, gegen den sowjetisch-kommunistischen Strom zu schwimmen; aber es geschah. Ob allerdings dieser Widerstand und überhaupt die Gefahr der Stunde in den anderen Zonen genügend erkannt und richtig bewertet worden sind, darf sehr bezweifelt werden. Hätten die Verantwortlichen der westlichen Zonen die Gefahr voll erkannt, dann wäre wohl dem Gedanken einer nationalen Repräsentation mehr politische Unterstützung zugewandt worden. Es wäre auch die Münchener Ministerpräsidentenkonferenz als gesamtdeutsche Möglichkeit besser erkannt worden. Überhaupt hätte man dem unentwegten Ringen der Nichtkommunisten, der christlichen, sozialen und liberalen Demokraten in der Sowjetzone um Demokratie und gesamtdeutsche Verbundenheit mehr Vertrauen schenken und ihnen mehr politisch-moralischen Beistand leisten sollen. Diese Klage und Anklage will ausgesprochen sein, auch im Rückblick. Von ihr ist keine der demokratischen Parteien der einstigen Westzonen auszusparen.

Es soll kein Mißverständnis aufkommen: Ich behaupte nicht, daß eine nationale Repräsentation aus führenden politischen Persönlichkeiten aller Parteien und Zonen, daß die Errichtung einer ständigen Konferenz aller deutschen Ministerpräsidenten oder dergleichen 1947 mit Gewißheit die deutsche Einheit hätte retten können. Doch muß gesagt werden, daß die Proben aufs Exempel leider nicht gemacht wurden. Sie hätten unternommen werden müssen; es ging letztlich um 20 Millionen Deutsche. Ein Scheitern hätte – dies war damals schon voraussehbar – nicht schlimmere Folgen haben können als jene, die ohne Versuch eingetreten sind. Die Westzonen hätten auch nach einem Scheitern ihren Weg gehen können, dann sogar gehen müssen. Jenseits aller Taktik und allen Widerwillens hätte gewagt werden müssen. Die, welche die sowjetisch-kommunistische Politik unmittelbar erleben mußten und hart betroffen waren, hatten einen empfindlicheren Sinn für die entscheidende Gefahr, die da heraufzog.

Mit aller Schärfe muß nun aber auch gesehen und gesagt werden, daß die deutschen Kommunisten Moskauer Prägung durch ihr Verhalten so abstoßend gewirkt haben, daß in den anderen Zonen der Gedanke, man könne mit den Kommunisten demokratisch zurechtkommen, immer unrealistischer erschien. So verlief denn die gesamtpolitische Entwicklung schließlich so, wie die deutschen Kommunisten und ihre sowjetische Schutzmacht sie herausgefordert hatten: Die Westmächte und die Westzonen zogen ihre Konsequenzen. Ob die sowjetische Führung diese westliche Antwort wirklich hatte riskieren wollen, bleibt eine offene Frage. Das Verhalten Molotows auf der Londoner Herbstkonferenz 1947 und die nervöse und unseriöse Aktion einer Volkskongreßdelegation für diese Londoner Konferenz läßt eher darauf schließen, daß man in Moskau gemeint hatte, die westliche Abwendung aufhalten und dennoch die eigene Zone als kommunistisch dirigiertes innerdeutsches Glacis in die gesamtdeutsche Neugestaltung einbringen zu können.

Wie auch immer, für die CDU im sowjetischen Besatzungsbereich brachte diese Entwicklung das Ende ihres hartnäckigen Versuches, die Sowjetzone für freie Demokratie in deutscher Einheit zu bewahren. Die unglückliche Konstruktion der Besetzung Deutschlands, die Sowjetisierungspolitik der Besatzungsmacht in Mitteldeutschland, die revolutionäre Besessenheit der deutschen Kommunisten und das ungenügende Verständnis im Westen erwiesen sich insgesamt als übermächtig.

Im deutschen Bereich tragen die Hauptschuld die Kommunisten der KPD/SED. Entgegen ihren verbalen Bekundungen waren sie von Anfang an nicht zu einem fairen demokratischen Wettbewerb um die politische und gesellschaftliche Gestaltung bereit. Dabei hatten sie es in der Sowjetzone mit demokratischen Gegnern zu tun, die objektiv keineswegs als »reaktionär« und »faschistisch« verstanden werden konnten. Dies hinderte die Kommunisten nicht, die ihnen von der Besatzungsautorität geliehene Macht bis hin zu psychischem und physischem Terror einzusetzen.

Erich Gniffke, führender Sozialdemokrat, Mitglied der SED-Führung, verließ Ende Oktober 1948 die SED und die Sowjetzone. In seinen Aufzeichnungen »Jahre mit Ulbricht« – Herbert Wehner hat ihnen ein Vorwort gegeben – schreibt Gniffke nach einem letzten Gespräch mit Pieck und Grotewohl:

»Pieck war ehrlich überzeugt, daß der ihm von Moskau vorgeschlagene Weg der richtige sei. Das mußte ich ihm zugute halten. Für ihn gab es keinen anderen Weg, der zu dem Ziel führte, das er erreichen wollte. Jetzt sah er es zum Greifen nahe vor sich. Er wollte es erreichen durch die Einheit der Arbeiterklasse ... Außerdem waren die Sowjets seine Freunde, denen er vorbehaltlos vertraute ... Er war Praktiker, kein Theoretiker. Was ihm ins Konzept einer Rede geschrieben wurde, das sprach er aus.

Einige Monate zuvor hatte ich ihm bei Vorbereitung einer Blockausschuß-Sitzung gesagt, was er vorzutragen gedenke, sei doch die Unwahrheit. Verschmitzt lächelnd hatte er geantwortet, sein Gewissen sei ruhig, wenn es gelte, den Gegner zu belügen.

Aber Wilhelm, es sind doch Menschen, mit denen uns eine Bündnispolitik (gemeint ist die Blockpolitik, d. V.) verbindet!, hatte ich ihm entgegengehalten. Na was – sind es auch Kommunisten? Nein! Also, sind es Gegner!«

Erich Gniffke war kein Fanatiker. Bei allen Kontroversen war er im zentralen Einheitsausschuß (Block) ein umgänglicher Mann. Selbst in dem zitierten Bericht sucht er Pieck noch persönlich gerecht zu werden. Um so mehr kennzeichnet seine Darstellung die Hinterlist der sowjetzonalen Kommunisten. Die Verschlagenheit, das hemmungslos praktizierte Prinzip, daß der (kommunistische) Zweck die Mittel heilige, der ideologische Fanatismus, alles verbunden mit der sowjetischen Macht – dies bewirkte die Entfernung der sowjetischen Besatzungszone von Demokratie und nationaler Einheit.

Der hartnäckige Widerstand der CDU andererseits bewirkte, daß dieser Prozeß in seinem konkreten Ablauf damals für die deutsche und die internationale Welt voll offenbar wurde. Dafür erwies sich die inmitten der Sowjetzone gelegene Viermächte-Stadt Berlin mit ihren Westsektoren als hilfreiches Kommunikationszentrum. Alle Versuche, die Sowjetisierung der Zone zu tarnen, scheiterten an der Einsicht, die der Widerstand und das Schicksal der CDU vermittelten. Das Echo in der westlichen Berichterstattung wiederum war für den Widerstand der CDU psychisch und taktisch eine Hilfe.

Allerdings war westliches Echo nicht immer hilfreich, trug vielmehr zu falscher westlicher Einschätzung der Situation und des Verhaltens der CDU-Führung bei. Ein typisches Beispiel hat Werner Conze aus dem Westberliner »Tagesspiegel« zitiert, in dem es am 22. Juni 1947 hieß: »(Kaiser) muß entweder den Opportunismus oder die Partei in der Zone opfern. Die Einwände gegen das letztere mögen schwer sein: Preisgabe der Parteimitglieder in Thüringen, Mecklenburg, Brandenburg, in beiden Sachsen? Aber ge-

genüber steht die Preisgabe der Individualität, des Prinzips der Werte, auf denen die Partei, wie Kaiser sie konzipiert, beruht.« Es war in diesem Fall nicht übelwollend gemeint; aber kein Wort wurde der harten Wirklichkeit, vor der die CDU-Führung stand, weniger gerecht als »Opportunismus«, der Begriff einer Politik, die schwächlich und verlegen durch halbes Entgegenkommen der Härte des politischen Gegners zu entgehen und der kategorischen Verantwortung auszuweichen sucht. In Wahrheit ging es nicht um Ausweichen, sondern um Widerstehen, und dieses Widerstehen war nicht bequem, sondern riskant; es verlangte Mut und Opfer. Gerade das, was nahegelegt wurde, das Opfern der Zone um der »Grundwerte« willen, konnte damals für einen eigenen Entschluß aus deutscher politischer Verantwortung überhaupt nicht in Frage kommen. Der höchste Wert in jener Situation lag in der Pflicht, die Sowjetzone mit ihren 20 Millionen Deutschen auch aus der Ohnmacht heraus bis zum äußerst Möglichen zu verteidigen für Freiheit, Demokratie und Einheit. Sollte dies nicht gelingen, so konnte das nur zum kommunistischen Triumph führen, zu einem System der Scheinfreiheit, zu dem Alles-tun-Dürfen, was ein Politbüro will. Der Verlust Mitteldeutschlands mußte dann nach menschlichem Ermessen für eine nicht absehbare Zeit die Folge sein.
Vor dieser Zwangslage standen wir damals. Sie war schlimm genug. Aber noch schlimmer mußte es dann sein, wenn deutscher Widerstand nicht unnachgiebig gewesen und nicht offenbar geworden wäre. So meinten wir in der CDU-Führung, daß – wenn das Unheil unabwendbar werden sollte, was wir zunehmend fürchteten – dann die entscheidende Kraft, die Sowjetmacht, sich offenbaren mußte. Für die Zukunft mußte klar sein, was durch wen geschah. Am Ende wurde es offenbar. Die Besatzungsmacht selbst mußte tätig werden. Die CDU-Führung lief nicht davon, sondern die Sowjetische Militäradministration machte ihr eine weitere Arbeit unmöglich und verbot ihr den Zugang zur Sowjetzone. Nicht die CDU-Führung gab ihre Mitglieder preis, sondern die Besatzungsmacht trennte sie von ihnen durch Befehl. Dies war kein demokratischer Führungswechsel; es war ein brutales Geschehen, das die Menschen schwer traf und das die staatliche Einheit Deutschlands aussetzte, wie die folgenden Jahrzehnte erwiesen haben.
Die freie Welt, die dies beobachtete, konnte sich aus erster Hand ein wirklichkeitsgetreues Bild von sowjetischer Machtpolitik und kommunistischer Verhaltensweise in Deutschland machen. Dieses Bild bot sich den einstigen Kriegsverbündeten in der Mitte Europas noch vor dem zweiten Fenstersturz in Prag. Das Ganze war eine Vorwarnung, die gewiß dazu beigetragen hat, daß auf die ein halbes Jahr später angesetzte Berlin-Blockade schnell und richtig reagiert worden ist.
Die SED hat lange versucht, die Verantwortung für die Entwick-

lung der ersten Nachkriegsjahre westlichen Einflüssen zuzuschieben, reaktionären, antisowjetischen, kapitalistischen und imperialistischen Kräften. Man hatte die Entwicklung zur faktischen Alleinherrschaft des Kommunismus in der Sowjetzone gewollt, aber noch wollte man nicht ihr Urheber sein. Noch lange suchte man sich zu entschuldigen mit dem Zusammenschluß der drei Westzonen, mit dem westdeutschen Weg zur Bundesrepublik, dem man angeblich widerwillig nachfolgen mußte. Inzwischen hat sich die Scham gelegt. Nach einem Vierteljahrhundert begann die SED ihre und der DDR Frühgeschichte unverhüllt darzustellen als Ablauf und Ergebnis entschlossenen revolutionären Wollens. Seither scheut man sich auch nicht, den entscheidenden sowjetischen Beitrag offen anzuerkennen, denn nun ist er ein Beweis internationalistischer, sozialistischer Solidarität. Schon 1972 konnte man bei einem sowjetischen Verfasser dazu lesen: »In ihrer Gesamttätigkeit ließen sich die sowjetischen Besatzungsorgane vom Prinzip des proletarischen Internationalismus leiten. Sie erwiesen dem deutschen Volk und der deutschen Arbeiterschaft jegliche Hilfe bei der Schaffung eines neuen demokratischen Deutschland« – (Iwan S. Mednikow). Heute – zum Beispiel in den Ostberliner »Beiträgen zur Geschichte der Arbeiterbewegung«, Jahrgang 1980 – kann man präzise nachlesen, wie damals Besatzungsmacht und deutsche Kommunisten ihre Macht- und Ideenkombination eingesetzt haben zur revolutionären Umwälzung. Freimütig wird das KPD-Gründungsprogramm vom 11. Juni 1945 mit seinen demokratischen Bekenntnissen als Werbemittel dargestellt, »um rasch zur legalen Massenpartei zu werden«. Es war ein »Minimalprogramm«, das »nicht die grundsätzliche Forderung des Kampfes für die Diktatur des Proletariats stellte«, aber – so wird Wilhelm Pieck zitiert – auch »diesem Kampf nicht entgegenstand, sondern den Weg dazu bereitete« (a.a.O. Günter Bensen). Der Verfasser ist bemüht, die eigene Aktivität der KPD nicht unterschätzen zu lassen. Aber, so schreibt er, »die KPD war sich natürlich bewußt, welche positiven Auswirkungen vom Sieg der UdSSR ... und von ihrer Haltung als sozialistische Besatzungsmacht ausgingen, und entschlossen, die Gunst der Stunde zu nutzen«. Die Gunst der Stunde!

An derselben Stelle erklärt ein anderer Verfasser (Hans-Joachim Krusch) zu den schon in den ersten Besatzungsmonaten betriebenen revolutionären Verwandlungen: »Unschätzbare Hilfe bei all dem erwies die sowjetische Besatzungsmacht.« Dies war die bald sich offenbarende Wirklichkeit, mit der die 1945 im Sowjetbereich gegründeten demokratischen Parteien hart konfrontiert wurden. Willi Stoph hat allzu recht mit seinem Dankeswort bei der Entgegennahme des Lenin-Ordens im Kreml: »Ganz richtig werde gesagt, daß die DDR euer und unser gemeinsames Kind ist.«

Das am Beispiel der CDU verdeutlichte Nachkriegsgeschehen im sowjetischen Besatzungsbereich wird nach so langer Zeit nicht

wieder in Erinnerung gerufen, um Wunden aufzureißen. Diese Wunden sind ohnehin offen, solange das deutsche Volk auseinandergerissen ist. Eben erst, in diesen Herbstwochen 1980, hat die DDR-Führung mit ihrem rücksichtslosen Eingriff in den Besucherverkehr die deutsche Not erneut offenbar gemacht.
Das Geschehen wird hier nach dreißig und mehr Jahren wieder ins Licht gerückt wegen der historischen Wahrheit, die auch heute noch vom Osten manipuliert und entstellt wird. Es muß, solange Gewalt auf deutschem Boden nicht überwunden ist, immer festgehalten werden, daß die Entstehung und Existenz der DDR nicht aus deutscher Selbstbestimmung, sondern aus dem Willen einer fremden Macht und aus dem Antrieb einer von der großen Mehrheit des Volkes abgelehnten Ideologie herrühren. Die Deutschen des heutigen DDR-Bereiches haben niemals Gelegenheit gehabt, in freier Meinungsbildung und Entscheidung Stellung zu nehmen; auch das wird durch die Nachkriegsjahre bewiesen.
Diese Nachkriegsgeschichte darf nicht vergessen, auch nicht in Geschichtsbüchern abgelegt werden. Die Schutzbehauptung der SED, die Bevölkerung habe ihr Selbstbestimmungsrecht durch die Abstimmungen beim Entstehen der DDR und durch den »sozialistischen Aufbau« gehabt und ein für allemal gebraucht, ist zu absurd, um ernst genommen zu werden. Dennoch ist mir solches bei der Plenartagung der Interparlamentarischen Union im September d. J. im Haus der Volkskammer in Ost-Berlin von einem Mitglied der DDR-Delegation entgegengehalten worden, als ich als Delegierter des Bundestages das unerfüllte Selbstbestimmungsrecht des deutschen Volkes geltend machte. Selbstbestimmungsrecht ist nicht ein flüchtiger Vorgang, es ist ein bleibendes Grundrecht der Völker, auch des deutschen Volksteils in der DDR. Verzicht auf Gewalt bei seiner Durchsetzung, wie sie im Grundlagenvertrag ausgesprochen ist, ist kein Verzicht auf das Recht selbst und kein Verzicht auf das ungehinderte Miteinander des ganzen Volkes, wie immer die staatsrechtliche Form einmal werden mag.
Am Schluß dieser Betrachtungen möchte ich mich noch einmal betont der Christlich-Demokratischen Union Deutschlands zuwenden, meiner politischen Gemeinschaft. Jedes Wort ihres Namens, so wie er im Juni 1945 im sowjetisch besetzten Berlin geprägt worden ist, bleibt programmatisches Gebot. Für dieses politische Programm haben sich damals Millionen Anhänger unter schwierigsten Verhältnissen eingesetzt. Das geschah trotz des Sowjetsterns, mit festem, im politischen Widerstand bewiesenem Willen zur Selbstbehauptung als Demokraten und als Deutsche. Niemals und nirgendwo in Deutschland sollten noch einmal menschliche und politische Grundrechte verweigert werden dürfen. Dafür sind in der sowjetischen Zone von allen Demokraten, sozialen, liberalen, aber eben gerade auch von christlichen Demokraten, schwere Belastungen ertragen und Opfer gebracht wor-

den: das Opfer, schikaniert und zurückgesetzt zu werden, das Opfer, diffamiert zu werden, das Opfer, in Angst zu leben, das Opfer, Willkür und Verschleppung zu riskieren, das Opfer gar, für lange Zeit die Freiheit zu verlieren. Und viele verloren das Leben.
Dies ist Grund genug für die Christlich-Demokratische Union Deutschlands von heute, sich dieses Ursprungs und ihrer eigenen Frühgeschichte in Berlin und der Mitte Deutschlands bewußt zu bleiben – als Tradition und noch mehr als Verpflichtung.

Berlin, 4. November 1980

Johann Baptist Gradl

Plakat der CDUD von 1946 (Abb. 12)

Jakob Kaiser (Abb. 13)

Jakob Kaiser, Luise Schröder, Karl Arnold und Gustav Heinemann beim Parteitag der CDUD, Juni 1946 (Abb. 14)

Besprechung zwischen (hintere Reihe, v.l.n.r.:) Josef Müller, Jakob Kaiser, Ernst Lemmer, v. Prittwitz und Gaffron, (vordere Reihe, v.l.n.r.:) Friedrich Holzapfel, Hugo Hickmann und Heinrich v. Brentano anläßlich des Parteitages der CDUD, September 1947, im Parteihaus Jägerstraße (Abb. 15)

Marschall Shukow
(Abb. 16)

Oberst Tulpanow
(Abb. 17)

Wirtschaftsnot und Wirtschaftsordnung

Rede des Ministerpräsidenten Karl Arnold, Düsseldorf, anläßlich des Parteitages der Christlich-Demokratischen Union für Berlin und die russische Besatzungszone am 7. September 1947 im Theater am Schiffbauerdamm in Berlin

Meine Damen und Herren!

Als Ihr Parteichef und mein Freund Jakob Kaiser den für mich ehrenvollen Wunsch äußerte, ich möge auf diesem Parteitag über die wirtschaftlichen Fragen und Nöte unseres Volkes sprechen, da gingen meine Gedanken zurück zu Ihrem vorjährigen Parteitag, den ich ja auch hier in Ihrem Kreise miterleben durfte. Ich versuchte mir vorzustellen, wie sich die Gedanken und Stimmungen der Menschen vom Sommer 1946 bis zum Herbst 1947 gewandelt haben. Bei diesen Überlegungen kam ich zu einem Ergebnis, das ich dann mannigfach durch Gespräche und Beobachtungen überprüft und dabei als richtig bestätigt bekommen habe, nämlich zu dem Ergebnis, daß wir heute gegenüber der Zeit vor fünfzehn Monaten noch zurückhaltender in unseren Erwartungen, noch vorsichtiger in unseren Hoffnungen, noch reicher an Enttäuschungen, noch bedrückter in unseren Stimmungen geworden sind. Damals im Jahre 1946 glaubten wir, gute Aussicht zu haben, daß unser Weg allmählich und stetig wieder aufwärts führen würde. Wir glaubten, daß wir nun auch unser wirtschaftliches Leben in eigener Verantwortung und nach eigenen Vorstellungen in Ordnung bringen könnten. Niemand war überschwenglich in seinen Erwartungen, denn die Erwartungen, die wir damals hegten, waren wahrlich bescheiden genug. Im Grund liefen sie nur darauf hinaus, daß wir glaubten, man würde uns die Arbeit freigeben. Arbeit für uns und Arbeit für das, was die Welt von uns verlangen konnte.
Inzwischen haben wir einen Winter von grausamer Härte über uns ergehen lassen müssen. Mehr als ein Jahr ist vergangen, und doch sind wir, wenn wir die Dinge nüchtern betrachten, eher rückwärts als vorwärts gekommen. Nichts liegt mir ferner, als vor der Welt überheblich zu reden. Wir Deutschen wissen sehr hoch zu werten, daß von vielen Völkern dieser Welt, in die wir so viel Haß hineingetragen haben, Verständnis und Hilfsbereitschaft zu uns gekommen sind. Aber die Aufgabe, uns unseren Lebensunterhalt selber zu verdienen, bleibt uns doch, und wir wollen diese Aufgabe erfüllen, so wie jedes Volk dies will, das etwas auf sich hält. Denn bei aller Notwendigkeit großzügiger Hilfe von außen, und zwar nicht nur Hilfe materieller Art, sondern mehr noch jener unwägbaren Unterstützung, die aus Beweisen echter Menschlichkeit und wirklichen Vertrauens zu uns herüberstrahlt, wissen wir doch, daß wir den Wiederaufbau unseres Vaterlandes niemandem anderen überlassen können als unserer eigenen Hände Arbeit. Einiges ist zwar seit dem vorigen Winter geschehen. Jedoch im Ganzen unseres Volkes gesehen und an der Not seines Lebens gemessen, ist das außerordentlich wenig. Und vielleicht das Schlimmste

daran ist, daß wir diese Feststellungen machen müssen, wenige Wochen vor einem neuen sorgenvollen Winter. Für die große Mehrheit unseres Volkes fehlt es am Notwendigsten, ob es nun die tägliche Nahrung oder die Kleidung, ob es das Schuhwerk oder die warme Stube ist, ein Winter des Grauens mit all seinen noch nicht übersehbaren Folgen steht schon wieder vor uns. Diese Lebensnot unseres Volkes ist ein Ausdruck der furchtbaren wirtschaftlichen Lage, in die wir durch den Nationalsozialismus, durch seinen Krieg, durch die Folgen dieses Krieges und durch die Irrungen der letzten 2 1/2 Jahre gekommen sind. Nur wenn wir uns diese Lage mit rücksichtsloser Offenheit immer wieder klarmachen, nur dann werden wir jenes äußerste Maß an Energie aufbringen, um dieser Lage irgendwie Herr zu werden. Wehe denen in unserem Volke, die aus doktrinärer Verbohrtheit und parteipolitischer Leidenschaft glauben, diese Zeit und diese Not seien geeignet, einen rücksichtslosen Radikalismus auf wirtschaftlichem und sozialem Gebiete zu züchten. Kein Klassenkampf und keine Restauration, mögen beide noch so geschickt verbrämt sein, vermögen uns zu helfen. Indem wir aber Klarheit über die deutsche Lebensnot schaffen, helfen wir auch der Welt, die volle Verantwortung zu erkennen, die sie mit uns selbst für das Schicksal dieser 70 Millionen Menschen im Herzen Europas trägt, ein Schicksal, das auf der Londoner Konferenz in wenigen Wochen zur Erörterung stehen wird.

Die deutsche Lebensnot

Das wichtigste Gut eines Volkes sind seine Menschen mit ihrer Arbeitskraft und ihrer Intelligenz. Hier hat der Krieg eine furchtbare Ernte gehalten. Zwar hat sich die Bevölkerungszahl insgesamt nicht viel geändert. Es sind jetzt rund 66 Millionen Menschen, und es werden, wie die Bevölkerungsstatistiker annehmen, nach Rückkehr der Kriegsgefangenen und weiterer Ausgewiesener etwa 70 Millionen werden. Aber dieses Bild ist trügerisch, denn die Zusammensetzung der Bevölkerung nach Alter und Geschlecht ist durch den Krieg in einer verheerenden Weise verzerrt worden. Der Krieg hat uns mindestens 4-4 1/2 Millionen Männer an Gefallenen und Vermißten gekostet. Hinzu kommen noch die in alliierten Händen befindlichen Kriegsgefangenen, so daß uns zur Zeit mehr als 6 1/2 Millionen Männer fehlen. Daneben wird man damit zu rechnen haben, daß etwa 1 1/2 Millionen Männer Schwerversehrte sind, deren Arbeitskraft für produktive Tätigkeit mehr oder minder verloren ist. Die Zahl der durch Ausweisungen und Fluchtbewegungen in das heutige Deutschland gekommenen Menschen wird mit etwa 11 1/2 bis 12 Millionen beziffert. Diese Umsiedler, wie man sie mit einem für ihr trauriges Schicksal etwas zaghaften Wort nennt, sind zum weitaus größten Teil Frauen, Kinder und Greise. Es scheint noch eine günstige Schätzung zu sein, wenn man annimmt, daß ein Fünftel der Flüchtlinge wirklich arbeitsfähige Männer sind. Wenn früher jeder Berufstätige einen anderen Menschen erhalten mußte, so entfallen heute schon auf einen Berufstätigen im Durchschnitt beinahe zwei Nichtberufstätige, Frauen oder Kinder, Greise oder Kranke. Was die Umschichtung im Altersaufbau bedeutet, sehen Sie allein an einer Zahl aus dem Ruhrbergbau. 1938 entfielen von der Gesamtbelegschaft auf Männer über 40 Jahre knapp 30%, heute sind es mehr als die Hälfte: 57%.
Man hat gesagt, daß die Hauptlast des Wiederaufbaues in der kommenden Zeit auf den Frauen zwischen 20 und 40 Jahren liegen wird. Die Statistiker haben errechnet, daß wir einen Frauenüberschuß von vielen Millio-

nen in den heiratsfähigen Jahrgängen haben werden. Und hinter all dem steht noch der Rückgang der Geburtenziffern und die durch den Mangel an geeigneter und genügender Nahrung, durch die Wohnungsverhältnisse und durch Krankheitswellen erhöhte Sterblichkeit der Kinder und Säuglinge. Denken wir ferner an die Verbreitung der Volksseuchen, zumal der Tuberkulose. Hinzu kommt die Erschöpfung und Auszehrung unserer Menschen durch die körperliche und seelische Not, die sie nun seit vielen Jahren ertragen haben und die durch die zunehmende Hoffnungslosigkeit, die angesichts der gesamtdeutschen Lage auf den Menschen lastet, noch größer und schwerer wird. Man kann diese Erschöpfung zumal bei der städtischen Bevölkerung gar nicht ernst genug nehmen. Und vergessen wir schließlich nicht, daß Jahr um Jahr durch Krieg und Gefangenschaft Millionen Männer von Berufsausbildung und Berufstätigkeit ferngehalten worden sind, so daß das deutsche Volk ein Unmaß an Fachbildung und Qualitätsarbeitskräften verloren hat. Das also ist die Bilanz unserer Arbeitskraft ein ausgezehrtes, völlig erschöpftes Volk.
Ich möchte in diesem Zusammenhang jenen, die im Hinblick auf die gegenwärtigen weltpolitischen Spannungen in verantwortungsloser Leichtfertigkeit von einem neuen Krieg sprechen, nur sagen, daß ein dritter Weltkrieg, selbst wenn unser Volk dabei auf der siegreichen Seite stände, den endgültigen biologischen Tod der deutschen Nation zur Folge hätte.
Aber auch der Boden, der diesen 65–70 Millionen Menschen als Lebens- und Nahrungsmittelgrundlage zur Verfügung steht, reicht nicht aus. Das deutsche Volk ist heute enger zusammengedrängt als je. Während wir vor zwanzig Jahren eine Bevölkerungsdichte von etwa 135 Menschen je Quadratkilometer hatten, müssen wir von nun an mit einer Bevölkerungsdichte von nahezu 200 Menschen je Quadratkilometer rechnen. Wir gehören damit zu den dichtest besiedelten Ländern Europas und der Welt. Während unsere Bevölkerungszahl durch die Ausweisungen der Deutschen aus den früheren ostdeutschen und außerdeutschen Siedlungsgebieten im ganzen unverändert geblieben ist, hat sich unser Gebiet um rund 115000 Quadratkilometer verringert, nämlich um die deutschen Gebiete östlich der Oder und Lausitzer Neiße, die etwa ein Viertel der deutschen Bodenfläche ausmachen. Auf diesen Gebieten fanden fast 10 Millionen Menschen ihre Existenz. Aus diesem Raum gingen jährlich etwa 2 3/4 Millionen Tonnen Getreide und fast 8 Millionen Tonnen Kartoffeln in das übrige Deutschland. Diese Gebiete lieferten im Durchschnitt der letzten Vorkriegsjahre etwa ein Viertel der deutschen Gesamtproduktion an landwirtschaftlichen Erzeugnissen. Allein der endgültige Verlust der ostdeutschen Gebiete würde bedeuten, daß künftig 40% des deutschen Nahrungsbedarfs gegenüber rd. 20% in der Vorkriegszeit durch Einfuhr gedeckt werden müssen. Niemand kann uns verübeln, wenn wir Deutsche unter diesen Umständen immer wieder für eine Grenzziehung im Osten eintreten, die unseren Lebensbedürfnissen gerecht wird. Und was ist alles an Inventar verlorengegangen, vor allem an Vieh während der Kämpfe und gleich nach den Kämpfen, zumal hier im Osten. Hinzu kommt schließlich die ganz unzureichende Kunstdüngerversorgung. Was es mit dieser Auszehrung des Bodens und dem Fehlen des Düngers auf sich hat, das mag die Feststellung der Sachverständigen zeigen, die je ha landwirtschaftlicher Nutzfläche gegenwärtig nur mit der Hälfte bis zwei Drittel desjenigen Ertrages rechnen, der in normalen Friedensjahren erzielt worden ist. Käme man zu einer besseren Versorgung der Landwirtschaft mit Stickstoff, Phosphordünger und technischen Geräten, dann würde sich

eine erhebliche Steigerung des Ertrages erzielen lassen; man glaubt, daß man dann bald mindestens 75–80% des Ertrages der Vorkriegszeit erreichen würde. Jetzt aber befinden wir uns mitten in einem unheilvollen Zirkel, in einem täglich immer enger werdenden Kreis, dessen Wirkung in die Formel gebracht werden kann:
Weil zu wenig Brot da ist, fördern wir nicht genug Kohle, weil die Kohle nicht ausreicht, produzieren wir zu wenig Kunstdünger und sonstige Produktionsmittel; weil Kunstdünger, Pflugscharen, Bindegarn u.a. fehlen, haben wir nicht genug Getreide, und weil es an Getreide fehlt, haben wir zuwenig Brot.
So verengt sich der Kreis immer mehr und droht, uns zu erdrosseln. Die gegenwärtige Effektlosigkeit unseres Wirtschaftens hat inzwischen auch bewirkt, daß in der heutigen Wirtschaft das Normale zum Anormalen und das Anormale zum Normalen geworden ist. Wenn aber Mangel und Not eine bestimmte Grenze überschreiten, werden alle Dämme der Gesetzlichkeit überspült. Das Gesetz hat nur so lange Kraft, als es von der Mehrheit des Volkes als moralisch berechtigt anerkannt wird. Wenn aber die Frage so gestellt ist, daß Gesetzestreue Tod durch Hunger oder Erfrieren bedeutet, so gewöhnen sich die Menschen daran, neben dem Gesetz oder gegen es zu leben. Das aber ist der Beginn des Chaos auf allen Lebensgebieten. Es werden alle gesetzlichen, polizeilichen und organisatorischen Maßnahmen so lange wirkungslos bleiben, als nicht zunächst einmal wieder für ehrliche Arbeit ehrliches Geld gegeben, ein vernünftiges Verhältnis zwischen den Preisen hergestellt und durch moralische Steuern die Moral nicht weiter untergraben wird. Geldreform, Schließung der Preisschere und die Änderung unseres Steuersystems sind daher Dinge, die als Voraussetzungen weiteren Wirtschaftens und Lebens jeden einzelnen lebenswichtig angehen. Die Not unserer Landwirtschaft ist die Not unseres Volkes. Unser Volk bekommt diese Zusammenhänge jeden Tag zu spüren an der unzulänglichen Ernährung. Der Deutsche erhält im Durchschnitt heute Rationen, die kaum noch die Hälfte der Kalorienmenge ausmachen, die er vor dem Kriege verzehrt hat und die im Vergleich mit anderen Völkern keineswegs übernormal war.

Man muß uns einen Anfang geben

Eine erschöpfte und ausgezehrte Arbeiterschaft, eine seit langem überbeanspruchte und doch für die Versorgung völlig unzureichende Landwirtschaft, eine von Kriegsschäden und unerhörten Demontagen dezimierte, von Rohstoffmangel und vielen Produktionseinengungen gehemmte Industrie, ein Verkehrswesen, für das jeden Augenblick der Zusammenbruch befürchtet werden muß, eine schwerkranke Währung – das ist die deutsche Wirtschaft, die 70 Millionen auf engsten Raum zusammengedrängten Menschen eine Existenz geben soll. Vielleicht macht man mir nun den Vorwurf, daß ich wieder einmal ein deutsches Elendsbild gezeichnet habe, daß ich in Selbstbemitleidung und Selbstbedauern geschwelgt habe, während es doch darauf ankomme, zur Aktivität aufzurufen. »Ihr Deutsche solltet Euch nicht soviel bemitleiden und beschweren, Ihr solltet vielmehr Hand ans Werk legen und arbeiten, Ihr solltet nicht nach rückwärts, sondern nach vorn sehen!« Das ist ein Vorwurf, der uns immer wieder aus dem Ausland gemacht wird, nicht nur von übelwollenden, sondern auch von wohlmeinenden Menschen. Deshalb darf ich hier ein ganz offenes Wort dazu sagen:

Nicht weil wir uns in unserem Elend gefallen und weil wir unsere Hoffnung auf das Mitleid der Welt setzen, weisen wir auf unsere Not hin, sondern wir tun es, weil unser eigenes Volk und weil die Welt erkennen muß, wie gewaltig die Aufgaben sind, vor denen wir und die Welt stehen. Grundfalsch wäre es, wollte man wie der Vogel Strauß den Kopf in den Sand stecken und Augen und Ohren verschließen vor der Not und den Schwierigkeiten unseres Landes. Für uns geht es darum, daß wir für 70 Millionen Deutsche wieder eine Lebensgrundlage finden. Aber es geht gar nicht nur um uns, es geht auch ebenso um die Welt. Es geht darum, ob das Kernland des Mutterkontinents wieder zu einem Land des Friedens, der Ordnung, der Arbeit und des Aufbaues wird oder ob hier ein vergifteter Herd für ein wirtschaftliches Chaos, für soziale Anarchie, für politisches Abenteurertum sich entwickeln soll. Wir Deutsche neigen ja gar nicht zu schwächlichem Selbstbedauern. Wir sind hart geworden! Man sehe doch unsere Menschen an, unsere Arbeiter in den ausgeräumten Fabriken, unsere Bauern auf dem ausgezehrten Boden, unsere Frauen in den Höhlen ihrer zerbombten Wohnungen und auf den Trümmerstätten. Sie haben auch nach dem größten Zusammenbruch, den je ein Volk in der Geschichte erlebt hat, nicht den Mut und den Willen zur Selbstbehauptung verloren. Sie haben, wie sie nur wieder zur Besinnung kamen nach den furchtbaren Tagen des April und Mai 1945, sofort mit der Arbeit begonnen. Die Welt war und ist durch die Besatzungsmächte doch Zeuge für den Arbeitswillen, für den Mut zum Neubeginn, die die Menschen überall in Deutschland beherrschen. Ich habe mir von meinen Freunden sagen lassen, wie hier im Osten und zumal auch in dieser so schwergeprüften Stadt die Arbeiterschaft unmittelbar nach dem Verstummen des Waffenlärms daranging, aus den Ruinen der Werksanlagen eine neue Produktion zu entwickeln. Und nicht anders war es an der Ruhr und überall sonst in Deutschland. An dem Willen zur Arbeit und an dem Mut, durch dieses Tal von Tränen und über diesen Berg von Trümmern zu gehen, fehlt es nicht. Ich kann der Welt versichern: Wir Deutschen sind aller Not zum Trotz fest entschlossen, in unbeugsamem Lebenswillen uns unseren Staat und unsere Zukunft durch harte Arbeit neu zu zimmern. Wenn wir Deutschen uns heute, und nicht erst heute, selber leid tun, dann deshalb, weil wir jetzt im dritten Jahr nach dem Ende des Waffenstreites noch immer nicht wissen, was aus uns wird. Dann ist es deshalb, weil man uns heute noch nicht die Möglichkeit, ja nicht einmal die Aussicht gibt, nach eigenem Willen und Können unsere Dinge selber in die Hand zu nehmen und zu ordnen. Wir wissen, daß wir für lange Zeit eine strenge Aufsicht der Welt über uns haben werden. Diese Aufsicht schreckt uns nicht, denn wir sind ja guten Willens. Aber daß 70 Millionen Menschen im Herzen Europas hilflos dem Spiel der Gegensätze zwischen den Siegermächten ausgeliefert sind, daß sie in Teile zerfallen, die jede der großen Gruppen in der Welt nach ihren Bedürfnissen zu benutzen strebt, und daß darüber vergessen zu werden scheint, daß damit weder Deutschland noch Europa gesunden können, das ist es, weshalb wir uns und die Welt in gleichem Schmerz bedauern.

Als wir im Sommer 1945 die Beschlüsse der Potsdamer Konferenz erfuhren, da erst wurde uns ganz bewußt, wie tief der Abgrund ist, in den uns der Nationalsozialismus und sein wahnsinniger Krieg gestürzt haben. Aber zwei Hoffnungen ließen uns diese Potsdamer Beschlüsse doch: die Zusage der wirtschaflichen Einheit und die Zusage zentraler deutscher Verwaltungen für die wirtschaftlichen Angelegenheiten. Auch der einfältigste Mensch in unserem Volke wußte, daß ohne eine Zusammenfügung der Zonen und ohne eine gesamtdeutsche Ordnung, Planung, Lenkung und Verwaltung der wirtschaftlichen Vorgänge ein deutscher Aufbau nicht möglich ist. Deshalb haben wir mit drängender Sehnsucht darauf gewartet, daß diese Zusagen der Potsdamer Beschlüsse wahrgemacht würden. Wir haben Jahr um Jahr gewartet, wir haben auf die Moskauer Konferenz gehofft, und auch sie brachte uns keinen Schritt weiter. Vier Großmächte haben nach ihrem Willen mit der bedingungslosen Kapitulation das Schicksal von 70 Millionen Menschen auf sich genommen. Daß diese vier Großmächte bis auf den heutigen Tag nicht in der Lage waren, uns wenigstens den Anfang zur Schaffung einer Existenz zu geben – und zwar obwohl unsere wirtschaftliche Situation immer noch schlechter geworden ist –, das ist die furchtbare Enttäuschung, die unser Volk lähmt und seelisch so entsetzlich quält.

Es ist hier nicht meine Aufgabe, die Frage der Schuld an diesem tragischen Geschehen zu erörtern, um so weniger, als wir Deutsche uns immer und zu jeder Stunde bewußt sein müssen, daß wir selbst durch unser eigenes Verhalten in der Vergangenheit ein hohes Maß von Verantwortung auf uns geladen haben. Aber die Tatsache ist nun einmal unbestreitbar: Deutschland kann nicht gesunden, wenn man nicht uns Deutschen selbst die Möglichkeit gibt, es gesund zu machen. Und es kann auch nicht gesunden, wenn es wirtschaftlich gespalten wird. Was kann denn aus Deutschland werden, wenn es in dem heutigen Zustand bleibt? Seine Viertel oder vielleicht seine Hälfte würden nichts weiter als ein Spielball in den weltwirtschaftlichen und weltpolitischen Auseinandersetzungen sein. Das aber ist keine Lösung. Deshalb werden wir immer und immer wieder und mit Leidenschaft die Forderung erheben: daß man uns den Weg über die Zonengrenzen hinüber und herüber für Menschen und für Güter freigibt und daß man unsere wirtschaftlichen Aufgaben in unsere eigenen Hände zurücklegt.

(. . .)

Man hat in einigen Ländern die Frage des Aufbaues der deutschen Wirtschaft mit dem Problem der nationalen Sicherheit in Zusammenhang gebracht. Wir haben angesichts der Erfahrungen in der Vergangenheit großes psychologisches Verständnis dafür und sind bereit, dem echten Sicherheitsbedürfnis unserer Nachbarn durch einen Einbau unserer wichtigsten Grund- und Schlüsselindustrien in einen gesamteuropäischen Aufbauplan Rechnung zu tragen. Wir sind darüber hinaus bereit, alle die hohen Gaben, die ein gütiger Schöpfer unserem Volke verliehen hat, seine Schaffenskraft, seinen Fleiß und seine Tüchtigkeit, Gaben, die gegen unseren Willen zum Werkzeug der Zerstörung wurden, nunmehr und unwiderruflich für den Aufbau einer besseren und friedlichen Welt zur Verfügung zu stellen. Aber wir müssen uns andererseits auch entschieden dagegen wehren, daß die Sicherung gegen eine angebliche deutsche Gefahr zum Vorwand benutzt wird, um deutsches Reichsgebiet zu amputieren oder den nicht mehr länger aufschiebbaren deutschen wirtschaftlichen Wiederaufbau absichtlich zu verlangsamen.

Eine gesamtdeutsche Wirtschaft unter deutscher Verantwortung, Herstellung solider und unabhängiger Wirtschaftsbeziehungen zum Ausland und dazu ausländische Kredithilfe zumindest für die Überbrückung der Anlaufsjahre, das sind die wichtigsten Bedingungen, die erfüllt sein müssen, um unserem Volke ernsthafte Aussichten für einen Wiederaufbau zu geben. Das ist gemeint, wenn wir sagen, man möge uns endlich einen Anfang geben, einen Anfang, den wir eben bisher nicht haben und den wir mit aller Eindringlichkeit, zu der das Schicksal eines 70-Millionen-Volkes

ein natürliches Recht gibt, fordern müssen. Wenn wir nur diesen Anfang haben, dann ist für unser Volk mehr gewonnen als die Aussicht auf materielle Verbesserungen. Dann kehrt endlich wieder das Vertrauen zurück zu den Menschen, dann bekommt es das Empfinden, daß sich seine Leiden und seine Arbeit in absehbarer Zeit lohnen. Kein Kulturvolk vermag es auf die Dauer zu ertragen, wenn es ohne Aussicht, ohne begründete Hoffnung leben muß. Man gebe uns diesen Anfang, dann werden wir unser Leben zu unserer eigenen Zufriedenheit und auch zum Wohle und zum Frieden der Welt wieder in Ordnung bringen.
(. . .)

Die neue Ordnung

Die Notwendigkeit des Ordnens zwingt uns zum Handeln. Die Ungewißheit, die weithin nicht nur über die materiellen Grundlagen unserer Wirtschaft, sondern auch über ihre künftige Ordnung besteht, wirkt lähmend auf die wirtschaftliche Aktivität. Es versteht sich von selbst, daß die Bereitschaft, Risiko zu übernehmen und Initiative zu entwickeln, beeinträchtigt ist, wenn die Menschen im Zweifel darüber sind, ob überhaupt oder inwieweit sie künftig über ihre wirtschaftlichen Mittel und die Ergebnisse ihres Schaffens verfügen können. Die Ursachen und die Grade der Ungewißheit mögen verschieden sein; aber die Ungewißheit selbst besteht für den Bauer ebenso wie für den Handwerker, für den Unternehmer ebenso wie für den Arbeiter. Die Menschen werden heute überschüttet mit Worten und Begriffen, die im Grunde sämtlich auf eine Einengung ihrer wirtschaftlichen Bewegungsfreiheit und des Ertrages ihrer Leistungen hinzielen. Schließlich ist es kein Wunder, daß die Menschen von der Fülle der Parolen: Planwirtschaft, Wirtschaftsplanung, Sozialisierung, Verstaatlichung, Bewirtschaftung, Enteignung, Bodenreform, Geldabschöpfung usw. verwirrt und mit Unsicherheit erfüllt werden. Das Ganze wäre leichter zu ertragen, wenn man mit Sicherheit erwarten könnte, daß in absehbarer Zeit ein gesamtdeutsches Parlament für Gesamtdeutschland die Auffassung über die künftige Wirtschaftsordnung und Wirtschaftspolitik zum Ausdruck bringen wird. Wir wissen heute nicht, wann diese Hoffnung in Erfüllung geht. Für jeden Deutschen, gleichgültig, in welcher Zone er tätig ist, und gleichgültig, welcher Partei er angehört, sollte es deshalb selbstverständlich sein, daß nicht vorher schon umstürzende Änderungen in der wirtschaftlichen Ordnung zonenmäßig durchgeführt werden.
Die Ungewißheit, die weithin in unserem Volke über die künftige Ordnung unserer Wirtschaft herrscht, ist aber zugleich auch ein Ausdruck des Bewußtseins in den Menschen, daß man neue Wege gehen muß. Daß man nicht einfach wiederherstellen kann, was früher war, daß man vielmehr nach diesem gewaltigen Zusammenbruch, dessen letzte Gründe und Ursachen weit vor 1933 liegen, einen gründlichen Neubau und Umbau unserer sozialen und wirtschaftlichen Ordnung vornehmen muß. Die Zeiten, in denen man glauben konnte, Gesellschaft und Wirtschaft laufen am besten, wenn man die Wirtschaft sich selbst überläßt, diese Zeiten sind endgültig vorbei. Es gibt keine automatische Ordnung der modernen Industriewirtschaft. Wollte man sie der Selbstregulierung überlassen, so würde man damit das Volk weiterhin dem Wechselspiel von Hausse und Depression der furchtbaren Wirkung regelmäßig wiederkehrender Krisen und der hemmungslosen Machtausübung der wirtschaftlich Mächtigen ausliefern. Eine neue Ordnung ist notwendig, eine Ordnung, die Gerech-

tigkeit schafft, die Gleichmaß in die wirtschaftliche Entwicklung bringt und auf Ausgleich zwischen Berufen und Volksschichten hinwirkt. Und darüber soll kein Zweifel sein: Die einseitige Machtherrschaft des privaten oder monopolisierten Großkapitals ist und muß vorüber sein. Die durch die kapitalistische Wirtschaftsherrschaft erfolgte Degradierung der Arbeiter zum Produktionsmittel war, von allen Konsequenzen in volkssittlicher Hinsicht abgesehen, die giftige Hauptwurzel, die zu dem geistigen und materiellen Verfall des Zustandes führte, den man einstens und fälschlicherweise als »Ordnung« bezeichnete. Gegen die Wiederherstellung eines solchen Zustandes müßte sich die ganze revolutionäre Kraft eines Volkes wenden. Nach dem Zeitalter der Verknechtung, das im industriellen Betrieb, auf dem Kasernenhof und im gesellschaftlichen Leben Triumphe feierte, streben wir nach einer Ordnung, die die Freiheit des Menschen, seine Eigenverantwortlichkeit bei aller notwendigen Bindung an die Gemeinschaft gewährleistet. Dabei wollen wir die großen positiven Wirkungen nicht übersehen, die von dem Einsatz der eigenen Verantwortung und Tatkraft gerade in der Wirtschaft ausgehen und denen das vergangene Jahrhundert in erster Linie die gewaltige Entwicklung von der primitivsten Land- und Kleinstadtwirtschaft bis zur alle Winkel des Erdballs erfassenden Weltwirtschaft verdankt. Nur wer von vornherein voreingenommen ist, kann sich der Tatsache verschließen, daß das kapitalistische Zeitalter mit seiner Freigabe der wirtschaftlichen Kräfte gewaltige Fortschritte für die Versorgung der Menschheit mit den Gütern des täglichen Bedarfs gebracht hat. Deshalb müssen wir uns auch davor hüten, bei dem Bemühen um eine neue Ordnung in einseitige Übertreibungen zu verfallen und den wirtschaftenden Menschen in die Fesseln totaler Reglementierung zu legen.

Die Wirtschaftsstruktur der Ostzone und der Westen.

Aus dem Osten dringen viele Stimmen zu uns nach dem Westen hinüber, die uns scharfe, wenn nicht sogar gehässige Vorhaltungen machen, daß wir nicht genug getan haben, um die wirtschaftsmächtigen Kräfte der Vergangenheit auszuschalten. Wenn man einen bestimmten Teil der Presse der Ostzone liest, dann muß man den Eindruck bekommen, als ob bei uns im Westen das Monopolkapital, der Feudalismus oder kurz gesagt die Reaktion nach Belieben schalten und walten können. Bodenreform, Industrieenteignung u. ä. Ratschläge werden uns in großer Zahl gegeben, so daß man just den Eindruck gewinnen könnte, nichts anderes sei erforderlich, um uns ein Paradies an Ruhr und Rhein zu schaffen. Man hält uns vor, daß wir im Westen in dieser Hinsicht weit hinter der »progressiven Entwicklung« der Ostzone zurückgeblieben seien.
Es mag im Westen Leute geben, die eine solche Angst um ihre wirtschaftliche oder soziale Stellung haben, daß sie aus dieser Angst heraus eine Politik treiben möchten, die gegen den deutschen Zusammenhalt und gegen den sozialen Gedanken der Zeit wäre. Aber sie können ganz sicher sein, das Volk an Ruhr und Rhein wird sich zu keiner Stunde zu einem solchen Irrweg verführen lassen. Bei uns im Westen und Süden ist das Verlangen nach einer neuen wirtschaftlichen und sozialen Ordnung nicht weniger lebendig und nicht weniger stark als hier im Osten: Ebenso lebendig aber ist die Überzeugung, daß die Ordnung am Ende eine gesamtdeutsche Ordnung werden muß, daß sie der deutschen Lebensauffassung entsprechen und den deutschen Lebensformen genügen muß. Allerdings

leitet uns dabei die Überzeugung, daß in einer so schwierigen Situation wie der deutschen alle Reformmaßnahmen sehr sorgsam überdacht und durchgeführt werden müssen. Der Nationalsozialismus und sein Krieg haben uns in jeder Hinsicht unendlich viel zerschlagen. Wer Verantwortung für unser Volk in sich trägt, wird sich deshalb vor jedem Radikalismus hüten, auch wenn Parteidogmatiker noch so sehr danach rufen. Es kommt jetzt nicht darauf an, nur einer bestimmten politischen Doktrin oder einer bestimmten Wirtschaftstheorie zuliebe die deutsche Wirtschafts- und Sozialordnung umzustülpen.
Deshalb mache ich nun aber auch kein Hehl daraus, daß das Volk im Westen und Süden nicht ohne Sorge auf das sieht, was hier in den für Gesamtdeutschland so wichtigen Gebieten der Ostzone an Veränderungen der wirtschaftlichen Ordnung festzustellen ist. Es versteht sich, daß die Frage der Bodenreform ein anderes Aussehen hat, wenn es sich um Gebiete wie hier im Osten handelt, in denen der Großgrundbesitz bis zu 50% des Bodens in Besitz hatte oder wenn sein Anteil wie bei uns in Rheinland und Westfalen knapp 6% oder wie in Bayern und Württemberg sogar nur 3–4% beträgt. Trotzdem sind wir dabei, eine Bodenreform durchzuführen. Aber wir werden dabei von Anfang an darauf bedacht sein, unsere Flüchtlingsbauern auf lebensfähige Höfe zu bringen und den Ertrag der Landwirtschaft für die nichtlandwirtschaftliche Bevölkerung nicht zu beeinträchtigen.

Die Wirtschaftsform, die jetzt in der Ostzone für Gewerbe und Industrie entwickelt wird, weicht völlig von der Ordnung im übrigen Deutschland ab. Es ist ein sehr fremdartiges Bild, das sich uns West- und Süddeutschen bietet, wenn mehrere tausend Betriebe zu sogenannten landeseigenen Betrieben gemacht worden sind, indem man ehemalige Besitzer enteignet und nicht nur das Eigentum, sondern auch die Leitung in die Hand des Staates gegeben hat. Dazu kommen dann noch die anderen enteigneten Betriebe, die wir in den Händen von Gemeinden, Städten und Kreisen oder in den Händen der Konsumgenossenschaften sehen. Wenn man nicht nur die Zahl der Betriebe in Privateigentum und Gemeineigentum vergleicht, sondern die Zahl der Beschäftigten, die Kapitalkraft und die Verteilung auf die einzelnen Wirtschaftszweige, dann zeigt sich, daß das Schwergewicht der ganzen industriellen Wirtschaft in der Ostzone bei den landeseigenen oder sonst sozialisierten Unternehmungen liegt. Man braucht nur daran zu denken, daß allein im Lande Sachsen fast 200000 Beschäftigte in den 1000 landeseigenen Betrieben tätig sind und daß auf diese Betriebe die sehr hohe Durchschnittszahl von 200 Beschäftigten entfällt. Der staatswirtschaftliche Sektor ist aber noch größer, denn zu ihm muß man ja auch den großen Block der deutschen Betriebe in sowjetischer Hand rechnen. Auf die sowjetischen Gesellschaften und Kombinate entfällt in der Ostzone ein Anteil von 20–30% der gesamten industriellen Produktion. Und damit sind die Schlüsselbetriebe und Schlüsselgruppen der Industrie der Ostzone in öffentlicher Hand. Begonnen wurde diese Entwicklung mit der Begründung, es sei notwendig, die Enteignung der Kriegsverbrecher und nationalsozialistischen Aktivisten durchzuführen. Gegen ein solches Vorgehen wird kein vernünftiger Mensch nach den Erfahrungen, die das deutsche Volk machen mußte, Einwendungen erheben können. Es muß selbstverständlich dafür gesorgt werden, daß nationalsozialistische Aktivisten ihrer wirtschaftlichen Machtmittel entledigt werden, damit sie nicht noch einmal mit deren Hilfe verderblichen Einfluß auf die Geschicke des deutschen Volkes ausüben können. Aber was hier

in der Ostzone geschehen ist, geht weit über eine solche berechtigte Enteignungsaktion hinaus. Sie ist hier ausgeweitet worden zu einer bewußten Änderung der gesamten Wirtschaftsstruktur, zu einer Sozialisierung nicht aus sachlicher Notwendigkeit, sondern aus einem Dogmatismus einseitiger marxistischer Vorstellung. Es ist deshalb gut zu verstehen, daß die Union des Ostens sich mit Entschiedenheit dagegen verwahrt, daß ihr Ja zur Enteignung der Kriegsverbrecher und Aktivisten umgedeutet wird in ein Ja zu der Entwicklung einer Wirtschaftsstruktur, die den Auffassungen der Union nicht entsprechen kann und daher eine vernünftige Korrektur dieser Entwicklung verlangt.
Im übrigen ist es nicht nur diese primitive Umwandlung privater Wirtschaftszweige in eine staatskapitalistische Form, die den entschiedenen Widerspruch hervorrufen muß. Die Masse der Betriebe ist ja nicht nur verstaatlicht worden, sondern man hat ihnen auch eine Form gegeben, die eine gewaltige Zusammenballung von Macht in staatlichen Händen darstellt. Während man sich auf der einen Seite nicht ohne Grund gegen die frühere Machtballung in privaten Konzernen und Truste gewandt hat, hat man auf der anderen Seite noch mächtiger und noch dichter zusammengeschlossene Komplexe geschaffen, deren einziger Unterschied für den einzelnen werktätigen Menschen und für den Verbraucher der ist, daß an der Spitze dieser Gebilde nicht wie früher eine mächtige private Bürokratie, sondern eine noch mächtigere Staatsbürokratie steht. Bei den zentralen Verwaltungen der landeseigenen Betriebe sind alle wesentlichen Befugnisse zusammengefaßt. Von einer wirklichen Selbständigkeit im rechtlichen und kaufmännischen Sinne kann nicht mehr die Rede sein. Wo ist schließlich noch eine solche Selbständigkeit möglich, wenn z. B. die Verwendung der Roh- und Hilfsstoffe, der Einsatz der Arbeitskräfte, die Gestaltung der Betriebsfinanzen in die Hände der über dem Betrieb stehenden zentralen Verwaltungen gelegt ist? Hier ist in einer Weise sozialisiert worden, die wirklich nicht vorbildlich ist. Die Union – ich betone ausdrücklich die Union aller Zonen – ist durchaus auch in den Fragen der sozialen und wirtschaftlichen Neuordnung den Erfordernissen der neuen Zeit gegenüber weit aufgeschlossen. Wir wissen und fordern, daß die künftige deutsche Wirtschaft in ihren Grundindustrien eine Gemeinwirtschaft sein muß. Wir wissen auch, daß Betriebe der privaten Macht entzogen und der Allgemeinheit übergeben werden müssen, wenn sie insbesondere wegen ihrer wirtschaftlichen und politischen Vormachtstellung eine Gefahr für die Gesamtinteressen werden. Aber diese Neuordnung darf nicht dazu führen, daß an die Stelle privater Macht nun einfach der Staat als allmächtiger Arbeitgeber gesetzt wird. Betriebe, die zu sozialisieren sind, müssen so umgestaltet werden, daß sie in wirklicher Selbständigkeit wirtschaften können und daß klar erkennbar ist, wie es bei ihnen um Gewinn und Verlust steht. Was soll man schließlich dazu sagen, wenn allein im Lande Sachsen für die landeseigenen Betriebe 65 Verwaltungsgruppen geschaffen worden sind? Das Merkwürdigste allerdings ist, daß sich die Hauptverwaltung landeseigener Betriebe dieser Bürokratie noch rühmt, denn sonst hätten sie ja nicht, wie es geschehen ist, in einer Wirtschaftszeitung eine ganze Seite mit einem Inserat belegt, nur um diese 65 Verwaltungsgruppen schön säuberlich mit Namen, Anschrift und Telefonnummern bekanntzugeben. Aber natürlich, wenn man jeden wirtschaftlichen Vorgang in einem Plan erfassen will, wenn man sich unter Wirtschaftsplanung eine Planwirtschaft nach denselben Mustern vorstellt, wie man in einem sorgsamen öffentlichen Haushalt einen Etat aufstellt, der auch für die kleinste Ausgabe bis ins letzte gegliedert ist, wenn also grob gesprochen,

der Staat sich auch um den kleinsten wirtschaftlichen Dreck kümmern soll, dann allerdings wird man ohne eine gewaltige Bürokratisierung der Wirtschaft nicht auskommen können. Nur glaube ich, daß wir es uns, nachdem wir durch den nationalsozialistischen Krieg so viele Millionen arbeitsfähiger Menschen des besten Alters verloren haben, wirklich nicht leisten können, in bürokratischen Apparaten zu schwelgen.
Doch ist das nicht einmal entscheidend für die Ablehnung eines solchen Wirtschaftsaufbaues durch die Union. Entscheidend ist vielmehr, daß wir die lange entbehrte Freiheit, auf die wir in den zwölf Jahren des Nationalsozialismus so sehnsüchtig gewartet haben, nicht noch einmal verlieren wollen dadurch, daß wir als einzelne der Übermacht und der absoluten Bevormundung einer in Staatshand geballten Wirtschaft ausgesetzt werden. Nicht irgendein Kollektiv – mag es nun der Staat sein oder ein konsumgenossenschaftlicher Mammutkonzern oder ein Syndikat provinzeigener Betriebe –, sondern der einzelne Mensch, sein Leben, seine Selbständigkeit, seine Freiheit, seine Würde, seine Aufgabe ist und bleibt für uns auch in der Wirtschaft das entscheidendste. Deshalb können und werden wir uns niemals befreunden mit der Wirtschaftsordnung, die hier in der sowjetischen Besatzungszone nach den Vorstellungen des klassischen marxistischen Denkens entwickelt worden ist. Die große Mehrheit des Volkes will von einer Wirtschaftsordnung, die vorgibt, den einzelnen von privater Willkür zu befreien und ihn dann tatsächlich der noch größeren Übermacht eines allmächtigen Wirtschaftsstaates ausliefert, nichts wissen. Wer es wirklich ernst meint mit der deutschen Einheit, der kann deshalb auch nicht schweigen und der kann sich nicht damit abfinden, daß hier in dem so wichtigen mitteldeutschen Gebiet eine wirtschaftliche Ordnung aufgebaut wird, die weit abweicht von dem, was im übrigen Deutschland ist und erstrebt wird. Wenn diese Entwicklung fortgeführt und nicht in vernünftiger und sinnvoller Weise berichtigt wird, dann kann man nur mit großer Sorge an die Schwierigkeiten denken, die sich ergeben werden, wenn Ost und West wieder zu einer wirklichen Einheit zusammengefügt werden sollen. Und dies, meine Damen und Herren, ist doch unsere erste und größte Aufgabe, ist unser unverrückbares Ziel, an dem wir, komme, was da wolle, unter allen Umständen festhalten werden, gleichgültig, zu welcher Zone und welcher politischen Partei wir gehören, nämlich der Schaffung eines politisch und wirtschaftlich vereinigten Deutschlands. Wenn wir also diesen deutschen Zusammenhalt wollen, dann ist es Zeit, daß wir erkennen, daß wir uns in Ost und West wirtschaftlich nicht weiter auseinanderentwickeln dürfen. Wenn wir uns in dieser entschiedenen Weise kritisch zu dem Gefüge äußern, das in der sowjetischen Besatzungszone der Wirtschaft gegenwärtig gegeben wird, so geschieht das wirklich nicht aus Unaufgeschlossenheit gegenüber dem Streben unseres Volkes nach sozialer und wirtschaftlicher Neuordnung. Wir wissen, daß dem deutschen Volk nach diesem ungeheuren Zusammenbruch eine neue Wirtschafts- und Sozialordnung gegeben werden muß. Weltfremd ist, wer sich einbildet, man könnte einfach zurückkehren zu dem, was vor 1933 oder gar vor 1914 war. Tatsächlich steht unser Volk schon seit mehr als einem halben Jahrhundert unter dem Druck stetig wachsender sozialer Spannungen. Dieser Spannungen kann man nur Herr werden, wenn man den Mut zu einer Neuordnung unseres sozialen und wirtschaftlichen Lebens aufbringt. Die Vergangenheit vermag für diese Neuordnung keine Patentlösung zu liefern. Die überstürzte Entwicklung der Technik, die in einem früher unvorstellbaren Maße vorangetriebene Arbeitsteilung, das Entstehen des Großbetriebes, die weltwirtschaft-

liche Verbundenheit – oder vielleicht sagt man hier besser Abhängigkeit – auf der einen Seite, das nun einmal aus den letzten hundert Jahren nicht wegzuleugnende Erlebnis der großen, mit schicksalhafter Regelmäßigkeit wiederkehrenden Wirtschaftskrisen mit ihrer Massenarbeitslosigkeit auf der anderen Seite – all das zwingt zu einer neuen Ordnung, für die ein wesentliches Merkmal das Auferlegen stärkerer Bindungen für den einzelnen durch die Gesamtheit ist. Sinnvoll und fruchtbar kann diese neue Ordnung nur werden, wenn es gelingt, sowohl im Bereich des Sozialen als auch in der Sphäre der Wirtschaft eine innerlich bejahte, eine geglaubte Ordnung zu schaffen. Mit Ratio allein läßt sich das gesellschaftliche Leben nicht konstruktiv gestalten. Die moralischen Werte der Persönlichkeit sind so unentbehrlich, daß ohne sie weder eine Ordnung der Wirtschaft noch eine Ordnung für das gesamte soziale Leben geschaffen werden kann. In diesem höheren Sinne wird die kommende Wirtschaftsordnung, wenn Sie wollen, wahrhaft sozialistisch sein. Das hat zwar mit dem Begriff der »klassischen« Sozialisierung nichts zu tun. Wer wollte bestreiten, daß nach Karl Marx so entscheidende Erkenntnisse auf dem Gebiet der Wirtschafts- und Gesellschaftsentwicklung hervorgetreten sind, daß die Schlußfolgerungen von damals nicht das Ei des Columbus für die heutige Problematik sein können. Aber kein Zweifel besteht darüber, daß wir eine durchgreifende Neuordnung der Wirtschaft mit allem Nachdruck erstreben, und zwar nicht obwohl, sondern weil wir Christen sind. Die Arbeiterschaft muß aus der geistigen wie materiellen Knechtschaft eines überholten kapitalistischen Herrschaftssystems endgültig befreit und die Wirtschaft selbst muß zur echten Dienerin der Volksgesamtheit gemacht werden.

Wenn wir eine neue Ordnung schaffen wollen, die sittlich Kraft und Bestand haben soll, dann kann das nur gelingen, wenn diese Ordnung auch die innere Zustimmung der Menschen findet. Diese innere Zustimmung aber setzt voraus, daß diese Ordnung nicht im Gegensatz zu der Natur des Menschen steht und daß man die Bedenken und Sorgen derer, die es ernst meinen, auch ernst nimmt und sich mit ihnen ernsthaft auseinandersetzt. Wir machen gar kein Hehl daraus, daß diese Sorge vor der kommenden stärkeren Gebundenheit des wirtschaftlichen Lebens auch für uns keine nebensächliche Angelegenheit und keine Bagatelle ist. Diese Sorge nämlich bringt die eigentliche Aufgabe zum Ausdruck, die den Menschen des 20. Jahrhunderts nach unserer Überzeugung gestellt ist, nämlich die Probleme der Wirtschaft und Technik zu lösen, ohne daß darüber der Wert des einzelnen Menschen, seine Freiheit, seine sittliche Würde und Eigenständigkeit übersehen werden oder gar verlorengehen.

Wenn man so manche Parteiausführungen im Osten über die künftige Ordnung der deutschen Wirtschaft verfolgt, so kann man sich des Eindrucks nicht erwehren, als ob die Sozialisierung, d.h. in diesem Falle die Überführung der Produktionsmittel in die Hände des Staates oder anderer gesellschaftlichen Einrichtungen, gewissermaßen das Allheilmittel gegen wirtschaftliche und soziale Krisen wäre. Das ist sie auf keinen Fall. Diese Erkenntnis wächst insbesondere auch in den Kreisen, denen die Neuordnung der Wirtschaft eine historische und sittliche Pflicht zugleich ist. Die zu erstrebende Neuordnung der Wirtschaft muß aus dem geistigen Hintergrund deutschen Kulturstrebens kommen und muß geistigen und materiellen Raum für die Persönlichkeitsbildung schaffen und den Menschen freihalten von jeder einseitigen Bevormundung, sei es durch den Staat oder durch die Wirtschaft selbst. Das Hitlerreich hat uns gelehrt, wohin solche Bevormundungen führen. Wir lehnen daher die Herrschaft des privaten Monopolkapitalismus ab. Für uns in der Union ist Sozialisierung keine Schablone und nicht Selbstzweck, für uns ist Sozialisierung nur ein Mittel der neuen Wirtschaftsordnung, ein Mittel, dessen Anwendung überlegt und das mit anderen Möglichkeiten der Gestaltung der Wirtschaft auch sorgsam überprüft werden muß. Aus diesen Erwägungen haben wir an der Ruhr beschlossen, daß der Bergbau und die Grundindustrien unter Ausschaltung der Herrschaft des privaten Großkapitals in Gemeinwirtschaft überführt werden soll. Unter Anwendung des machtverteilenden Prinzips, d. h. unter Beteiligung des Landes, der Gemeinden und der Gewerkschaften, soll eine Ordnung erstrebt werden, die eine einseitige Machtbildung endgültig verhindert und gemeinsame Verantwortlichkeiten schafft. Die in Gemeinwirtschaft überführten Betriebe werden nicht durch den Staat regiert, sie sollen geleitet werden von den Organen, denen auch die Arbeitnehmer in voller Gleichberechtigung angehören werden. Sie arbeiten in kaufmännischer Selbständigkeit, sind aber der Öffentlichkeit in strenger Weise verantwortlich. Alles, was persönliche Initiative, Fähigkeiten und Eigenverantwortung bedeutet, bleibt dadurch erhalten. Die Ruhrwirtschaft bedeutet daher für niemanden in der Welt mehr eine Gefahr, sie wird zu keiner Stunde mehr ein Rüstungsarsenal oder ein Hort der Reaktion werden. Sie hat aber die Kraft und die Fähigkeit, ein wichtiges Instrument der europäischen Friedensentwicklung zu sein. Wir alle wissen, welche allgemeine Bedeutung der Ruhrkohlenförderung zukommt. Die Förderung der Ruhrkohlenproduktion ist aber nicht nur eine Angelegenheit internationaler Konferenzen, sondern auch eine wichtige Sache der deutschen Bergarbeiter selbst, die ja schließlich die Ruhrkohle zutage fördern müssen. Auch aus diesem Grunde ist die Schaffung einer Ordnung notwendig, die der sozialen und psychologischen Lage der Bergarbeiter entspricht. Die Arbeiterschaft hat gegen den deutschen Monopolkapitalismus nicht angekämpft, um morgen die Knechte eines internationalen Kapitalismus oder eines irgendwie gearteten einseitigen Machtgebildes zu sein.

Schluß

Ich habe den Versuch gemacht, klarzulegen den Notstand unseres Volkes und die vielseitigen Wirkungen, die sich aus ihm für uns und die Welt ergeben. Klarzulegen die Notwendigkeit eines energischen und zielbewußten deutschen Anfanges und zu überzeugen von der nationalen Pflicht zu einer neuen wirtschaftlichen Ordnungsgestaltung. Dabei wurde uns klar, daß man eine wirtschaftliche Ordnung weder fabrizieren noch importieren kann. Es hieße die geschichtliche Existenz des deutschen Volkes, seinen kulturellen und sozialen Auftrag zu negieren, wollte man die wirtschaftlichen Theorien und Formen in Ost oder West einfach blind und schematisch nachahmen. Damit kann sich ein 70-Millionen-Volk mit geistiger und kultureller Eigenständigkeit nicht abfinden. Wir müssen den eigenen Weg suchen und finden, denn unser Volk, das seit Jahrzehnten leidbeladen und schmerzgekrümmt ist, ist getragen von dem lebendigen Wissen, daß am Ende nicht nur jede Epoche der Weltgeschichte, sondern auch jedes Volk gleich unmittelbar zu Gott ist.

Kurzbiographien

Seit den Anfangsjahren der CDU im sowjetischen Besatzungsbereich sind drei Jahrzehnte vergangen. Nicht alle Personen, die in der vorstehenden Darstellung jener CDU-Jahre in Erscheinung treten, sind heute noch biographisch erfaßbar. Soweit dies dennoch möglich ist, sind sie zusammen mit biographischen Kurzangaben führender Politiker jener Zeit in folgender Auflistung aufgeführt und, soweit möglich, biographisch gekennzeichnet. Dies ist insbesondere geschehen, weil dadurch ein Bild der persönlichen Schicksale und der politischen Umwelt von Menschen lebendiger wird, die sich in den Jahren nach 1945 »unter dem Sowjetstern« demokratisch engagiert haben.

Arnold, Karl (1901–1958)

Vor 1933	Mitglied des Zentrums und in der christlichen Arbeiterbewegung aktiv
nach 1933	politisch verfolgt
1944	verhaftet
1945	Mitgründer der CDU im Rheinland
1946	Oberbürgermeister von Düsseldorf
1947–1956	Ministerpräsident von Nordrhein-Westfalen
1958	Vorsitzender der Christlich-Demokratischen Arbeitnehmerschaft

Becker, Bernhard (* 1923)

	Jugendreferent des CDU-Kreisverbandes Frankfurt/Oder
1947	von einem sowjetischen Militärtribunal zu 25 Jahren Haft verurteilt
1954	in die Bundesrepublik entlassen

Beitz, Hans (* 1917)

	Dozent am Institut für Körpererziehung der Universität Jena
1949	verhaftet und durch ein sowjetisches Militärtribunal zu 25 Jahren Arbeitslager verurteilt
1956	Haftentlassung, dann in Berlin (West)
seit 1971	Mitglied des Berliner Abgeordnetenhauses
	Mitglied des Hauptvorstandes der Exil-CDU

Bloch, Peter (* 1900)

1945	Mitgründer der CDU in Brandenburg
	Vorsitzender der CDU-Ortsgruppe Kleinmachnow
1946	Mitglied des brandenburgischen Landtages
1950	Flucht nach Berlin (West)
	Bezirksbürgermeister von Berlin-Steglitz

Bock, Josef (* 1915)	
1945	Mitgründer der CDU in Sachsen
1947–1949	Leiter der Bildungsstätte der CDU in der sowjetisch besetzten Zone in Blankenburg (Harz)
1949	Flucht
bis 1951	Geschäftsführer der Christlich-Demokratischen Arbeitnehmerschaft in Königswinter

Brandt, Helmut (* 1911)	
1945	Mitgründer der CDU in Berlin
1948–1950	Leiter des Arbeitskreises Ostberlin der Ost-CDU
1948–1949	Mitglied des »Deutschen Volksrates« in der SBZ
1948–1949	Vizepräsident der »Deutschen Zentralverwaltung für Justiz« in der SBZ
1949–1950	Staatssekretär im Justizministerium der DDR
1950	durch den Staatssicherheitsdienst verhaftet
	nach mehrjähriger Haft entlassen

Degenhardt, Heinrich (* 1919)	
1945	Mitgründer der CDU in Thüringen (Meiningen)
	Mitglied des thüringischen Landtags
1952	Flucht in die Bundesrepublik
	Mitglied des Hauptvorstandes der Exil-CDU

Dertinger, Georg (1902–1968)	
vor 1933	Redakteur des »Stahlhelm«
	Anhänger des »Tat«-Kreises
1945	Mitgründer der CDU in der sowjetisch besetzten Zone
	Pressereferent und
ab 1946	Generalsekretär der CDU in Berlin u. der SBZ sowie
ab 1948	der Ost-CDU
1949–1953	Minister für Auswärtige Angelegenheiten der DDR
1953	vom Staatssicherheitsdienst als »Spion« und »Verräter« verhaftet und zu 15 Jahren Zuchthaus verurteilt
1964	nach Haftentlassung in Leipzig als Lektor tätig

Dornhofer, Hugo (1897–1977)	
bis 1933	in den christlichen Gewerkschaften tätig; unter dem Nationalsozialismus verfolgt und im KZ
1945	Mitgründer der CDU in Thüringen (Heiligenstadt, Kreis Worbis)
1953	vom Staatssicherheitsdienst verhaftet und zu 12 Jahren Zuchthaus verurteilt
1956	Haftentlassung

Dovifat, Emil (1890–1969)

1921–1928	Redakteur bzw. Chefredakteur der Tageszeitung der christlichen Gewerkschaften; Mitglied des Zentrums
1928–1947	Professor für Zeitungswissenschaft an der Berliner Universität
1945	Mitgründer der CDU in Berlin und in der sowjetisch besetzten Zone
Juli-September 1945	Chefredakteur der CDU-Tageszeitung »Neue Zeit«
1948	Mitbegründer der Tageszeitung »Der Tag« in Berlin (West)
1948–1959	Direktor des Instituts für Publizistik an der Freien Universität Berlin

Egidi, Hans (1890–1970)

	in der Weimarer Republik Ministerialdirigent
1945	Mitgründer der CDU in Brandenburg (Potsdam)
1946–1948	Vorsitzender des CDU-Kreisverbandes Potsdam und Mitglied des CDU-Landesvorstandes von Brandenburg
1946	Mitglied des brandenburgischen Landtages
1948	Flucht in die Bundesrepublik
1955–1958	Präsident des Bundesverwaltungsgerichts

Friedensburg, Ferdinand (1886–1972)

1919–1933	Mitglied der Deutschen Demokratischen Partei
1925–1927	Polizeivizepräsident von Berlin
1927–1933	Regierungspräsident in Kassel
1933	aus dem Amt entfernt
1935	Gestapohaft
1945	Mitgründer der CDU in Berlin
1945–1946	Leiter der Zentralverwaltung der Brennstoffindustrie in der sowjetisch besetzten Zone
1946–1951	Bürgermeister von Berlin
1945–1968	Präsident des Deutschen Instituts für Wirtschaftsforschung in Berlin
1952–1965	Mitglied des Bundestages
ab 1953	Professor an der Technischen Universität Berlin

Gablentz, Otto-Heinrich von der (1898–1972)

1925–1934	Mitarbeiter im Statistischen Reichsamt
1934	aus dem Amt entfernt
1945	Mitgründer der CDU in Berlin und Vorsitzender des Wirtschaftspolitischen Ausschusses der CDUD
ab 1948	an der Deutschen Hochschule für Politik in Berlin
1955–1959	Direktor der Deutschen Hochschule für Politik
1953–1966	Professor an der Freien Universität Berlin

Gradl, Johann Baptist (* 1904) in Berlin

	Banklehre, Studium der Wirtschafts- und Staatswissenschaften
1926–1933	Mitglied des Zentrums, Vorsitzender in Berlin-Kreuzberg
1926–1930	Redakteur beim Zentralorgan des Zentrums »Germania« in Berlin
1931	in der Geschäftsführung des Deutschen Sparkassen- und Giroverbandes
1938	in der Geschäftsführung der Reichsgruppe Banken
1945	Mitgründer der CDU in Berlin und der sowjetisch besetzten Zone
1947	von der Sowjet. Militäradministration abgesetzt
1957–1980	Mitglied des Bundestages
1965–1966	Bundesminister für Vertriebene und für Gesamtdeutsche Fragen
	Vorsitzender der Exil-CDU

Gries, Wilhelm (1894–1971)

	Studium der Rechts- und Staatswissenschaften
	Redakteur beim »Düsseldorfer Tageblatt«
1928–1933	stellvertretender bzw. Chefredakteur des Zentralorgans der Zentrumspartei »Germania« in Berlin
1933	entlassen
1934–1938	Chefredakteur der »Saarbrücker Landeszeitung«
1938	aus politischen Gründen ausgeschieden
1938–1945	Redakteur des DAD (»Dienst aus Deutschland«)
1946–1947	Chefredakteur der CDU-Tageszeitung »Neue Zeit« in Berlin
1947	von der Sowjet. Militäradministration abgesetzt
1948–1957	Chefredakteur der Tageszeitung »Der Tag« in Berlin (West)
1957–1965	Chefredakteur der »Saarbrücker Zeitung«

Grosse, Georg (1900–1973)

	Bankdirektor in Weimar
1945–1946	Vorsitzender der Industrie- und Handelskammer Altenburg
1945	Mitgründer der CDU in Thüringen
1946	Minister für Handel und Versorgung in Thüringen
1949	Flucht nach Berlin (West)
	Mitglied des Hauptvorstandes der Exil-CDU

Grotewohl, Otto (1894–1964)

1920–1925	Mitglied des Landtages von Braunschweig (SPD)
1925–1933	Mitglied des Reichstages
1945	Vors. des Zentralausschusses der SPD in Berlin
1946–1954	Mitvorsitzender der SED
1949–1964	Ministerpräsident
1960–1964	stellvertretender Staatsratsvorsitzender der DDR

Heller, Willy (* 1900)

1945	Mitgründer der CDU in Cottbus
1946–1950	Mitglied des brandenburgischen Landtages und
ab 1948	Vorsitzender der CDU-Fraktion
	Ministerialdirektor im Ministerium für Verkehr in Brandenburg
1950	Flucht in die Bundesrepublik
	Mitglied des Hauptvorstandes der Exil-CDU

Hermes, Andreas (1878–1964)

1920–1922	Reichsminister für Ernährung, Landwirtschaft und Forsten
1922–1923	Reichsminister der Finanzen
1924–1928	Mitglied des preußischen Landtages (Zentrum)
1928–1933	Mitglied des Reichstages
1928–1933	Präsident der Vereinigung Christlicher Bauernvereine
1930–1933	Präsident des Reichsverbandes der deutschen Raiffeisen-Genossenschaften
1933 und 1944	verhaftet
1945	zum Tode verurteilt
1945	Mitgründer und Vorsitzender der CDU in Berlin und der SBZ
	Stellvertretender Oberbürgermeister und Leiter der Ernährungsabteilung in Berlin
Dezember 1945	als Vorsitzender der CDU in Berlin und der SBZ durch die Sowjets abgesetzt
1947–1949	Mitglied des Frankfurter Wirtschaftsrates der Bizone
ab 1948	Präsident des Deutschen Bauernverbandes (bis 1955) und des Dt. Raiffeisenverbandes (bis 1961)

Herwegen, Leo (1886–1972)

bis 1933	Mitglied des Zentrums
1944	verhaftet
1945	Mitgründer der CDU
	Landesvorsitzender der CDU Sachsen-Anhalt
1946–1949	Minister für Arbeit und Soziales in Sachsen-Anhalt
1949	durch den Staatssicherheitsdienst verhaftet und in einem Schauprozeß unter Vorsitz der Vizepräsidentin des Obersten Gerichtshofes und späteren Justizministerin der DDR, Hilde Benjamin, zu 15 Jahren Zuchthaus verurteilt
1956	nach Haftentlassung Flucht

Hickmann, Hugo (1877–1955)

1945–1950	Landesvorsitzender der CDU in Sachsen
1948–1950	neben Nuschke stellvertretender Vorsitzender der Ost-CDU
1949	Vizepräsident der Volkskammer
1950	auf Betreiben der SED abgesetzt und zum Rücktritt von seinen Parteiämtern gezwungen

Jöhren, Werner (1900–1959)

1945	Mitgründer der CDU Usedom Landrat von Usedom
1946–1948	Mitglied des Landtages Mecklenburg-Vorpommern Vorsitzender der CDU-Fraktion
1948	Flucht nach Berlin (West)

Kaiser, Jakob (1888–1961)

1924–1933	Landesgeschäftsführer der Christlichen Gewerkschaften für Westdeutschland
1933	Mitglied des Reichstages (Zentrum)
ab 1933	in der Widerstandsbewegung
1938	Gestapohaft
1944–1945	Versteck im Keller einer Wohnung in Babelsberg
1945	Mitgründer der CDU in Berlin und in der SBZ
ab Dezember 1945	nach Absetzung von Andreas Hermes deren Vorsitzender
Dezember 1947	durch die Sowjetische Militäradministration abgesetzt
1948–1949	Berliner Vertreter im Parlamentarischen Rat
1949–1957	Mitglied des Bundestages und Bundesminister für Gesamtdeutsche Fragen
1949–1958	Vorsitzender der Christlich-Demokratischen Arbeitnehmerschaft
ab 1950	Vorsitzender der Exil-CDU
1950–1958	stellvertretender CDU-Vorsitzender

Kaiser-Nebgen, Elfriede (*1890)

1921–1933	Referentin im Gesamtverband der Christlichen Gewerkschaften Schriftleiterin des »Zentralblatts der christlichen Gewerkschaften Deutschlands« Leiterin des Zentralwohlfahrtausschusses der Christlichen Arbeiterhilfe
1933–1945	im Widerstand tätig (Goerdeler-Kreis)
1945–1948	Mitgründerin und Vorstandsmitglied der CDU in Berlin. Vorsitzende der CDU-Frauenausschüsse in der SBZ
ab 1948	nach der Flucht vorwiegend in der Bildungsarbeit der Christlich-Demokratischen Arbeitnehmerschaft tätig
1953	Eheschließung mit Jakob Kaiser

Klein, Manfred (*1925)

	als Student an der Humboldt-Universität Berlin aktiv in der katholischen Jugendbewegung und stellvertretender Vorsitzender der FDJ
1947	von der Sowjetischen Militäradministration inhaftiert verurteilt zu 25 Jahren Zwangsarbeit
1956	nach Haftentlassung Flucht

Klein, Walter (* 1890)

1914–1924	Redakteur der »Deutschen Allgemeinen Zeitung« in Berlin
1924–1934	in der Berliner Redaktion der »Kölnischen Zeitung«
1934–1945	Leiter der Berliner Redaktion der »Leipziger Neuesten Nachrichten«
1946–1950	Redakteur, ab 1948 als Nachfolger von Wilhelm Gries Chefredakteur der CDU-Tageszeitung »Neue Zeit« in Berlin
1950–1952	Leiter des Archivs von »Der Tag« in Berlin (W)
ab 1952	Presseabteilung des Berliner Bundeshauses

Köhler, Erwin (1901–?, verschollen)

1945	Mitgründer der CDU in Brandenburg und Vorsitzender des CDU-Kreisverbandes Potsdam
1946	Bürgermeister von Potsdam
1950	zusammen mit seiner Ehefrau vom Staatssicherheitsdienst verhaftet, durch ein sowjetisches Militärtribunal wegen »antisowjetischer Hetze« zum Tode verurteilt, spurlos verschollen

Kolberg, Walter (1899–?)

	Bäckermeister in Wolgast, Kreis Greifswald
1945	Mitgründer der CDU in Mecklenburg (Greifswald)
	Mitglied des mecklenburgischen Landtages
1950	verhaftet und zu 25 Jahren Zwangsarbeit verurteilt; nach längerem Leiden in Workuta (Sowjetunion) verstorben

Krone, Heinrich (* 1895)

1923–1933	stellvertretender Generalsekretär des Zentrums Vorsitzender der deutschen Windthorstbunde
1925–1933	Mitglied des Reichstages
1934–1945	Geschäftsführer des Caritas-Notwerks
1944	im Zusammenhang mit dem 20. Juli verhaftet
1945	Mitgründer der CDU in Berlin und der sowjetisch besetzten Zone
1949–1969	Mitglied des Bundestages
1955–1961	Vorsitzender der CDU/CSU-Fraktion
1961–1966	Bundesminister für besondere Aufgaben

Külz, Wilhelm (1875–1948)

1920–1932	Mitglied des Reichstages (Deutsche Demokratische Partei)
1926–1927	Reichsinnenminister
1923–1926, 1930–1933	Oberbürgermeister von Dresden
1945	Mitgründer und Vorsitzender der Liberaldemokratischen Partei (LDP) in Berlin und der SBZ
1948	Mitvorsitzender des »Deutschen Volksrates« in der SBZ

Lemmer, Ernst (1898–1970)

1922–1933	Generalsekretär der (liberalen) Hirsch-Dunckerschen Gewerkschaften
1924–1933	Mitglied des Reichstages (Deutsche Demokratische Partei)
nach 1933	Journalist, Vertreter ausländischer Zeitungen
1945	Mitgründer der CDU in Berlin und der sowjetisch besetzten Zone
Dezember 1945	nach Absetzung Hermes' und Schreibers neben Jakob Kaiser deren 2. Vorsitzender
1947	von den Sowjets abgesetzt
1945–1949	dritter Vorsitzender des Freien Deutschen Gewerkschaftsbundes (FDGB)
ab 1950	2. Vorsitzender der Exil-CDU
1950–1969	Mitglied des Berliner Abgeordnetenhauses
1952–1970	Mitglied des Bundestages
1956–1957	Bundespostminister
1957–1962	Bundesminister für gesamtdeutsche Fragen
1964–1965	Bundesminister für Vertriebene, Flüchtlinge und Kriegsgeschädigte

Lobedanz, Reinhold (1880–1955)

bis 1930	Landesvorsitzender der Deutschen Demokratischen Partei (DDP) in Mecklenburg
1945	Mitgründer der CDU in Schwerin und Landesvorsitzender der CDU in Mecklenburg
	Leiter der Präsidialabteilung der mecklenburgischen Landesregierung
1949–1955	Präsident der Länderkammer der DDR

Lukaschek, Hans (1885–1960)

1929–1933	Oberpräsident von Oberschlesien
	Mitglied des Zentrums
1944	wegen Verbindung zum Kreisauer Kreis verhaftet und
bis 1945	im KZ Ravensbrück
1945	Mitgründer der CDU in Berlin
1945–1946	Minister für Land- und Forstwirtschaft in Thüringen
1947	Flucht
1949–1953	Bundesminister für Vertriebene

Magen, Karl (1890–1959)

1945	Mitgründer der CDU in Thüringen (Gera) und Mitglied des CDU-Landesvorstandes von Thüringen
1946	Mitglied des thüringischen Landtages
	Vorsitzender der CDU-Fraktion
	Vizepräsident des Oberlandesgerichts Gera und stellvertretender Vorsitzender der thüringischen Justizverwaltung
1949	Flucht in die Bundesrepublik

Möbus, Gerhard (1912–1968)

	Professor für Psychologie in Halle
1945	Mitgründer der CDU in Sachsen-Anhalt (Halle)
1947	Austritt aus der Ost-CDU aus Protest gegen die Absetzung Jakob Kaisers
1950	Flucht nach Berlin (West)

Müller, Josef (1898–1979)

ab 1933	Berater kirchlicher Stellen; mehrfach verhaftet
1943	wegen Hochverrats angeklagt trotz Freispruchs weiter in Haft
1944–1945	in den KZ Buchenwald und Dachau
1945	Mitgründer und
1946–1949	Vorsitzender der Christlich-Sozialen Union
1946–1962	Mitglied des bayerischen Landtags
1947–1952	Justizminister von Bayern
1947–1950	stellvertretender Ministerpräsident von Bayern

Neumann, Franz (1904–1974)

1926–1933	Magistratsbeamter in Berlin
nach 1933	inhaftiert und im Konzentrationslager
1945	Mitgründer der Berliner SPD aktiver Einsatz gegen die Zwangsvereinigung von SPD und KPD zur SED
1946–1958	Vorsitzender der Berliner SPD
1946–1960	Mitglied der Stadtverordnetenversammlung bzw. des Abgeordnetenhauses von Berlin
1949–1969	Mitglied des Bundestages

Nuschke, Otto (1883–1957)

	Journalist und Redakteur (u. a. »Berliner Volkszeitung« bis 1933)
1919–1920	Mitglied der Weimarer Nationalversammlung
1921–1933	Mitglied des preußischen Landtages (Deutsche Demokratische Partei)
1945	Mitgründer der CDU in Berlin und der sowjetisch besetzten Zone
1947–1948	Verlagsleiter der »Neuen Zeit«
1946–1948	Mitglied der Landtage in Brandenburg und Sachsen-Anhalt
1948	Kommissarischer Vorsitzender und
1949–1957	Vorsitzender der Ost-CDU
1947	im Präsidium des ersten »Volkskongresses« in der SBZ
1948–1949	Mitvorsitzender des »Deutschen Volksrates« in der SBZ
1949–1957	stellvertretender Vorsitzender des Ministerrates der DDR

Pieck, Wilhelm (1876–1960)

ab 1906	Sekretär der SPD in Bremen
1916	Mitglied des Spartakusbundes
ab 1918	KPD
1921–1928	Mitglied des preußischen Landtages
1928–1933	Mitglied des Reichstages
1924–1933	Leiter der Roten Hilfe
1933	Emigration nach Moskau
1935, 1945–1946	Vorsitzender des Zentralkomitees der KPD
1946–1948	Mitglied des brandenburgischen Landtags
1946–1954	zusammen mit Grotewohl Vorsitzender der SED
1948–1949	Mitvorsitzender des »Deutschen Volksrates« in der SBZ
1949–1960	Präsident der DDR

Pieser, Liselotte (*1917)

1945	Mitgründerin der CDU, Landesverband Sachsen (Bad Gottleuba)
1946–1949	Mitglied des Kreistages Pirna
1951	Flucht nach Berlin (West)
1968–1980	Mitglied des Bundestages

Reuter, Ernst (1889–1953)

1931–1933	Oberbürgermeister von Magdeburg
1932–1933	Mitglied des Reichstages (SPD)
1933–1935	KZ-Haft
	Emigration
ab 1946	Stadtverordneter in Berlin
1947	Wahl zum Oberbürgermeister von Berlin – Veto des sowjetischen Stadtkommandanten gegen seinen Amtsantritt
1949–1953	Regierender Bürgermeister von Berlin (West)

Roos, Harald E. (1899–1961)

ab 1920	Mitglied der Deutschen Demokratischen Partei und
bis 1935	Mitarbeiter an der von Friedrich Naumann gegründeten Zeitschrift »Die Hilfe« unter Theodor Heuss
1938	Verfolgung durch die Gestapo
1945–1947	Redaktionsmitglied der »Neuen Zeit«
ab 1948	bei der Tageszeitung »Der Tag«

Schäfer, Alois (*1911)

1945	Mitgründer der CDU in Thüringen
1945–1946	Landrat in Heiligenstadt im Eichsfeld
1946–1954	inhaftiert wegen »Nichtbefolgen der politischen Generallinie der sowjetischen Besatzungsmacht«
1954	Flucht in die Bundesrepublik

Schleusener, Frank (1876–1950)

vor 1933	Staatssekretär im preußischen Finanzministerium
1945	Mitgründer der CDU in Brandenburg (Potsdam)
1945–1946	Vorsitzender der brandenburgischen Provinzialverwaltung
1946	Mitglied des Brandenburgischen Landtages, Vorsitzender des Rechtsausschusses
1950	vom Staatssicherheitsdienst verhaftet, in der Haft verstorben

Schreiber, Walther (1884–1958)

1919–1933	Mitglied des Preußischen Landtags (Deutsche Demokratische Partei)
1925–1933	preußischer Minister für Handel und Gewerbe
1945	Mitgründer und 2. Vorsitzender der CDU in Berlin und der sowjetisch besetzten Zone
Dezember 1945	mit Andreas Hermes von den Sowjets abgesetzt
1946–1948	stellvertretender Stadtverordnetenvorsteher von Berlin
	Landesvorsitzender der Berliner CDU
	Mitglied des Berliner Abgeordnetenhauses
1953–1954	Regierender Bürgermeister von Berlin

Schumacher, Kurt (1895–1952)

1930–1933	Mitglied des Reichstages (SPD)
1933–1944	in verschiedenen Gefängnissen und Konzentrationslagern inhaftiert
1945	Neuorganisation der SPD von Hannover aus
1946–1952	Vorsitzender der SPD
1949–1952	Mitglied des Bundestages

Schwob, Fritz (1891–1956)

1945	Mitgründer der CDU in Brandenburg
1946	Mitglied des brandenburgischen Landtages
	Minister für Arbeit und Soziales in Brandenburg
1950	Flucht nach Berlin (West)

Shukow, Georgij K. (1896–1974)

1928	Generalstabslehrgang in Deutschland
1941	Chef des Generalstabs der Roten Armee
1941–1946	Mitglied des Zentralkomitees der KPdSU
1945	Oberbefehlshaber der sowjetischen Streitkräfte in Deutschland und Mitglied des Alliierten Kontrollrates
	Chef der Sowjetischen Militäradministration (SMA)
1946	Oberbefehlshaber des Heeres der Roten Armee
1953–1957	Mitglied des ZK der KPdSU
1955–1957	Verteidigungsminister
1957	sämtlicher Ämter enthoben

Siebrecht, Wendelin (* 1904)

	Pfarrer in Jauernigk
1945	Mitgründer der CDU in Sachsen (Reichenbach) stellvertr. Landrat in Weißwasser bei Görlitz
1950	Flucht nach Berlin (West)

Sokolowskij, Wassilij D. (1897–1968)

1943–1944	Befehlshaber der sowjetischen Westfront
1946–1949	Oberbefehlshaber der sowjetischen Streitkräfte in Deutschland und Mitglied des Alliierten Kontrollrates
1952–1960	Chef des Generalstabes und Mitglied des Zentralkomitees der KPdSU

Sonnenschein, Hans (1887–1958)

ab 1914	Mitglied der Wirtschaftsredaktion der »Frankfurter Zeitung«
ab 1920	Leiter des Berliner Büros der »Kölnischen Zeitung«
1945–1947	Wirtschaftsredakteur bei der »Neuen Zeit«
ab 1948	bei der Tageszeitung »Der Tag« in Berlin (West)

Steidle, Luitpold (* 1898)

	Berufsoffizier der Wehrmacht, zuletzt Oberst
1943	nach der Schlacht von Stalingrad Vizepräsident des Bundes Deutscher Offiziere in der Sowjetunion und Frontbevollmächtigter des Nationalkomitees Freies Deutschland
1948	Vizepräsident der Verwaltung für Landwirtschaft und Umsiedlung in der »Deutschen Wirtschaftskommission« der SBZ
ab 1948	nach der Absetzung Jakob Kaisers im Vorstand der Ost-CDU
1949–1971	Mitglied der Volkskammer
1949	Minister für Arbeit und Gesundheit
1950–1958	Minister für Gesundheitswesen der DDR
1960–1969	Oberbürgermeister von Weimar

Theiss, Germanus (1898–1960)

	Kaufmann und Glasfabrikant in Berlin
1945	Mitgründer der CDU
1946	Vizepräsident des Brandenburgischen Landtages
1950	Flucht
	Mitglied des Hauptvorstandes der Exil-CDU

Tillmanns, Robert (1896–1955)

bis 1933	Geschäftsführer des Deutschen Studentenwerks und Regierungsrat in der preußischen Unterrichtsverwaltung
1933	Entlassung
1945	Leiter des Zentralbundes Ost des Hilfswerks der evangelischen Kirchen

	Mitgründer der CDU in Berlin und der sowjetisch besetzten Zone
1949	stellvertretender und
ab 1952	Landesvorsitzender der Berliner CDU
	Mitglied des Hauptvorstandes der Exil-CDU
ab 1949	Mitglied des Bundestages
ab 1953	Bundesminister für besondere Aufgaben
ab 1954	Vorsitzender des Evangelischen Arbeitskreises der CDU/CSU
1955	stellvertretender CDU-Vorsitzender

Ulbricht, Walter (1893–1973)

1919	Mitglied des Spartakusbundes/KPD
1923	Mitglied des Zentralkomitees der KPD
1926–1929	Mitglied des Sächsischen Landtages
1928–1933	Mitglied des Reichstages
1933	Emigration nach Moskau
1943	Mitgründer des Nationalkomitees Freies Deutschland
1945	Rückkehr nach Deutschland als Leiter der »Gruppe Ulbricht«
1946	stellvertretender Vorsitzender der SED
1949	Mitglied der Volkskammer
1949–1960	stellvertretender Vorsitzender des Ministerrates
1950–1953	Generalsekretär der SED
1950–1953	Erster Sekretär des Zentralkomitees der SED
1971–1973	Vorsitzender der SED
1960–1973	Vorsitzender des Staatsrates der DDR

Vockel, Heinrich (1892–1968)

1922–1933	Generalsekretär des Zentrums
1930–1933	Mitglied des Reichstages
1945	Mitgründer der CDU in Berlin und der sowjetisch besetzten Zone
1945–1946	Amtierender Generalsekretär in der Reichs- bzw. Hauptgeschäftsstelle der CDU in Berlin
1950–1962	Bevollmächtigter des Bundes in Berlin

Voigt, Gertrud (* 1891)

1945	Mitgründerin der CDU in Thüringen (Heiligenstadt im Eichsfeld)
1946	Mitglied des thüringischen Landtages
1948	Flucht nach Berlin (West)

Webersinn, Gerhard (* 1904)

	Richter in Finsterwalde, Kreis Liebau
1945	Mitgründer der CDU in Brandenburg (Finsterwalde)
1946	Mitglied des Brandenburgischen Landtages
1950	Flucht in die Bundesrepublik, weil er die Einheitsliste ablehnte
	Oberverwaltungsgerichtsrat in Münster/Westfalen

Wolf, Erika (* 1912)

1945	Mitgründerin der CDU Potsdam
1946–1950	Mitglied des Potsdamer Stadtparlamentes
1950	Flucht in den Westen
1965–1976	Mitglied des Bundestages

Wolf, Wilhelm (1899–1948)

1945	Mitgründer der CDU Potsdam
1945–1948	Landesvorsitzender der CDU Brandenburg
1946–1948	Vizepräsident des brandenburgischen Landtages

Wrazidlo, Georg (1917–1959)

1945	Mitgründer der CDU in Berlin
1947	verhaftet und von einem sowjetischen Militärtribunal zu 25 Jahren Zwangsarbeit verurteilt
1956	Haftentlassung

Verzeichnis der Abbildungen

Abdruck der Bilder Nr. 13 und 15 mit freundlicher Genehmigung von Frau Dr. Elfriede Kaiser-Nebgen.

Personenregister